新 史 学

观 古 今 中 西 之 变

巫蛊之祸与儒生帝国的兴起

蔡亮 著 付强 译

北京师范大学出版集团
BEIJING NORMAL UNIVERSITY PUBLISHING GROUP
北京师范大学出版社

谨以此书献给我深爱的妈妈李德新，爸爸蔡之樗

谢谢他们无私的爱和理性的教育，让我学会做人做一位母亲。

引　言

公元前91年8月，西汉都城长安被戾气笼罩着。遵照皇帝的旨意，一群胡巫（有可能来自中亚）在禁苑、宫殿和朝中高官的私邸宅基大肆挖掘，寻找用于祝诅巫术的人偶。军士将感应到巫蛊邪气之处团团围住，将蛊者与夜祠者尽数收捕。（蛊者指用巫术召唤邪灵作祟者；夜祠者，按指在夜间祝告鬼神，使其加祸于人者。——译者注）为防人犯逃脱，城门紧闭。宫中地牢里，呼喊求饶声中夹杂着通红的烙铁烫在皮肉上的焦煳味儿。在此之前，圣眷正隆的汉武帝（公元前141年—前87年）宠臣江充已经让年老的皇帝相信，他长期的病痛是有人行巫术祝诅所致。于是皇帝命其为专使穷治其事，一时间宫中人人自危，上下相疑，巫蛊的指控满天飞。据《汉书》记载，因此案株连而死者多达万人。①

这一幕血淋淋的政治惨剧在江充指控太子刘据亦参与了巫蛊阴谋后达到了高潮：在太子宫中发现了刻有诅咒受害者形象的木俑。无以自明的太子诛杀了江充及其随从，自掌禁军。此时并不在都城的武帝闻变后火速回驾长安，同时命最忠诚于自己的军队镇压这场叛乱。在随后的战事中，太子本人、家人及僚属全部遇害。在这场骚乱发生四年后，汉武帝去世。在病榻上，他将皇位传给了自己最小的儿子。公元前87年，年仅七岁的幼帝登基，是为汉昭帝。

长期以来，上述血腥可怕的一幕往往只被当作皇位之争。但本书作

---

① "……太子与皇后谋斩充，以节发兵与丞相刘屈氂大战长安，死者数万人。"《汉书》卷六《武帝纪》，北京：中华书局，1962，209页。

者认为，巫蛊之祸不仅仅是一场牵涉皇室的政治阴谋，也是使中国成为一个儒家帝国的历史转折点。

许多教科书和史学著作都将儒家学说广受推崇大获成功归功于汉武帝。① 而按照一派学者更激进的观点，这一时间节点甚至还要再往前推。比如，任职于加州大学伯克利分校的戴梅可（Michael Nylan）认为，早在汉帝国创立之前，五经就已经成为吏之上的大部分官员必须要修习的课业。这也就意味着所有汉朝的官员都被同时代的人视为儒生。② 但事实

---

① 德效骞（Homer Dubs）在 20 世纪 30 年代撰文详述儒学在武帝时代取得胜利的观点。半个多世纪后，一些学者依然沿袭着德效骞的宏大叙事范式描绘帝制中国早期的思想、政治、社会甚至军事变迁。一些学者，如陆威仪（Mark Lewis，1998）、柯马丁（Martin Kern，2001）、福井重雅（2005），以及鲁惟一（Michael Loewe，2012）等人，已经对这一固有观念提出了质疑。笔者著作也属于此项历史修正工作的一部分。见 Homer H. Dubs，"The Victory of Confucianism," *Journal of the American Oriental Society* 58，no. 3（1938）：pp. 435-449；Nicolas Zufferey，*To the Origins of Confucianism：The Ru in Pre-Qin Times and during the Early Han Dynasty*（Bern and New York：Peter Lang，2003）；Mark Edward Lewis，*Writing and Authority in Early China*（Albany：State University of New York Press，1999），pp. 337-348；Michael Loewe，*The Men Who Governed Han China：Companion to "A Biographical Dictionary of the Qin，Former Han and Xin Periods"*（Leiden nd Boston：Brill，2004），pp. 606-607。Chun-sun Chang，*The Rise of the Chinese Empire*，2 vols.（Ann Arbor：University of Michigan Press，2007），Chapter 1。Mark Csikszentmihalyi，"Introduction" in *Readings in Han Chinese Thought*，edited and translated by Mark Csikszentmihalyi（Indianapolis，IN，and Cambridge，MA：Hackett，2006），esp. pp. xiii-xxvi。Martin Kern，"Ritual，Text，and the Formation of the Canon：Historical Transitions of *Wen* in Early Modern China," *T'oung Pao* 87，no. 1-3（2001），pp. 43-91，esp. p. 67。Mark Edward Lewis，"The Feng and Shan Sacrifices of Emperor Wu of the Han," in *State and Court Ritual in China*（New York：Cambridge University Press，1998），pp. 50-80。福井重雅：《漢代儒教の史的研究：儒教の官学化をめぐる定説の再検討》，东京：汲古书院，2005。Michael Loewe，"'Confucian' Values and Practices in Han China," *T'oug Pao* 98，no. 1-3（2012）：pp. 1-30。

② Michael Nylan，*The Five "Confucian" Classics*（New Haven，CT：Yale University Press，2001），pp. 18-19。Michael Nylan，"A Problematic Model：The Han 'Orthodox Synthesis，' Then and Now," in *Imagining Boundaries：Changing Confucian Doctrines，Texts，and Hermeneutics*，eds. Kai-wing Chow，On-cho Ng，and John B. Henderson（Albany：State University of New York Press，1999），pp. 17-56。有关儒者与孔子之间的关系，见下文讨论。

却不尽然。本书对西汉政治的儒学转向进行了新的解读。本书表明，武帝之治的见证者、中国史学之父司马迁的著述为我们提供了证据，证明直到武帝去世后很长一段时间内，信奉儒家学说的汉朝官员都人微言轻且寥寥无几。恰恰是在恶名昭著的巫蛊之祸的政治余波中（公元前91年—前87年），儒家派官员才开始逐渐崛起，为此后几个世纪的中国政治话语定下基调。要理解《史记》中的隐形记叙，必须借助数据。

作为叙事与方法的统计数据

研究秦汉史的学者常为司马迁的《史记》（约撰于公元前100年）与班固的《汉书》（约撰于公元90年）中帝王将相的鲜活生动的故事所吸引。然而，两位史家在苦心孤诣地打造人物传记的同时，也广为搜集、整理、记录了大量早期中国社会的数据资料。无论是在《史记》还是在《汉书》中都有大量的表格，保存了当时的上层官员与贵族的姓名、职位及门第。[1]将这些信息与史料中的叙事部分进行系统地统计和综合分析，可以推断出汉朝官员的基本特征。

与人物传记相比，对高层官员的家庭背景、仕途路径、教育情况等各种特征进行全面的统计而得到的数据资料会让我们对当时的朝政有更为全面的认识。对史料进行全面的归类统计分析提供了一个可以审视宏观图景的视角，这种长镜头视角的研究方法（distant reading）既让我们观察到传统细读文本（close reading）和研究个案等方法看不到的历史趋势，也同时为细读文本和研究个案提供了新的历史背景和上下文。

比如，公孙弘起于微贱而终至相位，论者常把公孙弘的经历作为一个有说服力的史料，认为它证明了武帝的举贤良政策以制度化的形式让

---

① 一些学者（如李开元）指出，虽然《史记》与《汉书》一直被视为研究汉史的最重要的文献，但这两本史籍中的表却一直未得到充分研究。见李开元：《汉帝国的建立与刘邦集团：军功受益阶层研究》，北京：生活·读书·新知三联书店，2000。

儒生能够参与朝政，进入权力中心。然而，统计数据显示，在史料中有记录的77名显赫的官员中，只有6人（占总人数的7.8%）被同时代的人认定为儒生，而公孙弘是唯一通过举荐贤良获得高层职位的官员。① 因此，与某些现代学者的判断大相径庭，通晓五经（这正是典型的儒生们的专长）完全不是担任政府职位的必要条件；五经在西汉远未被纳入精英教育之中。

结合《史记》《汉书》表格中的数据资料，再对人物传记进行归类细读，也有助于确定儒生帝国形成的这一历史转折点。如果不从统计的人物数据入手来分析史料，公元前91年的巫蛊之祸看起来只是一场皇位继承权之争。我们也无法发现，实际上，正是在武帝末年至昭帝初年的过渡时期，儒生官员突然崛起，成为朝政中的一股中坚力量。

隐含在各种文字叙述中的数据资料使得我们审视习惯的大叙事，重新阐释儒生帝国的崛起历史。我们还必须追问为何目前流行的历史叙述将儒生官员崛起的巨变归功于汉武帝，尽管汉武帝对儒学和儒生都未真正地扶持过。

复调记叙与回溯性建构

在《史记·儒林列传》中，司马迁记录了一份公孙弘的奏疏，在疏中

---

① 尽管数据资料对于研究汉代政界的重要性还没有得到充分认识，但早在20世纪80年代，平井正士已经开始了这种研究方法的探索。李开元在2000年的研究也遵循了同样的方法。这两位学者都注意到了儒生在武帝高官中人数相对稀少。但鉴于李开元的研究目的在于认识辅佐刘邦创建汉朝的功臣集团的社会与政治地位，其研究重点并不在此。平井正士并未运用他汇集的数据质疑武帝对儒学的所谓信奉。相反，他将这种矛盾解释为武帝对儒者的奖掖仅仅发生在其统治前十七年，在此之后官场的大门就对儒者关闭了。或许平井正士是在儒学大获成功的框架内探讨其学术发现的，所以他的文章没有吸引日本学者多少关注。参见平井正士：《漢代における儒家官僚の公卿層への浸潤》，见《歴史における民衆と文化：酒井忠夫先生古稀祝賀記念論集》，酒井忠夫先生古稀祝賀記念の会編，东京：国書刊行会，1982，51~65页。

公孙弘建议挑选青年才俊入太学学习，通习五经或一经的太学学生可以被录用，在政府机构担任低级官职。该建议被武帝批准后，司马迁评论道："则公卿大夫士吏斌斌多文学之士矣。"①这段叙述似乎意味着当时的儒生的前程一片光明，司马迁这句话也被频频引用，以证明在武帝时代，大量儒生通过贤良制度和太学获得各类官职。②

　　然而，仔细分析这一时期上百位高层官员的传记，我们发现其中只有两人曾就学于太学，而绝大多数高官显宦都是得益于他们的家庭背景，以其他途径进入官僚系统。司马迁在《儒林列传》中的记述似乎只是为了达到某种政治目的：他虚构了一个儒生可以凭借熟识五经功成名就的政治理想。

　　司马迁用文字建构的政治理想转而又激励了一直具有政治野心的儒生们。在公元前91年至公元前87年，出身相对贫寒的儒生们通过他们敏锐的政治判断与优秀的行政管理能力，准确地利用了巫蛊之祸形成的权力真空逐渐获得了政治权力。为了给他们的政治成功寻找合理依据，儒生们回溯历史，重构了一个武帝治下欣欣向荣的儒林。这种趋势在班固的著述中达到了顶点，并对现代学界造成了影响。

　　解开了这个复调记述中的死结，并转而求助于考古出土文献，本研究阐释了处于弱势地位的儒生如何迂回曲折地开启他们的仕宦生涯，以及一个既有凝聚力又不乏竞争性的儒林如何被想象、构建，进而最终转变为官僚阶层的领导集团。

何谓儒家？

　　20世纪70—80年代，在杜维明（Tu Weiming）、狄百瑞（Wm. Theodore

---

①　《史记》卷一百二十一《儒林列传》，北京：中华书局，1959，3120页。
②　如可参见 Aihe Wang（王爱和），*Cosmology and Political Culture*（Cambridge, UK, and New York：Cambridge University Press, 2000），p. 182；Zufferey, *To the Origins*, pp. 330-335。

De Bary）以及安乐哲（Roger Ames）等学者的倡导下，Confucianism 被当成中国文化的基本要素。很快，反对的声音就出现了，伊若泊（Robert Eno）认为，根本不存在所谓"Confucians"，也没有任何学派可以被称为"Confucianism"。"Confucius"是"孔子"（直译为：Master Kong）一个大费周章的拉丁化译名。而从语义学角度讲，"Confucians"和"Confucianism"之类的词语都是西化的结果，完全跟中国传统文化格格不入。一部分西方学者认为，即使在西方的学术界我们也应该摒弃使用"Confucianism"，重新回到"ru 儒"这个概念，因为自战国以来，"儒"这个词就用来指代孔子的门徒们。①

　　但即使在先秦两汉的材料中，"儒"本身就是个含义模糊的概念。虽然春秋战国以来，人们通常称孔子的追随者为"儒"，但这个字的起源尚是未解之谜。从 20 世纪开始学者们就展开了一系列充满想象的词源学阐述。胡适将儒者传统等同于殷商文化，将孔子与这个早已消逝的王朝联系在了一起，认为孔子将一种柔顺的地区性文化传统改造为弘毅进取的普世性文化传统，这就是孔子创立的儒学传统。② 近来，伊若泊将孔子的家族世系追溯到某一小诸侯国，认为其文化游离于夏—商—周主流传统之外。他认为，孔子创立儒学是对当时主流霸权文化的一种回应。③

---

　　① 　Robert Eno, *The Confucian Creation of Heaven*：*Philosophy and the Defense of Ritual Mastery*（Albany：State University of New York Press, 1990），pp. 6-7；Lionel M. Jensen, *Manufacturing Confucianism*：*Chinese Traditions and Universal Civilization*（Durham, NC：Duke University Press, 1997），pp. 3-28.

　　② 　或许因为胡适此说颇为新颖，其学术地位又较为突出，所以他的这篇论文在当时学界引发了一场热烈的讨论。参见胡适：《说儒》，见《胡适作品集》卷 15，台北：远流出版公司，1986，99～159 页；钱穆：《驳胡适之〈说儒〉》，见《胡适作品集》卷 15，191～201 页；冯友兰：《原儒墨》，见《三松堂学术文集》，北京：北京大学出版社，1984，304～310 页；郭沫若：《驳〈说儒〉》，见《青铜时代》，上海：群益出版社，1947，434～462 页。另参见徐中舒：《甲骨文中所见的儒》，见《先秦史论稿》，成都：巴蜀书社，1992，302～305 页；章太炎：《原儒》，见《章太炎政论选集》卷 2，北京：中华书局，1977，489～494 页。

　　③ 　Robert Eno, "The Background of the Kong Family of Lu and the Origins of Ruism," *Early China* 28（2004）：pp. 1-28.

尽管这些见解都非常有启发性，但由于史料的缺乏，都停留在猜测与假说层面。

学界尚无法达成共识，清晰地界定先秦时代"儒"与孔子之间的关系，而这种模糊性也一直延续到了汉代。后世自称"儒者"的人成分复杂，学术倾向也不尽相同。被称为儒的人对孔子或其学说不一定追随。① 但是我们必须追问，如果如现代学者所说，儒生是一个复杂群体，并没有统一的思想倾向，司马迁为什么会倾注心血撰写《儒林列传》，为什么会将汉代朝政中的某些官员称为"儒"，并将他们与其他官员区别开来？是基于什么理由司马迁会将社会上层的精英做这样的划分？其意义又何在？

马克思主义学者在描述某一阶级时倾向于寻求其客观特征。与这种研究方法相区别，皮埃尔·布迪厄（Pierre Bourdieu）认为阶级的形成有一个主观的选择过程。这并不意味着用于划分社会集团的标准是虚构的或人为建造的，而是人们之间有各种联系和共享特征，在社会集团建构时其中一些联系或特征被特意地挑选出来并被不断强调，这些被突出强调的特征被用来将人群划分为不同的阶级和社会集团。进行阶层区分，应用分类标准将一个社会的某些成员归为一类是一种行使权力与建构现实的方式，是一种涉及特殊利益与社会偏见的操作。② 汉代关于"儒"的著述并不一定反映了真实情况，却直接塑造了后世的观念。③ 司马迁明确地将"儒"定义为通晓五经的学者，并将其历史渊源追溯至孔子。他表

---

① Nylan, "A Problematic Model," pp. 17-56; Nylan, *Five "Confucian" Classics*, pp. 32-33; Nicolas Zufferey, *To the Origins*, pp. 165-375; Anne Cheng, "What Did It Mean to Be a 'Ru' in Han Times?" *Asia Major* 14 (2001): pp. 101-118.

② Pierre Bourdieu, *Language and Symbolic Power*, trans. Gino Raymond and Matthew Adamson (Cambridge, MA: Harvard University Press, 1991), pp. 163-251.

③ 从春秋时代的荀子到东汉末年的徐干，学者们不断重新定义着儒的本质特征。他们不仅尽力将儒者与其他社会团体区分开来，而且还在儒生群体内对真儒与俗儒做了区分。见 Anne Cheng, "What Did It Mean to Be a 'Ru' in Han Times?" pp. 101-118. 另见 Lai Chen, "'Ru': Xunzi's Thoughts on Ru and its Significance," *Frontiers of Philosophy in China* 4, no. 2 (2009): pp. 157-179.

示，对五经的研习和对孔子的学术的继承让他们成为高官的合适人选。①
班固在其《汉书》中也因袭了这种说法。他们对"儒"的公开定义构建了一
种话语权，宣称接受古老的周代文化遗产教育是入仕辅佐帝王的先决条
件。他们对于汉代社会的见解不仅将原来成分混杂的"儒"改造成了孔子
的门徒，同时也使得读者按照他们的表述去认知、评估汉代社会。

　　作为有关儒家身份及其形成的研究之一，本书考察了司马迁与班固
为何在史书中如此描述汉代的政坛与儒林，以及他们的这些表述如何重
塑了汉代现实。

本书各章简介

　　本书梳理了终西汉之世儒生地位的变化。第一章系统地统计梳理了
在长达 54 年的汉武帝统治期内，朝中高级官员的家庭出身、学术方向与
仕宦之路。笔者指出，在 77 位地位显赫的高官中，司马迁仅仅将其中 6
人认定为儒生。在半个世纪的时间内，是否通晓儒学五经对一个人的仕
途影响甚微。谋求入仕的儒生们无论是在社会出身还是政治地位上都处
于弱势。他们受到世袭贵族与军事将领的排挤，锋芒完全被通晓法律与
善于理财的技术型官僚盖过。

　　但是现代学者何以习惯性地忽视那些掌握权力中枢的西汉高官们和
他们的仕途路径，只围绕着几个儒生官员的特例大做文章，将特例当成
西汉朝政的常态呢？我们看到，传统的大叙事过于拘泥于《史记》中《孝武
本纪》和《儒林列传》的记述。《史记·孝武本纪》本非司马迁的原著，现今
的版本经过了后世学者的蓄意篡改，而《史记·儒林列传》实为司马迁对

---

　　①　《史记》卷一百二十一《儒林列传》，3115～3129 页。另见 Michael Nylan，
"Toward an Archaeology of Writing：Text，Ritual，and the Culture of Public Display
in the Classical Period(475 B. C. E. —220 C. E.)，"in *Text and Ritual in Early China*，
ed. Martin Kern (Seattle and London：University of Washington Press，2005)，
pp. 3-49。

历史的虚构性重塑。当人们对这些记述进行表面化理解而不深究其撰写的背景和意图时，不免脱离历史语境，错过司马迁著述中的春秋笔法与微言大义。

第二章考察了《史记·儒林列传》中潜藏的政治意图。《史记》独创全新传记体裁，后世正统史书以《史记》体例为准，而《儒林传》成为历朝官方历史不可或缺的一部分。如果说儒生在武帝治下属于人微言轻的少数派，司马迁何以将儒生官员单独列出，特撰此章？细读文本，我们可以看到《儒林列传》实际上在与整部《史记》进行对话。而要理解这种对话，我们必须首先研究儒生官员在司马迁时代的境遇。在西汉，传统上被现代学者们认定为"孔子门徒"的"儒"并不一定是孔子的追随者；尽管他们的教育背景相同，生平际遇类似，但他们并未形成一个特定的利益集团，也没有始终如一的政治立场。他们不仅未能携手同心，反而为了获取政治优势互相攻击。

而在《儒林列传》中，司马迁第一次发明了"学官"（learned officials）一词来指代儒生，并用师徒关系网将他们联系起来，勾勒出一个团体。司马迁将这一团体的历史追溯到被汉代学者尊称为圣人与"素王"的孔子。他认为孔子之教体现了无与伦比的治国智慧，尊之为王道，而将儒生官员的专长，即通晓五经等同于知晓孔子之教。这些叙述将原本芜杂的儒生们转变成了一个以相同教育背景、思想倾向而形成的群体——孔子门徒，并将他们塑造成为最适宜担任官职的精英。

而且，司马迁在书中有意裁剪现实，虚构了一个只要通晓五经便能确保仕途并可迅速被拔擢的乌托邦。这暗含了他对《史记》中记述的现实世界的尖锐批评。在现实中，官员们需要依仗家族财富、裙带关系与派系斗争才能升上高位。当时，包括律法与理财在内的实用学问广受朝廷奖掖，而司马迁在《儒林列传》中选择将通晓五经作为选拔提升官员的唯一有效标准。这是在向这些经世致用之学发起挑战。长期以来，司马迁一直被公认为中国史学之父。他将历史叙事变成了一种可以建构现实从而影响现实的力量，重新定义了等级制度的原则，并由此帮助改变了同时代的政治面貌。

第三章表明，不仅儒生在当时的政坛是无权无势的少数派，而且在西汉王朝最初的120年间，五经的传承支离破碎难以为继。长期以来，学者们利用谱系追溯五经的传播轨迹，勾勒出汉代儒家经典研究的面貌。然而这些貌似证据充分的谱系却经不起仔细推敲：细读关于西汉建立到汉武帝一朝五经传承的史料，我们得到的是一团牵强的线索、面目模糊的创始人和断裂的师徒关系。

在公元前87年至公元前48年，以五经为名的各种学派纷纷崛起，如解《诗经》的鲁诗学派，京氏《易》学，解《书经》的欧阳学派等。这些经学学派陆续产生了大量高层官员，被认为是汉代知识界的代表。但是我们很难将西汉前120年支离破碎的五经传承谱系与西汉后半期突然出现的繁荣的儒生群体直接联系起来。通过对比班固《汉书·儒林传》和司马迁《史记·儒林列传》，我们可以看到，经学历史是如何被改写的。西汉后期经学学派的繁盛促使崇尚传统的学者将这一系列师徒传承的脉络投射到西汉初年，这样一种回溯性建构在班固的著作中达到巅峰，却从未受到质疑。

第四和第五章揭示了知识界和西汉朝政的一场革命性的变革，一个崭新的精英阶层因而诞生。在武帝末年，有关巫蛊与反叛的传言搅乱了皇位继承，并导致自西汉建立之初就把持朝政的名门望族的覆没。由此产生的权力真空被一些出身卑微者填补，其中就包括支持恪守儒家经典的官员。儒生们掌握的天人理念能够为霍光的专权与宣帝的即位提供合理依据，而儒生以此将他们的学识转变成了文化声望和政治资本。这让他们不仅能够与专攻律法和理财实学的官员集团相颉颃，而且也能与那些拥有世袭政治权力和社会财富的权贵们分庭抗礼。

本书的结论强调，儒家的崛起不仅源自一套政治话语的创立，更源于对儒生身份的厘定、认同和儒生集团的建构。在长期的内斗之后，儒生们终于团结一致相互推举。他们逐渐成为新的精英阶层，并在未来的若干世纪内同时控制政坛与知识界。

目　录

第一章　当少数派成为主角：
再探汉武帝一朝的儒生官员及其同僚^①

　　汉武帝"独尊儒术，罢黜百家"是历史学家们都很熟悉的大叙事。在传统的历史课本中，儒生的崛起被刻画为一出充满激烈的斗争的历史戏剧。诸子百家繁盛的春秋战国时代通常是其遥远的背景，残酷镇压学者并严禁其学说的短命秦朝（公元前 221 年—前 207 年）则奏响了序曲，而受黄老学说左右的汉初宫廷变成了舞台。以窦太后为代表、信奉黄老学说的一派与信奉儒家学说的武帝一派之间的戏剧化的政治冲突是这场

---

　　① 笔者注意到西方学术界有关"儒"与孔子门徒之间关系的辩论。笔者认同汉儒是一个成分复杂的群体，其内部成员的学术倾向存在差异。但从另一方面说，尽管儒不一定是孔子门徒，但在先秦两汉的文献中，"儒"这个词的使用方式一直相对一致，指研读五经并以此为其专长的学者。关于司马迁对儒者身份的建构，见本书第二章。现代学者对于儒与孔子学说的讨论，见 Robert Eno, *The Confucian Creation of Heaven: Philosophy and the Defense of Ritual Mastery* (Albany: State University of New York Press, 1990), pp. 6-7; Lionel M. Jensen, *Manufacturing Confucianism: Chinese Traditions and Universal Civilization* (Durham, NC: Duke University Press, 1997), esp. pp. 3-28; Michael Nylan, "A Problematic Model: The Han 'Orthodox Synthesis,' Then and Now," in *Imagining Boundaries: Changing Confucian Doctrines, Texts, and Hermeneutics*, eds. Kai-wing Chow, On-cho Ng, and John B. Henderson (Albany: State University of New York Press, 1999), pp. 17-56; Michael Nylan, *The Five "Confucian" Classics* (New Haven, CT: Yale University Press, 2001), pp. 32-33; Nicolas Zufferey, *To the Origins of Confucianism: The Ru in Pre-Qin Times and during the Early Han Dynasty* (Bern and New York: Peter Lang, 2003), pp. 165-375; Anne Cheng, "What Did It Mean to Be a 'Ru' in Han Times?" *Asia Major* 14 (2001): pp. 101-118。

历史剧的高潮。这场历史戏曲以窦太后的死亡、汉武帝的胜利宣布了儒生的政治崛起，而儒家思想也因为汉武帝的英名抉择成为主导两千多年中国精英阶层的学说。

在过去几十年间，也有学者发声，公开质疑汉儒将其宫廷对手彻底击败的说法。[①] 比如，一些学者认为，武帝未能弘扬纯儒之学，他同样信奉黄老学说和法家思想。[②] 还有学者发现，武帝的政治方针——无论涉及经济、军事抑或是宗教——鲜能留下儒家学说的印记。[③] 两位汉学家戴梅可与左飞（Nicolas Zufferey）最近指出，在汉代，并没有哪一个特殊群体被称为具有鲜明意识形态特征的"儒家"。相反，那些自称为"儒"

[①] 一些学者的研究已经对儒学在武帝一朝取得胜利这一宏大叙事进行了挑战。例如，传统史学观点通常认为，董仲舒在武帝弘扬儒学的过程中发挥了重要作用。而一些学者对此提出了质疑。他们还对武帝设"五经博士"一说表示怀疑。但是彻底改写汉武帝独尊儒术的大叙事还需要学术界的集体努力。参见朱维铮：《儒术独尊的转折过程》，见《中国经学史十讲》，上海：复旦大学出版社，2002，66 页。平井正士：《董仲舒の賢良対策の年次に就くて》，载《史潮》，11 卷 2 期，1941，79～116 页。福井重雅：《漢代儒教の史的研究：儒教の官学化をめぐる定説の再検討》，东京：汲古書院，2005。福井重雅：《六經六藝五經：漢代における五經の成立》，载《中国史学》，1994(4)，139～164 页。渡邊義浩：《後漢国家の支配と儒教》，东京：雄山閣出版，1995，详见前言和第一章。另见 Zufferey, *To the Origins*, pp. 246-314；Michael Loewe, *Dong Zhongshu, a Confucian Heritage and the "Chunqiu fan-lu"* (Leiden and Boston: Brill, 2011), Chapter 2；Michael Loewe, "'Confucian' Values and Practices in Han China," *T'oug Pao* 98, no. 1-3 (2012): pp. 1-30。

[②] 朱子彦：《汉武帝"罢黜百家，独尊儒术"质疑》，载《上海大学学报》，2004(6)，92～94 页；吕思勉：《吕思勉读史札记》，上海：上海古籍出版社，1982，648 页。

[③] 鲁惟一将武帝的经济、军事政策贴上了"现代主义者"的标签，他也以此说而闻名。劳榦认为，在整个西汉朝，通过察举制获得晋升的人中只有不到一半是儒学专家。陆威仪与柯马丁在他们各自的研究中，认为武帝朝礼俗所体现出的学术取向与儒学旨趣大不相同。见 Michael Loewe, *Crisis and Conflict in Han China: 104 BC to AD 9* (London: George Allen & Unwin, 1974)。劳榦：《汉代察举制度考》，载《中央研究院历史语言研究所集刊》，第 17 本，1948，79～129 页。Mark Edward Lewis, "The Feng and Shan Sacrifices of Emperor Wu of the Han," in *State and Court Ritual in China* (New York: Cambridge University Press, 1998), pp. 50-80. Martin Kern, "Ritual, Text, and the Formation of the Canon: Historical Transitions of Wen in Early Modern China," *T'oung Pao* 87, no. 1-3 (2001), pp. 43-91, esp. p. 67.

者成分混杂，学术方向不尽相同，其中一些人甚至根本不信奉孔子。①

　　然而，如果我们无法依照一套共有的信条或道德准则来定义"儒"，为何司马迁要将跟他同时代的一些人划为一个集团，称之为"儒"，将其定义为孔子的门徒，以此使他们有别于当时其他的官员？从社会角度来看，这样的分类又有什么深意呢？

　　为了回答这些问题，笔者将不再纠结于不同的思想学派话语之间的争论，绕开与"儒"严格相关的材料。本章旨在调查武帝朝显赫官员的出身与学术方向，以评估所谓"儒"在当时权力等级中所占据的地位。本书表明，主流叙事中的主角"儒"实际上在武帝统治期间只是政坛少数派。在此基础上，笔者进一步追问，为何传统观念会习惯性地将所有的注意力放在只占据了很少一部分高层位置的儒生身上，从而误断儒生的胜利。笔者还将深入细读《史记》中的两章——《孝武本纪》与《儒林列传》，看其如何深刻影响了有关武帝统治的传统观念与表述。②

儒，朝政中的少数派

　　在论及西汉的政治与思想史时，学者们经常征引几个著名的历史故事。比如，笃信黄老的窦太后因为不喜儒家学说而惩罚儒生辕固；武帝任用儒生赵绾与王臧推行仪礼，又举贤良将治《春秋》的公孙弘由微末小官擢升相位。除了考察这些儒生官员本人行止外，笔者更欲探究，公孙弘、赵绾与王臧的同僚是哪些人，掌控中枢的高官们有何典型特征，是什么因素让他们到达权力顶层。

　　《史记·汉兴以来将相名臣年表》中列有三公，即丞相、太尉（后改称

---

　　①　Michael Nylan, "A Problematic Model," 17-56；Nylan, *Five "Confucian" Classics*, pp. 32-33；Zufferey, *To the Origins*, pp. 165-375.

　　②　除《史记》这两章之外，班固的汉史记述也助长了武帝弘扬儒学这一观点的形成，这一话题需要专门进行研究。见福井重雅：《漢代儒教の史的研究》，415～526 页。

大司马)及御史大夫的姓名、任期、卒年或罢黜年份。其记载起于汉朝建立(公元前206年)止于汉元帝中期(公元前20年)①。班固的《汉书·百官公卿表》对前表的信息做了补充,除了涉及三公的信息外,还记载了九卿、名将以及京城高官的姓名,任命、去世或罢黜时间。②

三公权力仅次于皇帝,位于汉代官僚系统的顶端。九卿则位于权力金字塔的第二层级。③ 京城的高级官员常常作为九卿的后备人选,地位等同于或略低于九卿。④ 除行政头衔外,汉朝的官员等级也以作为俸禄发放给官员的米谷来划分,从万石到一百石不等。据说三公年俸达万石,而九卿及大都邑的高官的年俸达两千石。这三个集团加上领兵打仗的将领是帝国官僚系统中最显赫的官员。⑤

在汉武帝54年的统治期内,共有142人(原文为141人,根据图1.1改为142人。——译者注)担任这些官职。将散见于《史记》与《汉书》的相关信息汇总,可以确定77人的出身、仕宦途径、学术方向与关系网络等。(见图1.1与表1.1)⑥对上述信息进行分析可以让我们对日常操控国

---

① 此表包含了一些小错误,还有一些与《汉书》记载相矛盾之处。譬如,其中有任命日期的矛盾。这些小错或矛盾之处并不影响笔者论点。鲁惟一已将本表与《史记》其他记载之间以及本表与《汉书》记载之间的差异之处做了详尽记录。《史记》卷二十二《汉兴以来将相名臣年表》,1119~1155页。《汉书》卷十九《百官公卿表》,721~860页。参见 Michael Loewe, *The Men Who Governed Han China: Companion to "A Biographical Dictionary of the Qin, Former Han and Xin periods"* (Leiden and Boston: Brill, 2004), pp. 242-248。

② 《史记·汉兴以来将相名臣年表》似乎记载了所有曾获将军头衔官员的名字,而《汉书·百官公卿表》则仅仅记录了重要军事将领的名字。笔者通常依据《汉书》,但在表1.1中补上了武帝宠妃李夫人之兄李广利的名字,此人是武帝统治末期的重要将领。为何曾为李广利专门立传的班固未将此人收入《百官公卿表》仍是一个未解之谜。

③ 九卿包括太常、光禄勋、卫尉、太仆、廷尉、大鸿胪、宗正、司农、少府。

④ 中尉官秩中两千石,地位相当于九卿。水衡都尉以及管理京师地区的京兆尹、左冯翊与右扶风,官秩中两千石或两千石,地位略低于九卿。

⑤ 公元前104年之前,京师地区由左内史、右内史与主爵都尉管理。见 Hans Bielenstein, *The Bureaucracy of Han Times* (Cambridge and New York: Cambridge University Press, 1980), pp. 86-87。

⑥ 身兼数职的官员以他们获得的最高职位划分。

情况不明官
员，65人

身份明确的
官员，77人

图 1.1 武帝时代身份情况不明与身份可以确定的高级官员

家机器的官员有一个清晰的认识。

显赫高官们的家世背景

武帝统治期间，共有 12 位丞相。其中 3 人属于外戚或刘姓皇族，6
人属于高官后代。② 而在这 6 人中，有 4 人为汉朝开国功臣的后代。12
位丞相中，只有 3 位——李蔡、田千秋与著名的儒生公孙弘——不属于
累世公卿的世家。李蔡出身将领世家：他的一位先祖曾在秦朝出任将军，
而他的一位同族表兄就是汉朝著名的将领李广。田千秋曾为高庙寝郎，
其家庭背景并不清楚。与那些几十年来其家族一直靠近权力金字塔尖的
丞相们相比，李蔡和田千秋的出身可谓卑微。然而和公孙弘相比，他们
的出身又可算高高在上了。根据司马迁的记载，公孙弘曾为薛狱吏，

---

① 在西汉史研究中，汉代中央官僚集团有内朝与外朝之别。外朝由丞相、御
史大夫、九卿及他们的部属组成。这些官员都有明确的行政与监察职责，人数固定。
而内朝通常由太尉以及皇帝的亲信如侍中、诸吏、给事中、尚书等组成。内朝官员
在多大程度上能够控住外朝主要取决于皇帝赋予他们多少权力。因此，是三公九卿
与皇帝共同承担行政职责，他们是官僚集团中重要的掌权者。关于内朝与外朝，参
见劳幹：《论汉代的内朝与外朝》，载《中央研究院历史语言研究所集刊》，第 13 本，
1948，227～267 页。Yu-ch'uan Wang, "An Outline of the Central Government of the
Former Han Dynasty," *Harvard Journal of Asiatic Studies* 12, no. 1/2 (1949):
pp. 134-187. Hans Bielenstein, *The Bureaucracy of Han Times*, pp. 143-157.
Charles O. Hucker, *A Dictionary of Official Titles in Imperial China* (Stanford,
CA: Stanford University Press, 1985), 193, pp. 410-411. Michael Loewe, *The
Men Who Governed*, pp. 194-195.
② 前 3 人为窦婴、田蚡与刘屈氂，后 6 人包括许昌、薛泽、庄青翟、赵周、
石庆与公孙贺。见表 1.1。

表 1.1　武帝(公元前 141—前 87)朝三公九卿统计表

	身份可以明确的官员(人数 77 人)							情况不详者(人数：65 人)
	出身权贵家族者(人数 45 人)			出身低微或不明(人数 32 人)				
	皇亲国戚	官员家庭	地方望族	小吏	贤良举荐体制/太学	侍从或其他途径	军功	
丞相(12 人)	窦婴(140)、田蚡(135)、刘屈氂(91)　3 人	许昌(139)、薛泽(131)、庄青翟(118)、赵周(115)、石庆(112)、公孙贺(103)　6 人	李蔡(121)　1 人		公孙弘(124)　1 人	田千秋(89)　1 人		65 人
御史大夫、太尉、九卿及大都邑高官(65 人)	刘受(119)、卫青(119)、霍去病(119)、王信(116)、李广利(104)　5 人	张欧(131)、石建(139)、灌夫(140)、汲黯(135)、孔臧(134)、张当居(127)、周平(124)、司马安(123)、李信成(122)、栾贲(118)、李敢(118)、周仲居(117)、任越人(115)、张广国(114)、周健德(113)、杜相(112)、萧寿成(107)、韩延年(106)、公孙敬声(104)、张昌(104)、石德(102)、唯涂光(94)、斩石(94)、韩说(93)、郦终根(89)　25 人	郑当时(137)、李广(134)、卜式(111)、孔仅(115)、桑弘羊(87)　5 人	张汤(120)、[儿宽]、杜周(98)、赵禹(129)、颜异(119)、王温舒(119)、杨仆(119)、义纵(119)、尹齐(114)、[咸]宣(114)、减宣(110)、王䜣(89)、朱买臣(90)、李寿(122)、魏不害(87)　13 人	儿宽(110)　1 人	韩安国(135)、暴胜之(94)、商丘成(91)、王臧(140)、宁成(140)、江充(94)、金日磾(87)、上官桀(87)、田广明(89)、王恢(136)、赵绾(139)、霍光(89)、[张骞(120)]　12 人	苏健(127)、徐自为(117)、张骞(120)、赵弟(99)、[李广(134)]　4 人	

注：
1. 官员名字后面圆括号里面的数字，如，(122)，指此人成为三公、九卿或大都邑地方高官的年份(皆为公元前，仅保留数字)。
2. 方括号里面的名字，如，[李广(134)]，指记入其他范畴的官员。

有罪被免，青年时家中贫困只能养猪为生。

大体说来，在汉代，一个人的家庭出身决定了他的前途，高级官员尤其如此。我们对丞相刘屈氂如何爬上帝国官僚层级系统的巅峰知之甚少。历史记录仅仅告诉我们，他是武帝同父异母的哥哥刘胜之子。丞相田千秋的荣显之路让他的同僚们觉得匪夷所思。近 70 岁的汉武帝因为看到这位高庙寝郎一句话的奏章欣慰感悟，于是将其从一个微末小官提升为大鸿胪，位列九卿，几个月后他又被任命为丞相。根据班固的记载，匈奴头领单于闻讯后，轻诋汉廷不用贤才。①

在这 12 位丞相中，有 7 人在武帝即位前便早已担任要职，并在朝廷中发挥着举足轻重的影响力。公元前 2 世纪 60 年代初，在文帝治下，许昌、薛泽、庄青翟就已经承袭了祖父的爵位。窦婴、田蚡、李蔡，还有石庆在景帝朝官秩已经升为两千石。因其父功勋卓著，赵周在公元前 148 年封侯。公孙贺之父曾因军功被封为平曲侯，他本人在武帝尚为太子时任太子舍人。公元前 135 年公孙贺被擢升为九卿之一的太仆。

前朝功勋卓著的官员（尤其是开国功臣）的后代并不需要有出色的表现，如果他们继承了爵位，就意味着会顺理成章地成为丞相的候选人。武帝依然延续了这种做法。正如司马迁所言："及今上时，柏至侯许昌、平棘侯薛泽、武彊侯庄青翟、高陵侯赵周等为丞相。皆以列侯继嗣，娖娖廉谨，为丞相备员而已，无所能发明功名有著于当世者。"②

公孙弘的仕途之路与其他那些享受特权官位数十载的丞相们形成了巨大的反差。身为武帝朝唯一的儒生丞相，他直到公元前 140 年才涉足政治舞台。当时他年已六旬，之前只担任过博士——这个职位不承担任

① "单于曰：'苟如是，汉置丞相，非用贤也，妄一男子上书即得之矣。'"《汉书》卷六十六《公孙刘田王杨蔡陈郑传》，2884 页。郎官直接升为九卿，在西汉史上唯此一例。事实上，田千秋的平步青云是由于武帝统治末年发生了巫蛊之祸，这场政治巨变将朝中望族毁灭殆尽，在官僚系统上层造成了权力真空。关于巫蛊之祸后权力重组的讨论见第四章。

② 《史记》卷九十六《张丞相列传》，2685 页。

何行政职责，而且很快他就从博士任上被黜落了。多亏他的长寿，11年之后（公元前130年），70岁的公孙弘重新被任命为博士。两年之内，他就被提拔为左内史，官秩两千石。公元前126年，他担任御史大夫。他从公元前124年起担任丞相，直至公元前121年死于任上。从低微的博士到出任丞相位极人臣，他仅仅用了7年时间。公孙弘的平步青云与其他丞相的仕宦模式截然不同。而且54年间武帝任命的所有12位丞相中，只有公孙弘被同时代的人认作儒生。他的儒生资格是由他在《春秋》方面的学术专长确定的。在12位武帝朝丞相中，只有公孙弘是通过贤良举荐进入中央朝廷的。①

公孙弘的特殊经历是否表明一种新的晋升模式已经确立，而武帝对儒生的提拔和对儒学的揄扬促成了一种革命性的变革？答案很复杂。公孙弘是武帝第5位丞相，被任命于他当政的第17个年头。在随后的35年间，前后相继有7位丞相，而他们没有一个被认定为儒生，也没有一个是通过贤良举荐制度入仕的。除了田千秋之外，公孙弘后之其他丞相的社会出身以及晋升相位的模式都与在他之前的那些丞相类似：都曾经担任显要官职几十年，都来自几代人享受特权地位的官宦世家。如果公孙弘只是一个特例，他的青云直上是由武帝的个人意志而非当时的官场成例造就的，那么为何长期以来他的经历被歌颂为儒生在政坛取得成功的标志？② 谁又造成了这样的曲解？

---

① 武帝在其统治期间曾几次下诏，令太守、高层官员和侯爵向朝廷举荐官员的后备人选。通常认为，从武帝之治开始，察举制度化，并成为任用官员的主要方式。对此观点的修正讨论见本章"重估察举制度与太学"一节。

② Zufferey, *To the Origins*, pp. 297-341, esp. pp. 319-341; Mark Edward Lewis, *Writing and Authority in Early China* (Albany: State University of New York Press, 1999), pp. 342-351; Ch'en Ch'i-Yun, "Confucian, Legalist, and Taoist Thought in Later Han," in *Cambridge History of China*, vol. 1, *The Ch'in and Han Empires* (*221 B.C. —A.D. 220*), eds. Denis Twitchett and Michael Loewe (Cambridge: Cambridge University Press, 1986), pp. 767-769; Homer H. Dubs, "The Victory of Han Confucianism," *Journal of the American Oriental Society* 58, no. 3 (1938): pp. 440-441. 于迎春：《秦汉士史》，北京：北京大学出版社，2000，93～99页。

在回答上述问题之前，让我们首先考察一下御史大夫、太尉、九卿和京城高官们的家庭出身、学术倾向以及仕宦模式。

根据《史记》与《汉书》的记载，武帝统治期内共有 130 人曾任这些职位。结合现有文献资料，在这 130 人中我们可以较为详细的了解 65 人的身份和仕途（见表 1.1）。尽管最理想的情况是能够将高层官员的每一个人都逐一剖析，但仔细考察保存下来的资料能让我们对《史记》与《汉书》中所描绘的汉武帝的官场高层做尽可能忠实的再现。史料缺乏和认知的局限让再现历史成为一种认识论上的不可能，但是我们能够也应该努力再现史料中所呈现的历史。

通过考察家庭出身以及仕宦模式，我们可以清晰地将这些官员们分成三个群体：朝中重臣家族之后，地方名门望族之后，以及出身卑微或身份背景不明的官员。65 位显赫高官中，5 人来自皇族或外戚，25 人是曾侍奉先帝的高官之后。[①] 这 25 人中有 15 人是辅佐刘邦建立汉朝的开国功臣的直系血亲。[②] 在武帝时代的朝中大员中，亲属关系织成了一张复杂的网。例如，在时任丞相的石德之父死于任上后，石德本人旋即得到晋升，位列九卿；公孙敬声在其父任丞相期间被委任为九卿之一。[③] 司马安与汲黯是表亲，终其一生，两人的官秩都在两千石或以上。张广国于公元前 113 年被委任为太常，而其子张昌于公元前 104 年执掌了同一职位。李敢公元前 118 年任郎中令，而其父李广出任官秩在两千石或以上的各种要职凡 40 年。而李广的表弟李蔡从公元前 121 年至前 118 年一直担任丞相。简言之，武帝 54 年的统治期间，在 65 位除丞相以外的朝中大员中，有 30 位，近 46%，来自朝中重臣家族。有权有势的官员家

①　见表 1.1。

②　他们是石建、孔臧、周平、李信成、任越人、周仲居、周建德、杜相、萧寿成、张昌、张广国、石德、韩说、靳石、郦终根。见表 1.1。

③　石德在公元前 102 年被任命为太常；其父石庆从公元前 112 年至前 103 年一直担任丞相。公孙敬声于公元前 103 年被任命为太仆；其父公孙贺从公元前 103 年至前 91 年担任丞相。见《汉书》卷十九《百官公卿表》，783～784 页。

族本身在不断复制自己，制造高官。

我们虽然不能追溯地方上的名门望族在京城任职的历史，但他们也在汉武帝一朝成功地将其子孙安插进了官僚集团上层。65 位高官中有 5 人便带有这样的家族背景。郑当时与李广均来自地方军事世家，而卜式、孔仅与桑弘羊来自商贾之家。依靠自己的军功李广一步步晋升到权力等级的高层。卜式靠对政府慷慨的捐助获得了自己的第一份官职。桑弘羊以郎吏之职入仕，而郑当时最初的官职是太子舍人。① 成为郎吏或太子舍人往往依靠家族特权或靠对政府的捐助。司马迁愤怒地抨击武帝一朝任用商贾与卖官鬻爵之风。他提到，孔仅与东郭咸阳"除故盐铁家富者为吏。吏道益杂，不选，而多贾人矣"②。他还称"入财者得补郎，郎选衰矣"③。之前并无担任公职记录的富贾之家通过安插族中年轻子弟担任太子舍人或出钱为他们买到下层官位，逐渐渗透入官场精英阶层。

65 位朝廷重臣中，有 13 人入仕之初仅为官僚底层小吏，而最终爬上了权力巅峰。他们中并无一人来自权贵之家。④ 相反，司马迁与班固都着意强调，他们中有些人出身非常卑微。⑤ 例如，张汤之父为长安丞，据说曾因为在张汤看守家舍时老鼠偷了一片肉而对他大加鞭笞。⑥ 杜周初次任廷尉史时，只有一匹马，马腿还是瘸的。⑦ 这 13 人中有 3 人是因为特殊际遇成为官场的暴发户，武帝直接把他们从蕞尔小吏擢升为官秩两千石或以上的大员。朱买臣在长安城中忍饥挨饿时，只因为武帝说《春

---

① 《史记》卷三十《平准书》，1428～1434 页；卷一百二十《汲郑列传》，3111～3112 页。

② 《史记》卷三十《平准书》，1429 页。

③ 《史记》卷三十《平准书》，1437 页。

④ 他们是张汤、兒宽、杜周、赵禹、颜异、王温舒、杨仆、义纵、尹齐、减[咸]宣、王䜣、朱买臣、李寿、魏不害。见表 1.1。

⑤ 他们是张汤、兒宽、朱买臣、杜周。

⑥ "还而鼠盗肉，其父怒，笞汤。"《史记》卷一百二十二《酷吏列传》，3137 页。

⑦ "杜周初征为廷史，有一马，且不全。"《史记》卷一百二十二《酷吏列传》，3154 页。

秋》言《楚辞》，博得帝心大悦，骤然就提升为中大夫，由此开始飞黄腾达。① 新安令史李寿与圉守卫魏不害两人都是机缘巧合，各自在暴乱中立功而封侯，之后不久又位列九卿。②

与这 3 个人的骤然拔擢形成鲜明对比的是，其余 10 人均是从官僚集团的底层一步步攀上了仕途的巅峰。这些人或善于治狱，或能抑豪强平盗匪，或长于征税，依靠自己的行政能力得到提拔。他们另一个共有的特征是都和当时的权贵建立了紧密的联系，这让他们可以运用复杂的人脉，推进自己的仕宦之路。例如，在还是长安城里一名小吏时，张汤结交了武帝母亲王皇后同母异父的弟弟田胜，田胜将张汤引荐给了许多达官显贵。宁成为内史时，张汤做其下属。在宁成的推荐下，张汤当上了茂陵尉。王温舒、尹齐、杜周，还有兒宽都曾先后做过张汤的下属，由于他的推荐，这些人得以从下级官吏逐渐升至三公或九卿的高位。

除了出身小吏的官员，还有 16 位家庭身份没有明确记载的高官，他们中似乎没有人有出身贫寒。这些人没有一个像那些家境贫寒的同僚那样曾经混迹于官场底层。相反，他们中有几个初入仕途便担任郎官或封国的中大夫。③ 此外，史书中初次提到他们的行政职务即为县令，或为军中校尉或为一郡都尉。因此，他们的仕宦模式与那些出身地方名门望族的官员，如李广、郑当时等人类似。

等级制度的原则

笔者已经分析了武帝朝 77 名高官的一些基本特征：45 人（约 58%）或属于皇族或外戚，或来自累世出达官显宦的家族，或来自地方权贵豪

---

① "召见，说《春秋》，言《楚词》，帝甚说之，拜买臣为中大夫。"《汉书》卷六十四《严朱吾丘主父徐严终王贾传》，2791 页。

② 《汉书》卷六十三《武五子传》，2746～2747 页；卷九十《酷吏传》，3664 页。

③ 金日磾大概可以算是这个集团中的一个例外。他本是匈奴王子，被汉俘获后为奴，送至黄门署养马。他的不凡仪表吸引了武帝的注意，后逐渐成为侍奉武帝的心腹。见《汉书》卷六十八《霍光金日磾传》，2959～2961 页。

门；13 人(17％)出身寒微，以出任官僚系统基层的小吏开始仕途。(见表1.1、图1.2 和图1.3)这些官员显示了截然不同的仕宦模式。通过对这些模式的评估，我们将考察在当时的政坛，何种能力可受到重用并能成为晋升的资本。对高层官员的全面统计分析能够从实例的角度修正我们对汉朝官员任用体制及其对精英文化的认识。

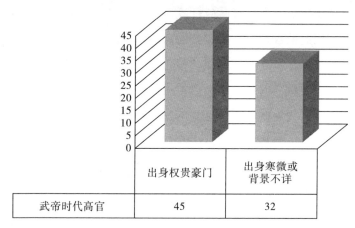

	出身权贵豪门	出身寒微或背景不详
武帝时代高官	45	32

图 1.2　武帝朝高官出身背景

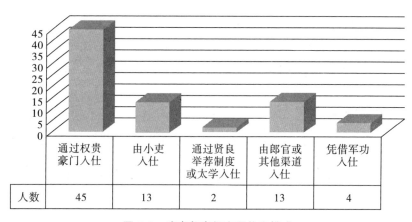

	通过权贵豪门入仕	由小吏入仕	通过贤良举荐制度或太学入仕	由郎官或其他渠道入仕	凭借军功入仕
人数	45	13	2	13	4

图 1.3　武帝朝高级官员仕宦模式

朝中重臣家族的后代是汉武帝一朝官僚集团中一股举足轻重的力量，他们的仕宦之路也独具特色。最幸运者直接承袭父辈的爵位，由此成为高级官员的后备人选。稍逊一筹者通常先在宫中充任郎官或为太子舍人，这些低级别的官位虽无多少权力，却为他们提供了与当朝大臣交往的良机，其中一部分人甚至与皇帝或太子建立起比较密切的关系。①

高官们有权委任自己的儿子（有时是兄弟或侄子）为郎官，由此得以将他们的家族成员变为担任行政职务的后备人选。这种定制就是为人熟知的"荫任"。史学界的传统观点认为，汉武帝将贤良举荐制度变为了入仕的主要途径。然而与这种说法矛盾的是，正是在武帝统治期内，通过"荫任"进入官僚集团的官员人数显著增长。正如高敏所言，当时有爵位和封邑的官员人数减少了，这就意味着他们的子孙后代无法再通过袭爵享受政治声誉与社会威望。因此，他们便开始充分利用"荫任"，将其变为权贵家族后代向官场渗透的最重要的渠道。②

而且，资料显示，这些家世背景显赫的郎官的仕途前景光明。在有记载的郎官中，出生高官家族的子弟都未担任过县一级的官职，更不要说在底层任小吏了。他们在入仕之初往往就跻身于官僚集团的中层。司马迁记载，汲黯的家族成员世为卿大夫，至汲黯已历七世。汲黯被委任为荥阳令后，因备感羞耻，辞官回家。武帝听说后，又将其召回拜为中大夫，官秩两千石。③ 高门显宦家族后代生来就注定享有高位，这种现象不仅为数据资料所证实，司马迁也屡言及之：

（石）庆方为丞相，诸子孙为吏更至二千石者十三人。④

（汲黯）卒后，上以黯故，官其弟汲仁至九卿，子汲偃至诸侯相。

黯姑姊子司马安亦少与黯为太子洗马。安……官四至九卿，以河南

---

① 参见阎步克：《察举制度变迁史稿》，沈阳：辽宁大学出版社，1997，22～28 页。李孔怀：《汉代郎官述论》，见《秦汉史论丛》第二辑，西安：陕西人民出版社，1983，158～172 页。严耕望：《秦汉郎吏制度考》，载《"中央研究院"历史语言研究所集刊》，第 23 本上，1951，89～143 页。

② 大部分"世袭特权"的例子都发生在武帝到成帝之间。参见高敏：《关于汉代任子制的几个问题》，见《秦汉史论集》，郑州：中州书画社，1982，272～292 页；张兆凯：《任子制新探》，载《中国史研究》，1996 年第 1 期，62～72 页。

③ 《史记》卷一百二十《汲郑列传》，3105 页。

④ 《史记》卷一百三《万石张叔列传》，2768 页。

太守卒。昆弟以安故，同时至二千石者十人。①

高官子弟大概无须证明自己的行政能力便可身居要职，而其余的官员要攀上官僚集团的巅峰则既需要凭借他们编织的权贵关系网，也需要凭借自己的功劳业绩。然而，在官僚等级制度中，何种行政能力或学识被列为官阶晋升的考核指标？

首先，在作战中表现卓异与擢升要职密切相关。武帝朝77位大员中有19位参与过军事行动。他们中至少有7人主要凭借自己的战功升任要职。② 他们的出身各异：有些来自权贵家族，有些家世背景不明。尽管并无多少军事阅历，那些宠妃的亲属直接就升为将军。司马迁指出，相当多的文官官职被军中老兵占据："军吏卒为官，赏赐甚多。"③《汉书》载，公元前110年，将军李广利的下属中，"军官吏为九卿者三人，诸侯相、郡守、二千石百余人，千石以下千余人。奋行者官过其望，以適过行者皆黜其劳"④。事实上，考古出土文献也证实传世文献的记载，在军中服役是通向仕途的重要手段。⑤

其次，成功出使外邦有助于树立声望获得重要职位。前往敌视汉廷的匈奴以及其他西域国家，路途艰难而危险。完成外交使命并能设法平安归来既需要良好的谈判技巧又需要极大的勇气。出身并不显赫的郎官张骞与江充主动选择担负外交使命，他们非凡的经历使他们获得了重要的职位。⑥

---

① 《史记》卷一百二十《汲郑列传》，3111页。

② 他们是灌夫、李广、苏建、徐自为、李敢、韩说、赵弟。见表1.1。

③ 《史记》卷一百一十一《卫将军骠骑列传》，2937页。

④ 《汉书》卷六十一《张骞李广利传》，2704页。

⑤ 见李开元：《汉帝国的建立与刘邦集团：军功受益阶层研究》，北京：生活·读书·新知三联书店，2000，44～69页；卜宪群：《秦汉官僚制度》，北京：社会科学文献出版社，2002，159页；卜宪群：《尹湾汉墓简牍军吏以"十岁补"补证》，见《简帛研究2004》，桂林：广西师范大学出版社，2006，234～242页。

⑥ 江充在出使匈奴前为谒者，属于郎官的一种。《史记》卷一百一十一《卫将军骠骑列传》，2944页；卷五十九《五宗世家》，2099页。

再次，武帝重视理财方面的学识。东郭咸阳、孔仅与桑弘羊都来自富贾之家。他们的理财专长对他们晋升高位助力尤多。著名的盐铁专卖政策促进了政府收入大幅增长，而该政策就出自这些人之手。为了解决连年用兵与自然灾害带来的巨额财政亏空，汉武帝发行了白鹿皮币与银锡合金币"白金三品"。随着货币供应量的激增，新币导致通货膨胀，有效地将富人的财富转移到了政府手中。① 而且，商贸被当作政府稳定财源之一，商人与手工业者被课以重税。桑弘羊又专设官员，在全国调配物资以平准，以此防止富商大贾牟取暴利。② 在商人受到普遍鄙视，牟利被视为不道德的年代，任用理财专家并将商贸纳入政府财政策略在西汉具有重要意义。③ 司马迁评论道："兴利之臣自此始也。"④

最后，行政能力，包括治狱、抑地方豪强与平盗匪、征税等，是官员升迁到官僚集团顶层的重要资历。在 32 位出身寒微或背景不详的官员中，12 人主要凭借其政绩升为高官。⑤ 这些人一开始都是在县中为吏（司马迁称之为"刀笔吏"），因为他们在法规方面的专长而脱颖而出。⑥

---

① 王莽篡位改朝为新后，为减少政府财政赤字，频繁发行新货币。武帝就是他的前例。参见 Homer H. Dubs, "Wang Mang and His Economic Reforms," *T'oung pao* 35 (1940)：pp. 219-265。

② 《史记》卷三十《平准书》，1441 页。

③ 有关汉之前与汉代商人的社会地位，参见 Derk Bodde, "The Idea of Social Classes in Han and Pre-Han China," in *Thought and Law in Qin and Han China*：*Studies Dedicated to Anthony Hulsewé on the Occasion of His Eightieth Birthday*, eds. W[ilt] L. Idema and E. Zürcher (Leiden：E. J. Brill, 1990), pp. 26-41；Nishijima Sadao, "The Economic and Social History of Former Han," in *The Cambridge History of China*, vol. 1：*The Ch'in and Han Empires* (221 B. C.—A. D. 220), eds. Denis Twitchett and Michael Loewe (Cambridge：Cambridge University Press, 1986), pp. 545-607。

④ 《史记》卷三十《平准书》，1421 页。

⑤ 他们是张汤、兒宽、杜周、赵禹、颜异、王温舒、杨仆、义纵、尹齐、减[咸]宣、宁成、田广明。

⑥ 从居延汉简到尹湾汉简的考古出土文献都表明，累积的业绩和居官的时间是汉代官员获得晋升的重要手段。见本书结论部分对此的详细探讨。

儒生，黄老信徒与法家之士何在？

　　武帝朝 77 位身份可以确定的高官的仕宦模式表明，构建官场等级制的主要标准是世袭高位、军功、理财专长与行政能力。儒学呢？这 77 位高官中有多少人被时人视为儒生、黄老之徒或法家？通晓儒学五经对于官员仕途成功能发挥多大的作用？

　　司马迁在他的《史记》中将大部分以小吏起家的官员都收入了《酷吏列传》。① 因为这些人中的大部分主要职责都是追捕盗匪和其他罪犯，我们能据此把他们当作法家——与儒家学说极端对立的思想派别——的代表吗？② 一些学者曾根据官员的性情与行为推想他们的学术方向，给他们贴上一个列在《史记》或《汉书》中的思想派别——儒家、黄老或法家的标签。例如，一些学者将几乎所有活跃于西汉朝的官员，甚至军事将领都分成两派，或属黄老阵营，或属儒家阵营。他们称，如果某人有诸如反对在北方用兵之类的言行，那此人便应属黄老学派。③

　　但如此探讨汉史并不合理。已有学者质疑将此类思想派别的标签套用于早期中国是否正确。诸如"道家"与"法家"之类的术语由司马谈创造，又经刘向（公元前 79—前 8 年）修订。苏德楷（Kidder Smith）令人信服地指出，司马谈发明"名家""法家"等概念并非因为他试图客观描述西汉之

---

　　① 尽管兒宽与张汤有联系，但他的传记却不见于《史记·酷吏列传》；相反，司马迁把他作为儒生官员的典范。颜异未被列入《酷吏列传》可能是因为他并非张汤集团成员；事实上，这两个人更是政敌的关系。见《史记》卷三十《平准书》，1433 页。

　　② 在中国与日本，习惯上都把列入《酷吏列传》的官员作为法家的代表。可参见傅乐成：《西汉的几个政治集团》，见《台湾大学傅故校长斯年先生纪念论文集》，台北：台湾大学，1952，81～82 页；萧公权：《中国政治思想史》，台北："中华文化出版事业委员会"，1954，268～270 页。福井重雅：《漢代儒教の史的研究》，70～72 页。

　　③ 如 Hans van Ess, "The Meaning of Huang-Lao in 'Shi ji' and 'Han shu,'" *Etudes chinoises* 12，no. 2 (1993)：pp. 161-177。另见 Lewis, *Writing*, pp. 338-352。

前的思想史，而是因为他意图向皇帝展示自己的政治思想。[①] 和这种观点相呼应，齐思敏（Mark Csikszentmihalyi）与戴梅可认为，司马谈《六家之要旨》中"家"的概念并不指思想学派，而是指某些领域的专业学识。[②]

此外，政界并非只是学界的延伸，也不能将宫廷内的政治斗争不加批判地解读为不同思想派别之间的竞争。《酷吏列传》中没有一个官员被他们的同时代人视为法家信徒。而已知的曾研习法家的官员，诸如韩安国与张欧，《史记》中都独列有传记。司马迁在撰写《酷吏列传》时，并无撰写《法家吏列传》之意。同样，窦婴与田蚡都以提倡儒术闻名，但无人把他们说成儒学经典方面的专家，他们的同时代人也并不称其为"儒"。

这些例子意味着在《史记》与《汉书》中，某人是否属于某个学派并不依据其个性，而是建立在其接受的教育和学识基础上。事实上，司马迁认为一个人的性情和行为不一定会反映其学术方向，更不要说对某个学派的熟悉了。例如，张欧据说曾治刑名家，但司马迁赞之曰："自欧为吏，未尝言案人，专以诚长者处官。"在司马迁的记述中，张欧的举止大异于《酷吏列传》中那些擅长滥用刑法的官员。[③] 同样，公孙弘被描述成一个阴险狡猾而报复心重的人。其卑劣的性格并没有影响其跻身儒林，其儒生的身份只是由其在《春秋》方面的学识而确定的。[④] 如果不能按照

---

① Kidder Smith Jr. , "Sima Tan and the Invention of Daoism, 'Legalism,' etcetera," *The Journal of Asian Studies* 62, no. 1 (2003)：pp. 129-156. 顾史考（Scott Cook）阐释了孔孟之教与庄子学说的相同之处；另见 Scott Cook, "Zhuang Zi and His Carving of the Confucian Ox," *Philosophy East and West* 47, no. 4 (1997)：pp. 521-553; Paul Goldin, "Persistent Misconceptions about Chinese 'Legalism,'" *Journal of Chinese Philosophy* 38, no. 1 (2011)：pp. 88-104。

② Mark Csikszentmihalyi and Michael Nylan, "Constructing Lineages and Inventing Traditions through Exemplary Figures in Early China," *T'oung Pao* 89, no. 1-3 (2003)：pp. 59-99.

③ 《史记》卷一百三《万石张叔列传》，2773 页。

④ 史载："诸尝与弘有却者，虽详与善，阴报其祸。"《史记》卷一百一十二《平津侯主父列传》，2951 页。

传统观念给《酷吏列传》中记载的官员贴上所谓"法家"标签，那么让我们把注意力先放到儒生身上。我们的发现可谓令人震惊：在帝制中国初期政治史上最耳熟能详的主角——儒生官员事实上不过是官僚体制中微不足道的少数派。在前述77位高官中，仅有4人被司马迁确定为儒生：公孙弘、赵绾、王臧及兒宽。这4个人都是精通五经中的一种或几种经典。我们还可以再补充2人。朱买臣据说研习过《春秋》，被班固评价为"缙绅之儒"（字面意思是一个宽大的衣带上插着用于记事的笏板的儒生）。①《汉书·艺文志》将孔臧的文学著作归入儒家。尽管司马迁没有明确将孔臧认定为儒生，但他们的同时代人大概还是视之为儒的。②

结果，在汉武帝54年统治期间，77位身居要职的高官中只有6人（7.8%）被司马迁和班固称为儒生。（见图1.4）显然，儒生只是权力的金字塔上层几个落落寡合之人。这一发现促使我们不得不问一声，武帝所谓奖掖儒学是否有事实的基础。

儒生并非唯一的少数派。在这77位高官中，仅有两人——汲黯与郑当时被称为黄老学说的信徒，还有两人——韩安国与张欧被当作法家的信徒。③我们细查司马迁与班固撰写的史书，结果却发现，在当时只有寥寥几个高官对各种学派有所研习。

传统史学记述给秦政贴上"法家"标签，给汉初政治贴上"黄老学说"的标签，给武帝及其后的政治贴上"儒学"标签，这是将不同学派之间的论争直接投射到了政治领域。根据传统的史学记述，丞相卫绾在公元前

① 《史记》卷一百二十二《酷吏列传》，3143页；《汉书》卷九十四《匈奴传》，3830页。
② 有趣的是，司马迁显然知道孔臧，但没有把这位权贵家族之后列入《儒林列传》，也没有在《史记》中像处理同时代的其他政治人物一样，写明孔臧的学术专长。笔者在本书第二章分析司马迁裁剪史料的原因。
③ 《史记》提到韩安国曾学《韩非子》和杂家学说，而张欧则治"刑名言"。《史记》卷一百八《韩长孺列传》，2857页；卷一百三《万石张叔列传》，2773页。

141 年请求汉武帝罢黜法家，标志着弘扬儒学的开始①；董仲舒在奏疏中主张"罢黜百家，独尊儒术"，预示着儒学成为国家正统思想。②

　　然而，就在这些事件后不久，先是韩安国，紧接着又是张欧，相继出任御史大夫之职——而这两人都是公认推崇法家思想的。③ 卫绾与董仲舒的奏疏也并未影响郑当时与汲黯升迁到重要职位——而这两人都是黄老学说的信徒。郑当时虽然曾被短暂地贬为詹事，但公元前 137 年至公元前 120 年位列九卿，官秩两千石。汲黯在公元前 135 年被提拔为九卿之一，在随后的二十年间，他出任多个职务，官秩至少都在两千石。两道著名的奏疏似乎并没有对帝国的行政格局造成巨大的改变。它们表达的可能只是个人观点而非系统实施的帝国政策。

　　如果仅仅从黄老信徒、儒生与法家学派之间争斗这个角度审视武帝时代的政界，不免会扭曲真实的历史面貌。笃信黄老学说的窦太后的确直接导致了武帝任命的两名儒生官员的贬官。然而在武帝半个多世纪的统治期内，这是唯一有案可查、可以确认的黄老信徒与儒生之间的冲突。

　　学者们试图发现更多的冲突，他们称，黄老信徒汲黯与儒生公孙弘

----

　　①　原文为："所举贤良，或治申、商、韩非、苏秦、张仪之言，乱国政，请皆罢。"《汉书》卷六《武帝纪》，156 页。但是 Susan Schor Ko 指出，《史记》上并无卫绾的奏疏。见 Susan Schor Ko, *Literary Politics in the Han* (PhD diss., Yale University, 1991), p. 118。另见劳幹：《汉代察举制度考》，载《中央研究院历史语言研究所集刊》，第 17 本，1948，83 页；Bielenstein, *The Bureaucracy of Han Times*, 138；冯良方：《汉赋与经学》，北京：中国社会科学出版社，2004，12～55 页；Lewis, *Writing*, p. 347。

　　②　比如，Bielenstein, *The Bureaucracy of Han Times*, p. 138；Kung-chuan Hsiao, *A History of Chinese Political Thought*, trans. Frederic Mote, vol. 1 (Princeton, NJ: Princeton University, 1979), p. 554；Markus Keller, "From 'Non-action' to 'Over-action': An Analysis of the Shift of Political Paradigms in the Second Century B. C. " (PhD diss., Princeton University, 1993), pp. 1-33；陈明：《中古士族现象研究：儒学的历史文化功能初探》，台北：文津出版社，1994，37～57 页；冯良方：《汉赋与经学》，12～55 页；阎步克：《士大夫政治演生史稿》，北京：北京大学出版社，1996，224～333 页；Lewis, *Writing*, pp. 339-351。

　　③　韩安国于公元前 135 年成为御史大夫，张欧于公元前 131 年获此官位。

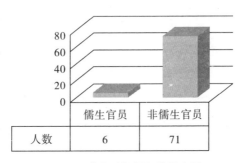

人数	儒生官员	非儒生官员
	6	71

图 1.4 武帝时期儒与非儒官员

之间的摩擦是由他们两人不同的学术方向导致的。① 然而，汲黯一直都是公开斥责任何自己厌恶的人，甚至连武帝本人也害怕他的批评。公孙弘不仅与汲黯之间存在冲突，而且也与许多高官不和，其中就包括一些儒生。上述 6 名儒生从未结成一个统一的利益集团，两位黄老学说的信徒也是如此。② 汲黯与公孙弘之间不睦的根源在于前者一直介意两人之间悬殊的出身。汲黯为名门之后，几十年来一直享受着特权地位；而公孙弘始为郡县小吏。汲黯对朝中新贵官位竟凌驾于自己之上大感羞辱。司马迁《史记》中载，汲黯曾讽刺皇帝说："陛下用群臣如积薪耳，后来者居上。"③

　　况且，即便是黄老信徒、儒生与信奉法家者在某些重要决策上存在尖锐的分歧，这些分歧也从未导致严重的政争。把这些人加在一起也不过 10 人而已，这仅仅是活跃在武帝朝堂之上的高官中的很小一部分人。少数几个官员之间的争斗不会动摇由百余位重臣组成的政坛。的确，影响汉代政治的动力并不源自不同思想学派之间的紧张冲突，而是来自其他完全不同的因素。这也促使我们重新思考司马迁对当时官员的分类。

---

　　①　Michael Loewe，*A Biographical Dictionary of the Qin*，*Former Han and Xin Periods*（*221 BC-AD 24*）（Leiden：Brill，2000），180.

　　②　司马迁详细记录了儒生官员之间的争斗。见《史记》卷二十八《封禅书》，1397 页；卷一百一十二《平津侯主父列传》，2950 页；2961～2962 页；卷一百二十一《儒林列传》，3128 页。另见本书第二章。

　　③　《史记》卷一百二十《汲郑列传》，3109 页。

司马迁对其同时代官员的分类

根据现有的文献资料，仅有少数高官通晓五经，并被时人确认为儒生。人们不禁要问，司马迁与班固对于当时官场的分类是否合理。难道那些权贵家族的子孙后代还有身处高位的官员们都没有受过教育？他们有没有可能接受过儒学五经的熏陶？"儒生"这个称谓可否用来指称他们中的某些人？笔者将从两个方面回答这些疑问。

首先，将人群按标准分类是有意义的行为。不论"儒生"这个标签在汉代的使用有多么宽泛，司马迁与班固只将少数官员称为儒生。不论这样的分类是否代表了共识，公开的命名总能反映他们个人对儒生集团的定义。因此，我们应当尊重司马迁明确的分类（班固也遵循了这种分类标准），并考察他的官场分类体系。由此，我们不仅可以加深对史料的认识，还能够探索司马迁通过将人物传记排列组合并分门别类传达出的信息。①

其次，仔细考察现有文献资料，我们可以详尽地审视有记载的汉代高官及其子孙后代的教育情况。司马迁提到以五经为专长的儒生担任皇室子弟的老师或太子太傅、少傅。例如，《史记》记载，高祖侄子刘郢与申公同师，后刘郢为楚王后，便邀请治《诗经》的申公做自己儿子刘戊的老师。② 申公的门徒王臧在景帝朝任太子少傅，这就意味着后来的汉武帝刘彻曾做过他的学生。③ 景帝统治期间，韩婴为常山王太傅，辕固为清河王太傅。④

尽管《史记》中并未提及，但《汉书》记载武帝命太子刘据修习了《公羊

---

① 有关司马迁对其同时代官员分类的重要性，见第二章。

② "已而郢为楚王，令申公傅其太子戊。"《史记》卷一百二十一《儒林列传》，3121页。Loewe, *Biographical Dictionary*, 399, 319.

③ "兰陵王臧既受诗，以事孝景帝为太子少傅……"《史记》卷一百二十一《儒林列传》，3121页。

④ 《史记》卷一百二十一《儒林列传》，3124、3122～3123页。

春秋》，后太子又师从瑕丘江公学习《穀梁春秋》。① 《汉书》中还载有武帝之子昭帝的一篇诏书，其中称"朕……通《保傅传》、《孝经》、《论语》、《尚书》，未云有明"②。

《汉书》还记载，景帝时的蜀郡守文翁曾将小吏十余人遣诣京师，受业博士，或学律令。据说，文翁又在成都设立学官，让出类拔萃的学官弟子补任郡县吏。根据班固的记载，文翁外出巡查时，会挑选通晓经书品行端正的学官弟子（"明经饬行者"）随行，所以学官中极有可能也教授五经。班固又言，武帝按照文翁创立的模式，命天下郡国皆立学官。③

以上的材料是现有资料中有关西汉建立到武帝统治末期统治阶层的教育状况的全部记载。其中一些故事经常被学者征引，用来支持武帝治下儒学取得了胜利这样的观点。但是把这些材料放在其历史和文献的上下文中来理解，我们将看到更为复杂的场景。毫无疑问，五经是某些学校和某些人任教时课程内容的一部分，然而汉朝统治集团却并非确定无疑地普遍接受了五经教育。

被皇室延请为师的四个儒生的例子都见于《史记·儒林列传》，在这一章中，儒生被描述成最有资格充任朝廷官员的人选。此章追溯了儒生官员的仕宦之路，并将他们担任过的重要职务一一列出。儒生在宫廷或诸王国中成为皇子或王子老师的事例集中被列举。这种叙述对读者有一种导向，让读者觉得聘请儒生作为皇室或诸侯王子的老师不是特例，而

---

① "少壮，诏受《公羊春秋》，又从瑕丘江公受《穀梁》。"《汉书》卷六十三《武五子传》，2741 页。

② 《保傅传》被归于贾谊名下。此书现存于《大戴礼记》《新书》与《汉书》中。这句话也可以断句为："朕……通《保傅》，传《孝经》《论语》《尚书》，未云有名。"见《汉书》卷七《昭帝纪》，223 页。齐思敏（Mark Csikszentmihalyi）翻译了《保傅传》并加了简介。见 *Readings in Han Chinese Thought*，edited and translated by Mark Csikszent-mihalyi（Indianapolis，IN：Hackett，2006），pp. 9-22。

③ 《汉书》卷八十九《循吏传》，3626 页。对史传中有关文翁记叙的详细调查，见 J. Michael Farmer，"Art，Education，& Power：Illustrations in the Stone Chamber of Wen Weng，"*T'oung Pao* 86，no. 1-3（2000）：pp. 100-135。

已成为常规做法。然而，上述这四个例子实际上都是个案，并没有代表性。据我们所知，除王臧外，汉初担任过太子少傅的还有 3 人，而担任过太子太傅的至少有 11 人。① 在这些人中，王臧与叔孙通治五经，被称为儒生，而剩下的人都没有被同时代的人视为儒生。卫绾因为他的"戏车"之技以郎官入仕。卜式本为富贾。石奋"无文学"。② 石庆为石奋之子，而石德为石庆之子。③ 司马迁《史记》载，窦太后认为石家"不言而躬行"（大概是说他们"不宣扬繁琐的学说"），斥责儒者"文多质少"。

在西汉四朝（高祖、文帝、景帝、武帝）12 位太子傅当中，有 8 位都来自辅佐刘邦建汉的开国功臣之家。④ 因此，的确有少数儒生在汉武帝时被任用为太傅、少傅，但这并不意味着，精英阶层都受过五经教育：尽管有少数儒生占据高位的事例，这些例子并不表明所有的汉朝官员都是儒生。

武帝之子刘据与刘弗陵（后来的汉昭帝）研习五经的例子经常被征引，以证明汉朝精英阶层普遍研习儒学经典。说汉昭帝对这些儒学著作有一定的了解还算合理，因为他自己在前引诏书中也言及此事。但汉昭帝在发布这道诏书的时候仅仅 13 岁，甚至有可能更小。⑤ 在这样一份号召高官举贤良的诏书中，他提到自己对这些儒学经典的了解更是作为一种修辞手段。不过刚刚说到自己通《保傅传》等经书后，他就马上语气一转，称对这些书"未云有明"。这自然引出了后面的谕令，命高官举荐"贤良"

---

① 高祖统治期间，叔孙通曾被任命为太子太傅，张良为太子少傅；其他的太傅还包括王陵、审食其（吕太后摄政期间）、张相如（文帝朝）、周建德（景帝朝）、石庆、庄青翟、赵周、卜式、石德（武帝朝）；少傅包括石奋（文帝朝）、卫绾（景帝朝）、石庆、庄青翟、赵周、卜式、石德（武帝朝）。

② 《史记》卷一百三《万石张叔列传》，2768、2763 页。

③ 石庆子名石德。武帝太子少傅也名石德。颜师古认为他们是一个人，尽管并没有直接的史料记载支撑这种猜测。见《汉书》卷六十三《武五子传》，2743 页。

④ 他们是张良、张相如、石奋、周建德、石庆、庄青翟、赵周、石德。

⑤ 此谕颁于始元五年（公元前 82 年）。尽管班固记载昭帝前 86 年即位时年纪八九岁，褚少孙提到当时的昭帝年仅五岁。见《汉书》卷六十三《武五子传》，2751～2753 页；《史记》卷四十九《外戚世家》，1985 页。

与"文学高第"。①

说到刘据修习《公羊春秋》与《穀梁春秋》则有可疑之处。司马迁是刘据同时代的人，他在《史记·儒林列传》中提到瑕丘人江生教授《穀梁春秋》，却并未提及当时还是太子的刘据学习《公羊》，更没有提到瑕丘江生是其学习《穀梁》的授业老师。刘据修习《春秋》见于《汉书》，此书完成时距刘据的时代已相隔百余年。② 而且，在刘据活跃的年代（即武帝统治期），《公羊春秋》比《穀梁春秋》影响力更大。不论是司马迁还是班固记录的教授《公羊》的儒生人数都多于教授《穀梁》的儒生。瑕丘江生是当时最有名的传习《穀梁春秋》的学者，但在朝堂辩论中却被公羊学派的董仲舒击败。有趣的是，《汉书》中并未具体指出刘据《公羊》的授业老师是谁，而只是确认瑕丘江生为其教授《穀梁》。③ 有可能是《穀梁》学派的追随者们在西汉末年力图美化其历史。一旦他们确立了对竞争对手的优势，便编造出太子修习《穀梁》的故事。④

关于文翁的故事，俞启定有力地证明了，武帝诏命天下郡国依照文翁范式皆立官学极有可能只是一纸空文。中央政府连扶植一个太学都捉襟见肘，更不用说在地方上建立官学了。甚至在东汉初年，地方官学的发展依然不均衡。此外，文翁的故事直到百余年后班固撰《汉书》才被记载下来，而文翁的同时代人司马迁从未提到此人。现有的文献资料中也找不到武帝时立地方官学的诏令。⑤

因此，综合考察史料，我们不能得出汉代官员接受过五经的培训的结论。相反，武帝统治期内的高级官员普遍缺乏五经方面的学识。例如，司马迁曾指出，御史大夫张汤由于不熟悉五经，在徐偃引《春秋》为自己

---

① 《汉书》卷七《昭帝纪》，223 页。
② 因为刘据曾发动军事叛乱，司马迁可能在《史记》中刻意回避记载与刘据有关的所有事件。
③ 《汉书》卷八十八《儒林传》，3617 页。
④ 关于《穀梁春秋》在西汉的发展，见赵伯雄：《春秋学史》，济南：山东教育出版社，2004，169～170 页。关于汉代学者如何虚构五经传承谱系，见第三章。
⑤ 俞启定：《先秦两汉儒家教育》，济南：齐鲁书社，1987，148～155 页。

辩护时，张汤无法将其驳倒。前文曾提到过，围绕张汤形成了一个利益集团，彼此之间互相提携。然而，当张汤判处重大复杂案件，试图援用载于五经中的古语作为判例以证明判决公正合理时，却不得不到他的小圈子以外寻找研习过《尚书》《春秋》的博士弟子儿宽充任自己的属吏。①《史记》还记载，公孙弘在众多要员中脱颖而出便得益于其"习文法吏事，而又缘饰以儒术"②。

甚至一直到西汉末年，在五经方面的学识依然未能成为仕途成功的必要资质，也没有被当作精英教育的主要内容。不仅是司马迁和班固，而且两汉时期的其他同时代人一般都明确将专长为五经的官员与其同僚区分开来。汉元帝时代的少府欧阳地余称自己为九卿儒者，并告诫自己的后代在行为上要有别于其他官员。③汉哀帝时，当尚书弹劾给事中博士申咸与炔钦时，曾称这二人为"儒官"（"幸得以儒官选擢备腹心"）。④

最后，汉武帝之后至西汉末年，都有对五经知之甚少的官员成功擢升高位。丙吉、黄霸、于定国等人的专长都是律法。丙吉与于定国始为狱吏，黄霸则通过捐官入仕为侍郎谒者。他们主要凭借政绩或人脉在元帝朝先后取得相位。班固特别提到，他们直到在官场有所建树后才开始修习五经。⑤比如，谈到丙吉的时候，说"吉本起狱法小吏，后学《诗》、《礼》，皆通大义"⑥；于定国被迁升为廷尉之后"迎师学春秋，身执经，

---

① 《史记》卷一百二十二《酷吏列传》，3139 页；卷一百二十一《儒林列传》，3125 页。

② 《史记》卷一百一十二《平津侯主父列传》，2950 页。

③ "戒其子曰：'我死，官属即送汝财物，慎毋受。汝九卿儒者子孙，以廉洁著，可以自成。'"《汉书》卷八十八《儒林传》，3603 页。

④ 《汉书》卷八十六《何武王嘉师丹传》，3507 页。

⑤ 前文已述，武帝朝有十五位显赫官员是从底层爬上权力的金字塔的。可以说他们的仕宦升迁模式与丙吉、黄霸、于定国等人类似。但无论是《史记》还是《汉书》中都没有任何证据表明他们对儒家经典感兴趣。是什么因素促使宣帝朝胸怀大志的官员们专心钻研儒家经典呢？这个问题留在第四章探讨。

⑥ 《汉书》卷七十四《魏相丙吉传》，3145 页。

北面备弟子礼"①；黄霸"少学律令，喜为吏"②。篡汉的王莽虽然以严格依照儒家经典推行疯狂的改革闻名，但与汉武帝一样，他也因为商贾善于理财就任用商人推行其经济改革。③

事实上，权贵家族后代把控官场以及专长为五经的儒生屡屡受挫一直都是当时严重的政治问题，一些武帝朝重要的儒生官员也屡屡提及。公元前134年，董仲舒在奏疏中指出："夫长吏多出于郎中、中郎，吏二千石子弟选郎吏，又以富訾，未必贤也。"他因此请求皇帝将贤良举荐制度常规化，并兴办太学。④

十年后，公元前124年，公孙弘再次提醒皇帝注意此类问题。在奏疏中，他对当时官场的现象提出了批评：官吏们见识浅陋，无法向人民透彻讲解朝廷律令；而懂经学、通仪礼的人却没有机会晋升。⑤ 有鉴于此，公孙弘请求皇帝招纳太学博士弟子，任用其中通晓一种经学以上者或补文学掌故，或为郎中。

当儒生官员公孙弘力图解决此类问题时，他已在武帝朝身居高位6年了。然而，从公孙弘的奏章来看，儒生普遍仍难以进入官僚集团，更不用提进入权力中心了。董仲舒与公孙弘对武帝时代的官场看法相似，他们所描述的官场面貌与前述数据资料完全吻合。如前所述，我们知道在武帝朝77位执掌大权的高官中，有39位为高官后代，其家族成员累世占据官僚集团显赫位置；有6人来自地方富贾之家；有13位是从官僚集团底层一步步爬上了权力之巅；只有6位高官通晓五经，被时人称为儒生。除孔臧外，这些儒生官员没有一人来自权贵之家。这种趋势在宣帝朝依然在延续。尽管官场上层的儒生官员数量大幅增长，但他们中大

---

① 《汉书》卷七十一《隽疏于薛平彭传》，3042 页。

② 《汉书》卷八十九《循吏传》，3627 页。

③ Dubs, "Wang Mang and His Economic Reforms," *T'oung pao* 35 (1940)：p. 261.《汉书》卷二十四《食货志》，1183 页。

④ 《汉书》卷五十六《董仲舒传》，2512 页。

⑤ 《史记》卷一百二十一《儒林列传》，3118～3119 页。

部分(约 93%)的家族没有任何可以追溯的在汉朝为官的历史(见第四章)。这说明，被时人称为儒的官员和来自权贵之家的官员分属两类完全不同的官僚集团，他们之间也很少有交集。①

根据以上考察的结果，我们不难看出，如果我们不拘泥于一二个案，而是细究司马迁及其同时代人如何记述当时的官员，我们就不会得出汉朝吏以上官员皆为儒生(即通晓五经的学者)这样的结论。②

重估举贤良政策与太学

有鉴于官员任用不是凭借自身学识而是依靠世袭的政治权力与财富，董仲舒与公孙弘提出了著名的建议：将贤良举荐制度常规化，招纳博士弟子入太学，完成学业者委任为吏或郎官。他们的奏疏一直被赞美为武帝朝具有开创性的改革蓝图，在汉代思想史与制度史研究领域地位突出。贤良举荐制度被称赞为后世科举制度的先导，被视为武帝时代任用官员的主要方式。③ 学者们论及"儒学的胜利"，认为贤良举荐制度与太学将儒生入仕之途体制化了。④ 他们援引公孙弘与兒宽的事例，以此说明上述制度创新让出身卑微的儒生得以飞黄腾达。

---

① 儒生总是怀有从政之志。他们首先是以周代文化传统为学术专长的学者，而非政治家。更多探讨见第四章与结论。

② 戴梅可称"儒生"一词被汉代人用来指所有在汉廷供职的官员。而且，她还认为五经是所有级别的吏以上的官员必须修习的。这些观点对汉帝国是一种误读。见 Nylan, *Five "Confucian" Classics*, pp. 18-19。

③ 如阎步克：《察举制度变迁史稿》，8～22 页；Lewis, *Writing*, p. 351, 359；Robert Kramers, "The Development of the Confucian School," in *Cambridge History of China*, vol. 1: *The Ch'in and Han Empires* (221 B. C.—A. D. 220), eds. Denis Twitchett and Michael Loewe (Cambridge: Cambridge University Press, 1986), pp. 753-756. 福井重雅认为，从武帝时代开始，察举制在各种官员任用方式中占据支配地位。见福井重雅：《漢代官吏登用制度の研究》，3～114 页。Loewe, *The Men Who Governed*, pp. 109-154。

④ 见席文(Nathan Sivin)对于太学的探讨：Geoffrey Lloyd and Nathan Sivin, *The Way and the Word*: *Science and Medicine in Early China and Greece* (New Haven, CT: Yale University Press, 2002), pp. 47, 50-51。

　　然而，如果将关注的焦点不仅仅放在皇帝的诏谕或少数个案上，而是考察史料中所保存的所有高层官员的仕宦模式，我们所看到西汉官员任用制度的面貌显然与基于诏谕或个案而得出的论断大相径庭。① 从董仲舒与公孙弘提出建议一直到武帝统治末年，其间相隔了三十多年，但是儒生难以进入官僚系统这一问题并没有得到解决。在武帝统治中国的54年间，77位占据要职的高官中，只有1人（公孙弘）是通过贤良举荐制度得到晋升的，仅有1人（兒宽）是通过太学入仕的。可见，这并非进入官僚集团上层的主要途径。②

　　况且，公孙弘与兒宽的仕途道路迂回曲折。他们最终的成功主要取决于一些偶发事件。通过地方上的举荐，公孙弘两次被委以博士之职。他第一次被免职是由于武帝一时盛怒，而随后对他的晋升也显得武断而随意。兒宽就读太学时出类拔萃，完成学业后获得廷尉史之职。尽管职务低微，他还是被贬北地管理畜牧多年。③ 而他最终的升迁主要是因为张汤的举荐。完成太学学业只不过相当于得到了一张官场偏远席位的入场券。仕宦最终成功靠的是职场人脉而非专业学识或教育背景。汉武帝时期无论贤良举荐还是太学都不能确保儒生仕途一帆风顺。相反，这两条途径只是让少数人得以进入等级森严的官场。

　　如果通过贤良举荐政策或太学只能获得进入官场的入场券，而进入官僚集团高层困难重重，那么这两条渠道提供中高级官职后备人选的作

---

　　① 　Bielenstein, *The Bureaucracy of Han Times*, pp. 133-139；劳幹：《汉代察举制度》，79～129页；于迎春：《秦汉士史》，93～99页；黄留珠：《秦汉仕进制度》，陕西：西北大学出版社，1985，86～87页；阎步克：《士大夫政治演生史稿》，337～341页。

　　② 　据载，景帝时的城阳中尉邓公通过察举制位列九卿，但很快就因健康问题去职。但《汉书·百官公卿表》中找不到相关记载，而且邓公获得的官职也不清楚。"邓公……起家为九卿。一年，复谢病免归。"《史记》卷一百一《袁盎晁错列传》，2747～2748页。

　　③ 　原文为："除为从史，之北地视畜数年。"《汉书》卷五十八《公孙弘卜式兒宽传》，2628页。

用也需要探究清楚。

在汉武帝 54 年统治时期，共有八道诏谕号召高级官员为朝廷举荐人才。还有一道诏谕命令县级政府将有前途的才俊送入京师，就读太学补为博士弟子。司马迁也记录了公元前 140 年与公元前 134 年，由县政府举荐给朝廷的人才逾百人。①

然而，武帝时代在史册中留下名姓的数百位官员中，仅有 7 人是通过贤良举荐制度入仕的，其中包括公孙弘。还有 3 人是前朝老臣，被举荐后因年龄太大已无法担任任何职务。其余 3 人为董仲舒、严助、杨何，他们的最高官秩为两千石。②

在所有被举荐成为太学中博士弟子的人中，留下姓名的只有两人：兒宽与终军。终军二十多岁死在谏大夫任上，官秩八百石。③ 与完成学业后被委任为小吏的兒宽不同，终军很快就成了皇帝的亲信。但他的成功跟他博士弟子的身份无关，而是因为他的上书得到了皇帝的赏识。（见表 1.2）

表 1.2　武帝时代通过贤良举荐制度与太学入仕者

序号	姓名	出身	学术方向	官场晋升情况	人脉关系
1	冯唐《史记》卷一百二《张释之冯唐列传》，2757 页《汉书》卷五十《张冯汲郑传》，2315 页	父故为代相		文帝：唐以孝著，为中郎署长；车骑都尉；主中尉；郡国车士景帝：楚相武帝：求贤良，举冯唐	唐时年九十余，不能复为官，乃以唐子冯遂为郎
2	邓公《史记》卷一百一《袁盎晁错传》，2747 ~ 2748 页			景帝：谒者仆射校尉，击吴楚军为将城阳中尉武帝：九卿	建元中，上招贤良，公卿言邓公

① 《汉书》卷六十四《严朱吾丘主父徐严终王贾传》，2775 页；《史记》卷一百一十二《平津侯主父列传》，2949 页。

② 较早的被推荐者有冯唐、邓公、辕固。

③ Bielenstein, *The Bureaucracy of Han Times*, p. 26.

序号	姓名	出身	学术方向	官场晋升情况	人脉关系
3	辕固 《史记》卷一百二十一 《儒林列传》，3122～ 3124 页		治《诗》	景帝：博士 清河王太傅	
4	董仲舒 《史记》卷一百二十一 《儒林列传》，3127～ 3129 页		学《春秋》	景帝：博士 武帝：江都相，中大 夫，相胶西王	家徙茂 陵，子及 孙皆以学 至大官
5	公孙弘 《史记》卷一百一十二 《平津侯主父列传》， 2949～2951 页；卷 一百二十一《儒林列 传》，3118～3120 页	少时为薛狱 吏，有罪， 免。家贫， 牧豕海上	学《春秋》 杂说	前 140，征以贤良为 博士……免归 前 130，有诏征文 学，拜为博士 前 128，左内史 前 126，御史大夫 前 124，为丞相	
6	兒宽 《史记》卷一百二十一 《儒林列传》，3125 页 《汉书》卷五十八《公 孙弘卜式兒宽传》， 2628 页	贫无资用	既通《尚 书》，以文 学应郡举， 诣博士受 业，受业 孔安国	以射策为掌故，补廷 尉文学卒史，汤奇其 材以为掾 前 113 中大夫兒宽为 左内史，三年迁	汤为御史 大夫，以 兒宽为 掾，荐之 天子
7	严助 《汉书》卷六十四《严 朱吾丘主父徐严终王 贾传》，2775 页	严夫子（严 忌）子也， 或言族家 子也	儒家	中大夫 会稽太守	《汉书·艺 文志》 儒家《庄 助》四篇， 赋三十 五篇
8	终军 《汉书》卷六十四《严 朱吾丘主父徐严终王 贾传》，2814 页	年十八，选 为博士弟子	《汉书·艺 文志》儒家 终军八篇	至长安上书言事。武 帝异其文，拜军为谒 者给事中 谏大夫：自请出使匈 奴、南越	
9	杨何 《史记》卷一百二十一 《儒林列传》，3127 页		以《易》， 元光元 年征	官至中大夫	

　　简言之，目前已知在武帝统治期间仅有 9 人通过贤良举荐制度与太学入仕。通过这两条途径成为中低层官员的相关史料极为稀缺。但身居高位的官员中儒生凤毛麟角，而他们的仕宦之路更是迂回曲折，从中不难得出结论，在武帝时代贤良举荐制度与太学显然尚未成为任用官员的主要机制，而儒生进入官僚集团高层的路径远未制度化。

　　自宋代始，科举制度成为进入候补官员队伍的主要方式。撰写辞章的才具或对儒家经典的通晓成为遴选官员的主要标准，在仕途之始其重要性大大超过了世袭权力与财富，自然也就成为维系精英地位不可或缺的教育内容。① 然而，在汉代情况要更为复杂。终汉之世，多种仕宦之路并存。有学者指出，在武帝之前，亲属关系、金钱以及军功是进入官僚集团的主要手段。聚焦于传统历史记述的研究者断言，武帝推行的贤良举荐制度与太学取代了旧有的方式，成为任用官员的主要依据。② 但如数据所示，情况并非如此。世袭权力、财富与军功仍然是官员晋升制度中的重要力量，而只有少数人通过贤良举荐制度与太学攀上了官僚集团的巅峰。董仲舒与公孙弘的改革建议也印证了这个结论。他们的建议意不在废除已有的官场游戏规则，而只是要再加上一条，允许儒生凭借在五经方面的学识也参与其中。

　　后世的科举制度使学业优异者有望得到显赫的官位，与此不同的是，

---

　　① 这并不意味着科举考试有效增强了社会流动性，因为只有富裕家庭才能供得起子弟攻读五经。见 Robert M. Hartwell, "Demographic, Political, and Social Transformation of China, 750—1550," *Harvard Journal of Asiatic Studies* 42, no. 2 (1982): pp. 365-442. Ann Waltner, "Building on the Ladder of Success: The Ladder of Success in Imperial China and Recent Work on Social Mobility" (review article), *Ming Studies* 17 (Fall 1983): pp. 30-36. John W. Chaffee, *The Thorny Gates of Learning in Sung China* (Albany: State University of New York Press, 1995). Benjamin A. Elman, "Political, Social and Cultural Reproduction via Civil Service Examinations in Later Imperial China," *The Journal of Asian Studies* 50, no. 1 (1991): pp. 7-28.

　　② 参见阎步克：《察举制度变迁史稿》；福井重雅：《漢代官吏登用制度の研究》，3～114 页；Loewe, *The Men Who Governed*, pp. 109-154.

西汉朝通过贤良举荐制度与太学入仕者通常在仕宦之初得到的都是低级官位。像公孙弘一样直接通过贤良举荐跻身高位的例子非常罕见。大部分被举荐者或博士弟子或被委任为郎官，或为高官属吏，这两个职位为行政官员提供备选人员。西汉的郎官约有千人左右。虽然目前我们对当时如何考察郎官以及具备何种资质才能被委以行政职务知之甚少，但我们知道许多角逐者正是凭借世袭的权力与家族财富成功入围。而如果熟识五经的儒者因察举或通过太学学习而成为郎官的话，他们不得不和来自权贵家族的人展开竞争。①

　　郡守或高官的属吏面临着另一种残酷的竞争。他们要完成诸如征税或庭诉之类的常规政府职能，由此得到相应的考评与升迁。这就意味着，不论是了解遥远的上古历史，还是熟稔有关宇宙或理想政府的抽象思辨都与他们的工作业绩无关，后者需要掌握涉及规章、法令与判例的实用知识。换句话说，使小吏更富有竞争力的并非是五经方面的学识，而是法律与财政体制方面的专业知识。例如，兒宽完成太学学业后被委任为廷尉史，因为"不习事"遭到贬黜。② 武帝时代的儒生魏相从官僚集团底层崛起，并非因为他在《易经》上的学识而是因为其政绩。③ 传世史料与考古出土文献互相印证。如在居延发现的政府文档中，"能书会计，治官民颇知律令"是一个合格官吏的标志。④ 西汉时，五经方面的学识既无法取代法律与经济的专业知识，也远未成为统治精英阶层典型的教育内容。

　　事实上，官员以吏为晋身之阶，仕宦有成的现象应该特别引起注意。在帝制中国后期，明令禁止受过法律与财务实训的吏员们参加科举考试。这不仅意味着将他们排除在官场中高层之外，还直接导致了上层社会鄙

　　① 　另可参见严耕望：《秦汉郎吏制度考》，载《"中央研究院"历史语言研究所集刊》，第 23 本上，1951；李孔怀：《汉代郎官述论》。
　　② 　《汉书》卷五十八《公孙弘卜式兒宽传》，2628～2629 页。
　　③ 　《汉书》卷七十四《魏相丙吉传》，3133 页。
　　④ 　［日］大庭脩：《秦汉法制史研究》，林剑鸣等译，上海：上海人民出版社，1991，448～449 页。

夷、忽视专业技术知识。① 与之形成鲜明反差的是，在汉代，文吏与皇帝的郎官都被视为候补官员的重要来源。首先，有名望的文吏可以直接受惠于贤良举荐制度。已有学者指出，在被提名举荐的"贤良""方正"与"茂才"中就有为数不少的任职地方的文吏。② 其次，除了受举荐这条路之外，文吏们还可以凭累计的功劳与服务的年限晋升行政职务，甚至跻身高位。结合传世史籍与居延汉简上的材料，大庭脩令人信服地证明，这种重要的官员任用方式在汉代已经制度化了。最近的考古发现进一步证实了他的论断。③ 1993 年出土的一份档案记录了西汉末年（不早于公元前 10 年）东海郡大约一百位低级别官员的工作表现与升迁情况。廖伯源仔细研究了这些文件所反映出的官员升迁模式，令人信服地指出，吏员通过对其日常工作表现的累计好评升任行政官员属于官场惯例。事实上，与贤良举荐制度和太学相比，这是一条更为重要的入仕途径。（两者事例之比为 66：5。）④尽管这些考古数据局限于郡县级别的官员，但我们对武帝时代高级官员的研究正可与其相互发明。前文已述，一大批家世并不显赫的高级官员凭借其在法律与财务方面的专业能力从吏员的位置上得到提拔。他们的日常工作表现和行政管理能力对于其晋升发挥了重要作用。这意味着汉代社会上层非常重视专业的技术知识。这些技术知识在

---

① Benjamin A. Elman, *A Cultural History of Civil Examinations in Late Imperial China* (Berkeley: University of California Press, 2000), pp. 199-200, 249, 379-380. Bradly Reed, "Scoundrels and Civil Servants: Clerks, Runners, and County Administration in Late Imperial China" (PhD diss., University of California, Los Angeles, 1994).

② Michael Loewe, *The Men Who Governed*, pp. 114-115. 卜宪群：《吏与秦汉官僚行政管理》，载《中国史研究》，1996 年第 2 期，41～50 页。

③ ［日］大庭脩：《论汉代的论功升进》，见《简牍研究译丛》第二辑，北京：中国社会科学出版社，1987，323～338 页。另见［日］大庭脩：《秦汉法制史研究》，442～458 页。

④ 廖伯源：《汉代仕进制度新考》，见《简牍与制度：尹湾汉墓简牍官文书考证》，桂林：广西师范大学出版社，2005，3～55 页。另见卜宪群：《简帛与秦汉地方行政制度史研究》，载《国学学刊》，2010(4)，56～76 页；《秦汉官僚制度》，第 7 章与第 8 章。

精英教育领域对儒家五经构成了挑战。因此，无论是入仕还是晋升，贤良举荐制度与太学远不能给通晓五经的儒生带来优势；也不会让社会上层产生紧迫感，将关于五经的陈旧学识吸纳为必修的教育内容。

神话的源头

如果我们只将注意力集中于汉儒的一举一动和仅仅关注奖掖儒学的各种政治举措，那么似乎整个政治舞台都被儒生及其支持者们把控着。然而，一旦我们仔细审查高层官员的出身与学术方向，将著名的儒生置于其生活的历史政治环境之下，我们就会发现儒生只占官僚的极小一部分，在当时政坛的影响力也十分有限。现有一些研究通过对文本的细读比较对武帝独尊儒学的观点提出了质疑。在数据分析的基础上，本章的研究也呼应这些怀疑的声音，对儒家帝国形成的传统叙述形成挑战。

然而，为何传统叙事会忽视绝大多数操控着国家机器与日常政务的官员呢？为何将全部注意力都放在了极个别身居高位的儒生身上，以至于错误地宣告了汉武帝统治之下儒学的胜利呢？① 福井重雅认为，班固对武帝一朝的表述，尤其是他对这一历史阶段的评论，促成了儒学胜利的神话的形成。② 王葆玹指出，传统上"罢黜百家，独尊儒术"一直被用来概括汉武帝的成就，然而直至公元 12 世纪司马光撰写《资治通鉴》时才

---

① 1982 年平井正士发表了一篇短文，文中指出，在武帝统治时期的高层官员中儒生属于少数派。但他受汉武帝推崇儒学的主流史学观念影响过深，未敢质疑儒生在武帝朝胜利的神话。相反，他认为武帝对儒者的奖掖仅仅发生在其统治前 17 年，在此之后官场的大门就对儒者关闭了。或许平井正士是在汉武帝独尊儒术的框架内探讨其学术发现的，所以他的文章没有吸引日本学者多少关注。参见平井正士：《漢代に於ける儒家官僚の公卿層への浸潤》，见《歴史における民衆と文化：酒井忠夫先生古稀祝賀記念論集》，酒井忠夫先生古稀祝賀記念の会编，东京：国書刊行会，1982，51～65 页。

② 福井重雅：《漢代儒教の史的研究》，485～526 页。

创造出这句名言。① 呼应上述观点，笔者力图探究《史记》中的记述如何导致后来学者形成武帝治下儒学大兴这样的错误观念。

有关武帝一朝的大部分信息都来自《史记》与《汉书》。前者包含五部分："本纪"（帝王传记）、"表"、"书"（有关仪礼、音乐等专门性话题的论文）、"世家"（世袭王侯家族史）、列传（重要历史人物传记）。"书""表"与"世家"为我们提供了关于武帝之治的有价值信息。但它们几乎没有提及儒者和弘扬儒学的政策。在《史记》这三个部分中出现的儒者通常都任博士之职。他们并不参与国家的日常政务，但会出使外邦，并作为祭祀与仪礼方面的专家得到任用，或是为某些特殊政治事件为皇帝提供咨询。

在"列传"部分，司马迁为武帝一朝的 15 位重要官员与 1 位汉赋作家撰写了独立传记。所有这些官员或位列三公，或为大将，或为官秩两千石的重要官员。在他们中间，只有两人被司马迁称为儒：公孙弘和主父偃。他们在《史记》中各自有传（见表 1.3）。很明显，如果学者们研究了《史记》中所有与武帝一朝相关的史料，他们不可能得出儒者在当时政治舞台大获全胜的结论。

《汉书》中，班固为活跃在武帝一朝的 41 位官员与 1 位平民撰写了独立的传记。在《史记》中，一些儒生官员（如董仲舒、严助、朱买臣等）的生平史迹收入了《儒林列传》中，或在其他人的传记中略有提及。在《汉书》中，这些儒生官员都有自己的独立传记。比起司马迁，班固还撰写了更多非儒生官员与将军的独立传记。换句话说，在绝对数量上，《汉书》比《史记》多收录 6 位儒生官员的独立传记。而在相对数量上，在班固记述的 41 名官员中仅有 8 人为儒生。（见表 1.3）

如果《史记》与《汉书》的整体篇章布局不足以彰显儒家在汉武帝一朝的胜利，则有必要细究一下，这两本史籍中是否有任何特别的章节导致学者们采信该说法。

----

① 王葆玹：《西汉经学源流》，台北：东大图书公司，1994，191～195 页。又参见丁四新：《近四十年"罢黜百家，独尊儒术"问题研究的三个阶段》，载《衡水学院学报》，2019 年第 3 期，10～17 页。

表 1.3 （1）《史记》中武帝朝官员列传章节一览表

章节号码	章节名	传主	官职	学术方向	编码
103	万石张叔列传	石健	郎中令		1
		石庆	丞相		2
		张欧	御史大夫	治刑名	3
104	田叔列传	田仁	司直		4
		任安	北军使者护军		5
107	魏其武安侯列传	窦婴	丞相		6
		田蚡	丞相		7
108	韩长孺列传	韩安国	御史大夫	尝受《韩子》、杂家说于邹田生所	8
109	李将军列传	李广	将军、卫尉		9
111	卫将军骠骑列传	卫青	大将军、大司马		10
		霍去病	骠骑将军、大司马		11
112	平津侯主父列传	公孙弘	丞相	学《春秋》杂说	12
		主父偃	齐相	学长短纵横之术，晚乃学《易》、《春秋》、百家言	13
117	司马相如列传	司马相如	郎，孝文园令	善辞赋	14
120	汲郑列传	汲黯	主爵都尉	黯学黄老之言……然好学，游侠	15
		郑当时	大农令	以任侠自喜……好黄老之言	16

（2）《汉书》中武帝朝官员传记章节一览表

46	万石卫直周张传	石健	郎中令		1
		石庆	丞相		2
		张欧	御史大夫	治刑名	3
50	张冯汲郑传	汲黯	主爵都尉	学黄老言……然好游侠	4
		郑当时	大农令	以任侠自喜……好黄老言	5
52	窦田灌韩传	窦婴	丞相		6
		田蚡	丞相		7
		灌夫	御史大夫		8
		韩安国	御史大夫	尝受《韩子》、杂家说于邹田生所	9
54	李广苏建传	李广	将军、卫尉		10
		李陵	将军		11
		苏建	将军		12
		苏武			13

55	卫青霍去病传	卫青	大将军，大司马		14
		霍去病	骠骑将军，大司马		15
56	董仲舒传	董仲舒	相胶西王		16
57	司马相如传	司马相如	郎，孝文园令	善辞赋	17
58	公孙弘卜式兒宽传	公孙弘	丞相	学《春秋》杂说	18
		卜式	御史大夫	治《尚书》，事欧阳生，以郡国选诣博士。受业孔安国	19
		兒宽	御史大夫		20
59	张汤传	张汤	御史大夫		21
60	杜周传	杜周	御史大夫		22
61	张骞李广利传	张骞	大行		23
		李广利	贰师将军		24
62	司马迁传	司马迁	太史令	学天官于唐都，受《易》于杨何，习道论于黄子	25
64	严朱吾丘主父徐严终王贾传	严助	会稽太守	《汉书·艺文志》儒家《庄助》四篇，严助赋三十五篇	26
		朱买臣	主爵都尉	说《春秋》，言《楚辞》，缙绅之儒	27
		吾丘寿王	光禄大夫侍中	从中大夫董仲舒受《春秋》	28
		主父偃	齐相	学长短纵横之术，晚乃学《易》、《春秋》、百家言	29
		徐乐	郎中	《汉书·艺文志》纵横家徐乐一篇	30
		严安	骑马令		31
		终军	谏大夫	《汉书·艺文志》儒家终军八篇	32
65	东方朔传	东方朔	中郎	《汉书·艺文志》杂家东方朔二十篇	33
66	公孙刘田王杨蔡陈郑传	公孙贺	丞相		34
		刘屈氂	丞相		35
		车千秋	丞相		36
67	杨胡朱梅云传	杨王孙	家业千金	学黄老之术	37
		胡建	守军正丞		38
68	霍光金日磾传	霍光	大司马，大将军		39
		金日磾	车骑将军		40
75	眭两夏侯京翼李传	夏侯始昌	太傅	通五经，以《齐诗》《尚书》教授	41

被篡改的章节:《史记·孝武本纪》

从整体结构来看,《史记》中涉及武帝一朝的章节并未把儒生摆在突出的位置。而《史记·孝武本纪》这一单篇章节却呈现出不同的面貌。此章直接记述了武帝对儒学的弘扬以及儒生与黄老学说的追随者之间的殊死较量。也正是在本章中,我们发现了一些记述儒学胜利的传统范式依据的范本。

关于武帝统治的前 6 年,《孝武本纪》仅仅记载了一件戏剧化的事件:拔擢儒生。这出大戏以刚刚即位的汉武帝大胆将两位儒生——赵绾与王臧——晋升到重要职位作为序幕。而戏剧的高潮是黄老学说的信徒窦太后将赵、王二人贬黜:两人都被免职,然后相继在狱中自杀。大幕落下时,整出戏有了一个愉快的结尾:当窦太后咽下最后一口气时,武帝随即开始任用公孙弘这样的儒生。① 儒生不仅在《史记·孝武本纪》的开始部分成为政治舞台上最为活跃的主角,在本章走向尾声时也被描述成最重要的角色。

早有学者提出《孝武本纪》乃褚少孙拼凑而成。② 司马迁死后,本章初稿已佚。褚少孙将《封禅书》中描写武帝封禅的篇章抽出,填补原稿散失留下的空缺。这种观点听上去不无道理,原因如下。首先,若将《孝武本纪》与《封禅书》做一番对比,相关的章节无疑是雷同的。其次,最负盛名的注解《史记》的学者裴骃(活跃于公元 438 年)认为,今天"本纪"中涉及汉武帝的传世版本名为《孝武本纪》,而在《太史公自序》中,司马迁提

---

① 《史记》卷十二《孝武本纪》,451~452 页。

② 大部分学者都相信《史记·五帝本纪》经过了褚少孙(活跃于公元前 52—前 47 年)的修改。而余嘉锡认为,在《史记》中加入这一章的并非是褚少孙,而是后世的辑录者(活跃于公元 3、4 世纪)。参见余嘉锡:《太史公书亡篇考》,见刘梦溪、朱维铮等编:《中国现代学术经典:余嘉锡,杨树达卷》,石家庄:河北教育出版社,1996,257~361、283~288 页。

到他撰写的是"今上本纪"。① 《史记》在武帝去世前便已完成。司马迁不可能称武帝为"孝武（帝）"，因为"孝武"乃是谥号。② 况且，司马迁在提到"武帝"时，用的称谓都是"今上""今天子"之类。如果含有"孝武"名号的篇章出现在《史记》中，那一定是后来的编辑者有所篡改。

最后，在《太史公自序》中，司马迁将武帝的功绩归纳为：

> 外攘夷狄，内修法度，封禅，改正朔，易服色。③

在这对武帝功业的评论中，司马迁根本没有提及提拔儒生和弘扬儒学。而今本的《孝武本纪》集中记述了武帝任用儒生以及儒者与黄老信徒之间的较量。两者并不相符。若今本的《孝武本纪》只是《封禅书》摘录，而被褚少孙编入《史记》，那么就产生了一个有趣的问题：为何褚少孙不像百年后的班固那样，将散见于《史记》中的关于武帝的史料汇集成篇，重新撰写《孝武本纪》？为何他要用易被读者看穿的拙劣手法，将原书中另外一章的部分内容剪切拼贴，然后独立成为汉武帝的传记？这些令人迷惑的问题一直深深困扰着无数学者。④ 然而由于史料稀缺，我们对此知之甚少，对褚少孙的动机的只能做一些没有直接证据支持的揣测。

尽管《孝武本纪》被公认为草率粗疏且经过篡改，但对汉武帝的传统研究常常忽略这一点。受《孝武本纪》的标题误导，传统观点基本完全按

---

① 《史记》卷十二《孝武本纪》，451 页；卷一百三十《太史公自序》，3303 页。另见余嘉锡：《太史公书亡篇考》，283～288 页。

② 有关司马迁的死亡时间以及《史记》的完成时间，参见张大可：《〈史记〉文献研究》，北京：民族出版社，1999，88～89 页。

③ 《史记》卷一百三十《太史公自序》，3303 页。王葆玹记录了汉代对于武帝的评论，除了班固之外，无人将武帝与弘扬儒学联系在一起。见王葆玹：《今古文经学新论》，北京：中国社会科学出版社，2004，191～194 页。

④ 司马贞（8 世纪）认为褚少孙的能力有限，所以以取《封禅书》来充当《孝武本纪》。这种解释很勉强。原文为："张晏曰：'武纪，褚先生补作也。褚先生名少孙，汉博士也。'【索隐】按：褚先生补史记，合集武帝事以编年，今止取封禅书补之，信其才之薄也。"《史记》卷十二《孝武本纪》，451 页。另见中华书局版《史记》前言，见《史记》，3 页。另参见余嘉锡：《太史公书亡篇考》，284～288 页。

照其中的记叙描写武帝时代的政界。① 为了说明这篇已遭替换的传记如何扭曲史实，从而造成对武帝之治的曲解，笔者拟将班固的《汉书·武帝纪》《史记·封禅书》和《史记·孝武本纪》做一番比较。

班固的《武帝纪》记录了武帝统治的最初6年间发生的许多重要事件，如迁徙地方豪强于京城郊外，各种征战，以及发行新币，等等。儒生在这些大的历史事件中扮演的只是微不足道的角色。本章提到了窦太后贬黜赵绾和王臧的事。班固解释说，窦太后因为赵绾请武帝不向她报告政事所以才勃然大怒。他并未将窦太后确认为黄老学说信徒，也未将赵、王二人确认为儒生。班固没有把这一事件记述为黄老派与儒生派之间的冲突，而是将其描述为窦太后一派与新即位的皇帝身边的集团之间的权力斗争。班固的《武帝纪》中没有任何一处地方提到武帝晋升赵、王二人的官职，更不要说皇帝提倡儒学了。②

与之形成鲜明对比的是，一旦有关武帝封禅的叙述被拿来作为《史记·孝武本纪》的主体叙事部分时，本来只在进行祭祀仪式与阐释历法方面表现活跃的儒生就变成了"掌控"整个政治舞台的最引人注目的主角。例如，在《封禅书》中，对赵、王两位儒生的提拔，窦太后与儒生之间的冲突，以及儒学最终的胜利等叙述本来都嵌在武帝欲任用儒生举行封禅仪式并修正历法这样一个主题当中。与班固的《武帝纪》相区别，《孝武本纪》忽略了大量汉武帝初年发生的重要的经济、军事、政治事件，而仅仅记载了武帝任用儒生。在这样的叙述语境下，两位儒生的晋升以及于窦太后的冲突就代表了武帝统治初期最重大的政治事件。最初仅仅与举行封禅典礼和改革历法相联系的对儒生的提拔变成了更为宏大的可能让整个官僚集团发生改观的国策。

《史记·孝武本纪》将读者的注意力错误地引向儒生，其中的记述为

---

① 比如，左飞就引用《孝武本纪》阐释武帝的弘扬儒学。见 Zufferey, *To the Origins*, pp. 314-315。

② 《汉书》卷五《武帝纪》，155～160 页。

他们提供了一个断言武帝弘扬儒学的范本。在武帝独尊儒术的传统叙述中，与汉武帝提拔儒生同等重要的是另一个神话范本：武帝在制度上的改革保证了儒生入仕。传统观点称，通过贤良举荐制度与太学，儒生逐渐构成了官员候选的主体。这样的观点从何而来？《史记·孝武本纪》尽管将儒生放到了政治舞台的显要位置，但是它并未提及任何构建儒生入仕之路的制度化改革。很多学者在阐释儒学胜利的时候曾引用《汉书·武帝纪》按照时间顺序记录的一些举措，其中包括：设置五经博士，兴建太学以及传谕天下令高官举荐贤才。但是，武帝统治期内发生了其他许多重要的历史事件，诸如多次军事征战，皇帝出巡与祭祀，以及经济改革等。在《汉书·武帝纪》中，设置五经博士等与儒生相关的事件间插于众多的其他重要历史事件之中。在上百件的重大历史事件的上下文中，与儒生相关的举措并没有突出的政治地位，反而跟征战匈奴等大事件相比显得有些微不足道。而且，传统观点认为这些惠及儒生的举措将帝国官僚集团转化为儒者官员类型。但是《汉书》仅仅是提到了这些政策，却未加评论政策实施的效果：实际上仅仅在《汉书·武帝纪》中，班固并没有提供更多的信息可以供学者们评估这些政策对当时的社会产生的影响。

总的说来，《史记》与《汉书》的整体内容中并没有探讨过那些所谓保证儒生进入官僚集团的体制化改革的成效，无论是《史记》还是《汉书》的汉武帝本纪也没有专门对此展开论述。那么到底是什么导致了传统的叙述对建立五经博士、兴建太学、举贤良等政策的实施深信不疑呢？

被制造的政治史：《史记·儒林列传》

除去一些显赫官员的独立传记之外，司马迁还撰写了一些合传。笔者将在此节对著名的《史记·儒林列传》做详细的考察。许多人认为，武帝时代是儒生集团权力的诞生期，笔者将从中寻找这些学者举出的证据。

前文已述，在当时重要的官员中，不仅儒生人数稀少，黄老学派的信徒也寥寥无几。与不同学派之间的分歧相比，那些没有学术偏好的官员与带有学术偏好的官员之间的差异似乎要大得多。然而传统范式忽略了这一点，往往从不同学派之间冲突的角度阐释汉初政治史。其采用的叙述摹本与频繁引用的事例正是来自《儒林列传》的记述。

在《儒林列传》中，司马迁指出，从汉兴至惠帝（公元前195年—前188年）和吕后时代，朝中大多数身居高位的官员都是建立汉朝的有功之臣。他们崛起于社会底层，战功赫赫，但大都粗鄙少文。直至文帝（公元前180年—前157年）时，朝廷才开始任用一些诸如晁错、贾谊之类的文士。尽管势力根深蒂固的权贵家族与新近提拔的文士之间想必关系会有些紧张，但司马迁并未提及这两个不同的利益集团之间的冲突。① 相反，他提到了不同思想派别之间的冲突，认为儒生未能晋升重要职位全是由于文帝偏好刑名之言，而景帝朝又偏好黄老学说。在此叙述的背景下，司马迁介绍了武帝对于儒生的提拔。

司马迁构建了一幕紧张的戏剧性场景以强调儒家阵营与黄老阵营之间的冲突。在他的叙述中，窦太后因热衷于黄老学说，将批评老子的儒生辕固关进了猪圈，让他去和野猪搏斗。对儒学不悦的窦太后还贬黜了两名儒生官员赵绾与王臧，迫使他们在狱中自杀。直到窦太后去世，丞相田蚡才罢黜法家与黄老学说，邀请数百名儒生入朝为官。

按照这番论述，汉初的政治就被描绘成了不同哲学派别的信徒之间的一系列冲突。但是辕固、赵绾、王臧以及公孙弘从未同席共餐，也未举酒互贺，当然也从未在一起谋取权力。在武帝统治中国的54年间，高层儒生官员凤毛麟角。他们毫无疑问属于官场弱势群体。传统叙述声称贤良举荐制度的规范化与任用太学博士弟子开启了儒生入仕之门，而这样的论断初见于《儒林列传》。

在《儒林列传》中，司马迁表示，因为武帝支持儒学，并发布诏谕，命令高层官员为朝廷举荐贤良，修习儒家经典蔚然成风。田蚡延请的儒生达数百人，其中就有著名的公孙弘。凭借对于《春秋》的学识，公孙弘

---

① 参见本书"儒生，黄老之徒与法家何在？"一节中关于汲黯与公孙弘关系紧张的探讨。

从平民得以跻身于三公之列。他的成功激励着文学之士，司马迁说："天下之学士靡然乡风矣。"①在这样的语境下，司马迁介绍了公孙弘的奏疏：建议任才俊为博士弟子就读太学，选择其中学识优异者充任基层官职。尽管在武帝一朝数百位有记载的官员中，我们只能确定两人曾经做过太学博士弟子，司马迁在《儒林列传》还是宣称公孙弘的奏疏被批准后，"则公卿大夫士吏斌斌多文学之士矣"②。

司马迁上述的记叙被学者们频频引用以说明贤良举荐制度与太学使得儒生构成了武帝时期候补官员的主要来源。③ 在《儒林列传》中，司马迁为当时的儒生许下了一个光辉的未来，这跟他们要去面对的残酷竞争有着天壤之别。

在《儒林列传》之外，无论是司马迁还是班固都颇费了番笔墨记述当时更有权势，更占据支配地位的群体，比如那些时代高官的权贵子弟，还有以军功得到提拔的将领。当我们研究汉代政治与思想史时，往往忽略这些篇章。相反，传统范式只严重依赖于《史记·孝武本纪》，并据此勾勒出武帝之治的面貌。而司马迁从来无意用如此支离破碎的章节来表述汉武帝一朝。对《史记·孝武本纪》叙述的信任，很容易引导读者关注《儒林列传》，于是整个武帝朝政治史就成了一出蹩脚戏，剧本残破，且缺页无数。

然而，如果在武帝统治的半个世纪中只有少数的儒生占据官僚集团极高层位置，那为什么司马迁要撰写《儒林列传》？为什么我们的历史学家不仅把儒生和其他官员明显区分开来，而且构建了以儒生宦海沉浮为主线的政治史？在第二章，笔者将梳理出这篇读者众多的章节中隐藏的动机。

---

① 《史记》卷一百二十一《儒林列传》，3118 页。
② 《史记》卷一百二十一《儒林列传》，3120 页。
③ 比如，Aihe Wang, *Cosmology and Political Culture in Early China* (Cambridge, UK, and New York: Cambridge University Press, 2000), p. 182; Zufferey, *To the Origins*, pp. 330-335；冯良方：《汉赋与经学》，51 页。

第二章 历史想象中的儒生集团：
《史记·儒林列传》研究

鉴于在武帝朝 77 位高官中仅有 6 人被称为"儒生"，这些儒生官员是否意识到了他们共有的身份？他们是否形成了一个利益集团，提携更多的儒生以拓展他们的权力？他们是否相互紧密合作以维护其思想立场与政治地位？在《史记》与《汉书》的某些章节中，司马迁和班固描述了这样一幅画面：儒生官员们汲汲于争夺政治权力，抢着获取皇帝的认可。而在《儒林列传》中，司马迁在文字上呈现的是一个同声相应同气求的儒林：这个群体首先主要由师徒关系来界定，而儒生官员们赞美彼此对素王孔子之教的信仰。这两幅不同的图景形成了《史记》叙事的多声部，彼此之间展开了对话，吸引着司马迁同时代的儒生与后世的读者思索一个团结一致、为共同利益而奋斗的儒生群体出现的可能性与紧迫性。

被权力纷争抑制的儒者身份

纵观《史记》，司马迁记载了 16 位武帝时代的儒生官员的事迹，这其中包括我们上章所分析的 7 位高层官员。① 尽管他们有着共同的学术背景，但他们之间却仇隙不断。五经方面的学识没有让他们团结起来，反而成为争论交锋时的武器。任中大夫的儒生朱买臣曾连发十问，诘难当

---

① 他们中有 6 人身居高位，还有 10 人获得了中低级官位。高层官员包括王臧、赵绾、公孙弘、兒宽、朱买臣、孔臧；位居中低层官员的儒生包括：辕固、董仲舒、严助、终军、吾丘寿王、褚大、吕步舒、周霸、徐偃、狄山。

时反对在边境地区设置新郡的御史大夫公孙弘。① 据《史记》记载，同为中大夫的儒生主父偃是设置新郡的主要倡导者，他左右了随后公孙弘与朱买臣的廷辩。之后公孙弘建议武帝诛杀时为齐相的主父偃。② 此后不久，儒生之间再起纷争。公孙弘建议禁止平民拥有弓弩，而光禄大夫吾丘寿王公开攻击这条建议。③

尽管朱买臣、主父偃、公孙弘与吾丘寿王均为治《春秋》的儒生，但他们的政治立场却大相径庭。他们不仅没有精诚团结，反而为博取皇帝的赏识而奔竞不息。在司马迁与班固的著作中，这种现象屡见不鲜。

班固在《汉书》中记载，博士徐偃在奉旨巡视期间，矫制诏书让胶东与鲁国之民私自铸铁煮盐。罪行败露后，他被中尉张汤弹劾。他援引《春秋》为自己辩护，称根据《春秋》经义，官员出巡遇有安社稷存万民之事，可从权衡利害而自行裁断。张汤难以驳倒其说，于是武帝令儒生终军审讯徐偃。终军也援引了同一本经书上的话，最后迫使徐偃认罪伏法。④

儒生们共享的五经传统允许各种不同的阐释，这使得他们可以根据不同的情形采取不同甚至相反的学术与政治立场。这是一个为获得君主恩宠与拔擢竞争激烈的时代，儒生们相同的教育背景使他们从同侪中脱颖而出的需求更为迫切。司马迁记述道，武帝准备举行封禅仪式时，他要求他的儒生顾问们"采儒术以文之"。而儒生们为此争吵不休相互攻讦，皇帝干脆"尽罢诸儒不用"。⑤ 司马迁还记述道，尽管公孙弘在《春秋》方面的学识无法同董仲舒相比，但这并未妨碍他爬上了比后者更高的官位。⑥

---

① 《史记》卷一百一十二《平津侯主父列传》，2950 页；《汉书》卷五十八《公孙弘卜式兒宽传》，2619 页。

② 《史记》卷一百一十二《平津侯主父列传》，2961～2962 页；《汉书》卷六十四《严朱吾丘主父徐严终王贾传》，2803～2804 页。

③ 《汉书》卷六十四《严朱吾丘主父徐严终王贾传》，2795～2797 页。

④ 《汉书》卷六十四《严朱吾丘主父徐严终王贾传》，2817～2818 页。

⑤ 《史记》卷二十八《封禅书》，1397 页。

⑥ "……公孙弘治《春秋》不如董仲舒，而弘希世用事，位至公卿。"《史记》卷一百二十一《儒林列传》，3128 页。

公孙弘用尽手段排挤董仲舒，董仲舒以"从谀"二字指摘自己这位政治对手。《史记》还记载，董仲舒将《易经》上的学识应用于实际政务。主父偃嫉妒董的卓越才能，于是利用一次偶然事件，对董仲舒《灾异之记》一文借题发难。他先偷走了这篇文章，然后呈给汉武帝。当时恰逢辽东高庙发生了火灾，武帝将这篇文章传示诸儒生，众人都表示此文暗含讽刺意味。甚至连董仲舒的弟子吕步舒在不知文章作者是谁的情况下也批评此文荒唐愚蠢（"以为下愚"）。董仲舒因欺君之罪被投入狱中，最后勉强才保住了性命。①

儒生变为儒家

弱势群体不一定会联合起来，为提高他们的社会政治地位而共同努力奋斗。现代的社会学家一直都对这种现象大惑不解。② 同样的问题也困扰着《史记》的读者（或许还有司马迁本人）。儒生在汉武帝一朝的入仕之路远未制度化：与那些生来就注定要进入官僚高层的仕宦之家的后代相比，他们只是一些出身卑微宦海经验不足的新贵。而在阅读儒生的故事时，我们很难感受到儒生们缺乏自信或面对朝廷的主流势力的无能为力。这可能源自他们的双重身份：既是儒者又是官员。和其他政府官员一样，他们接受的道德训诫要求他们应忠于职守。当儒生以牺牲其他儒生为代价谋求自身利益时，他们选择了让自己的官员身份压倒自己的儒者身份。儒生之间不相合作寻求共同的更大利益，自私的功利算计固然是原因之一。但儒生身份的模糊性可能也妨碍了他们彼此结成联盟。儒生的共同特征是他们都接受过儒学经典的教育，但共同的教育背景并不一定会成为形成一个集团的本质特征：对五经的研习既不能保证他们的

---

① 《汉书》卷五十六《董仲舒传》，2524 页。

② Michael Hechter, *Principles of Group Solidarity* (Berkeley: University of California Press, 1987), p. 177.

政治与学术立场完全一致，也无法约束他们对其他儒生履行任何义务。在《儒林列传》中，司马迁创造了"学官"这一全新的分类方式，将儒生身份与官员身份合二为一。他通过重塑儒生官员的神圣历史以巩固这一新创的身份概念，在文字中为他们构建了一个富有凝聚力的治经群体，并促使他们为了儒者的共同利益而奋斗。

《儒林列传》中的学官

司马迁在《儒林列传》的开篇说："余读功令，至于广厉学官之路，未尝不废书而叹也。"[①]文中的"学官"是何含义？学官与儒生又是什么关系？本节将分析"学官"这一概念的历史嬗变，以及该词在《史记》中的特定含义。

在《史记》之前的文献中，从未出现"学官"一词。[②] 在《史记》之后的汉代文献中，这个词在《盐铁论》中曾出现过一次，在《汉书》中出现过大约二十七次。"官"字的本义是"政府机构"，所以无论是在《盐铁论》中还是在《汉书》的绝大多数语境中，"学官"或是指"主管学务的政府机构"，或是指"官办学校的房舍"（转喻指官办学校）。[③] 例如，《盐铁论》言："宣帝建学官，亲近忠良。"[④]在《汉书》中，这个词由"官办学校"的本义又引申出"官方认可的学问"和"官学教师"的含义。如《汉书·艺文志》载："讫于宣、元，有施、孟、梁丘、京氏列于学官，而民间有费、高二家之

---

① 我将"功令"英译为"recruitment regulations"。陈槃庵曾以相当长的篇幅讨论"功令"的含义。我的翻译结合了他的解释以及《汉语大词典》中对这个词的定义。另见王叔岷：《史记斠证》第10卷，台北："中央研究院"历史语言研究所，1983，3249页；《汉语大词典》，上海：汉语大词典出版社，1994，767页。另见諸橋轍次编：《大漢和辞典》，东京：大修館書店，1984—1986，第二卷，368页。

② 《礼记·学记》云："凡学，官先事，士先志。"尽管"学""官"两字同时出现，但没有合成一词。这句话的意思是："说到学习，官员要首先学习履行职责，而士要首先立下志向。"

③ 有关"官"字本意，见王力、唐作藩、郭锡良等编：《王力古汉语字典》，北京：中华书局，2000，220页。

④ 桓宽：《盐铁论校注》上，王利器注解，北京：中华书局，1992，356页。

说。"①又如《汉书·王莽传》载："宜班郡国，令学官以教授。"②

　　"学官"一词在《史记》中出现三次，均在《儒林列传》中。《史记》中的"学官"既非"官方学务机构"之意，也不能将其理解为"官方认可的学问"或是"官学中的教师"。

　　在探究司马迁"广厉学官之路"这句话的含义之前，先让我们仔细研究一下同一篇其他两处"学官"的含义。司马迁告诉我们，武帝奖掖儒学，得益于在《易经》方面的学识，公孙弘由一介平民被提拔到了官阶的最高品级。接着司马迁说："公孙弘为学官，悼道之郁滞，乃请曰……"不论是《汉语大词典》还是《大汉和辞典》都在"学官"词条下引用了这句话，并将其解释为官学教师。③ 但如果我们仔细检查一下上下文，就会发现这样的解读并不正确。《汉书》明载公孙弘上那道奏疏的时间是元朔五年，即公元前 124 年。④ 公孙弘当时担任御史大夫或丞相一职。⑤ 因此，司马迁此处显然并不是说公孙弘是一位负责教书的官学教师。这里的"官"应该按照其引申含义解读为"官员"，"学官"在此语境下理解为"有学问的官员"才能让语义通畅。⑥

---

① 《汉书》卷三十《艺文志》，1704 页。

② 《汉书》卷九十九《王莽传》，4066 页。

③ 《汉语大辞典》"学官"条。《大漢和辞典》，第三卷，368 页。

④ 《汉书》卷六《武帝纪》，171～172 页。下列证据确定了这一日期的准确性。在这道《史记》全文摘引的奏疏中，公孙弘提到了他与太常臧谈论过此议。我们知道，前 124 年时孔臧正官居太常。这就明确了公孙弘上疏的时间是在前 124 年。见《汉书》卷十九《百官公卿表》，772 页。

⑤ 前 124 年，公孙弘从御史大夫迁为丞相。见《汉书》卷十九《百官公卿表》，772～773 页。

⑥ 官最初的含义为政府官署，后引申义为官员。见王力、唐作藩、郭锡良等编：《王力古汉语字典》，220 页"官"条。华兹生（Burton Watson）也指出，当司马迁称公孙弘为"学官"时，后者实际上正在御史大夫任上，所以华兹生才将学官译为"scholar official"（学者官员）。见 Burton Watson, trans. *Records of the Grand Historian: Han Dynasty* (New York: Columbia University Press, 1993), p. 355. 为了避免与历史上帝制中国晚期的"学者官员"在意义上发生混淆，笔者将"学官"译为"learned officials"。

　　《史记》中另一处出现"学官"的原文为:"学官弟子行虽不备,而至于大夫、郎中、掌故以百数。"①对大约同一时期的历史文献做一番调查,合成词"学官弟子"在《汉书》中出现过三次。排除掉班固直接照搬《史记·儒林列传》的段落,其他两处"学官弟子"均见于《汉书·循吏传》。文翁于成都市中修建学官,招临县子弟以为学官弟子。数年后,县邑吏民"争欲为学官弟子"②。上下文表明,学官弟子指的是在官学就读的学生。

　　或许是受了《汉书》的影响,杨树达将《史记》中的"学官弟子行虽不备"这句话里的"学官弟子"也解释为官学的学生。③而华兹生则将此处的"学官弟子"解读为"成为学者官员的(申公)门生"(disciples who became scholar officials)。④笔者更认同后一种解读,理由如下。

　　首先,杨树达的解读与这句话的上文相抵牾。司马迁在一开始先提到了申公弟子中拜为博士者有十几人,然后又列举了这些人后来升迁到的最高官位。在概括性地评价了这些官员的功绩后,司马迁再介绍"学官弟子……至于大夫、郎中、掌故以百数"。这段话中并无一处提到官办学校,如果此处突然言及官学的学生未免显得突兀。大概是杨树达也注意到了这个问题,所以又进一步解释说,此处的"学官弟子"——也就是他所理解的"官学的学生"——指的并不是申公的学生,而是申公那些曾在官学担任过博士的诸位门生的弟子。这种推测并没有强有力的文本证据支撑。细读上下文,司马迁在此处说的根本不是中公的再传弟子。申公的门生孔安国曾在太学做过兒宽的老师,而后者曾任御史大夫之职,这一点司马迁有清楚的记载。如果司马迁在这里指的是申公的再传弟子,

　　① "大夫"一词并不指代具体职位,而是指没有特定行政职责的官员,如郎中和掌故。(见 Hucker, *A Dictionary of Official Titles in Imperial China*, "tafu"。)廖伯源:《汉代大夫制度考释》,见《秦汉史论丛》,台北:五南图书出版公司,2003,201~230 页。

　　② 原文为:"又修起学官于成都市中,招下县子弟以为学官弟子……县邑吏民见而荣之,数年,争欲为学官弟子。"《汉书》卷八十九《循吏传》,3626 页。

　　③ 杨树达对此问题的见解详见《史记斠证》第 9 册,3260 页。

　　④ Watson, *Records of the Grand Historian*, p. 362.

他必然会在此处提及兒宽。

其次，《史记》中的这一段记述涉及获得官位的申公门生。司马迁先列举了其中那些成功升迁到重要行政职位的官员，如临淮太守或胶西内史之类，再列出申公门生中担任大夫、郎中之类没有直接行政权力的门生。司马迁用了一句话概括那些重要官员的业绩，然后写道："学官弟子行虽不备，而至于大夫、郎中、掌故以百数。"他的意思很清楚：尽管对申公的门生并不非常了解，但他知道大概有上百人活跃于官场中。

最后，根据在此节开篇的分析，我们知道当司马迁将公孙弘称为"学官"时，意指其为有学问的官员。我们可以做一推断，在同一章节中，当他称专治《诗经》（下文简称《诗》）的官员为"学官"，也是指此人为有学问的官员。

让我们回到前引《儒林列传》开篇那句话。为了更清楚地理解此处的"学官"含义，我们必须先探究一下何为"功令"。司马贞（活跃于公元 8 世纪）将"功令"释为考核学者功课的法规（"案谓学者课功，著之于令"）。① 诸桥辙次赞同司马贞之说，将"功令"定义为有关学术事务的规定，将"功"解释为学术业绩。② 华兹生也承袭前说，将"功令"译为"教育机构的法规"（rules of educational institutions）。③

然而，在本章其他地方也出现过"功令"一词，如果我们袭用上述说法，会发现解释不通。在一篇奏疏中，公孙弘指出凭借经学和仪礼上的学识选拔出来的官员缺少晋升的机会。他建议，任用能通晓一种经学的小吏为左右内史、大行卒史或太守卒史。他请求将此建议记入"功令"。④ 在此语境中，"功令"并不涉及对学者学术业绩的考核，而是涉及官员考核与任用的规章或谕令。这样的解读也符合颜师古对于该词的理解。他

---

① 原文为："索隐案：谓学者课功著之于令，即今学令是也。"《史记》卷一百二十一《儒林列传》，3115 页。

② 《大漢和辞典》，第二卷，第 368 页。

③ Watson, *Records of the Grand Historian*, p. 355.

④ 《史记》卷一百二十一《儒林列传》，3119 页。

就将"功令"释为后世选拔任用官员的"选举令"。①

"功令"一词在居延汉简中也出现过多次，涉及的都是与军官相关的内容。陈槃庵在相关史料研究中认为"功令"一词不一定只和学者相关，该词指的是通常情况下官员考核与晋升的所有法规。②

用颜师古和陈槃庵的说法就能很好地解释"余读功令，至于广厉学官之路，未尝不废书而叹也"这句话了。司马迁的意思是说，他在阅读考察官员考核晋升的法令时，很感慨于涉及"学官"任用的相关规章。但此处的"学官"指的又是怎样一个特殊群体呢？

根据语境和句法可知，此处的"学官"明显与"官办学校的校舍""学校"或是"官方认可的学问"都无关。它要么指的是"官学教师"，要么指的是"有学问的官员"。华兹生将其译为"官学学者（教师）"③，这种理解有待商榷。在此篇中使用"学官"一词时，司马迁心中是有明确指代对象的。首先，司马迁在《儒林列传》通篇都几乎没有怎么关注官学学者及其在官学中的活动，他注意的焦点都放在研习五经者的仕宦生涯上了。其次，当提及儒生们被任用为太学博士时，他从未表示这是"学官"最理想的职位。相反，在记述景帝一朝众多博士只挂虚职，备员待诏，而无人升任行政职位时，他表现出的是深深的遗憾。④ 因此，当司马迁面对涉及"广厉学官之路"的谕令废书而叹的时候，他担心的不是官学学者或者官办学校，而是忧虑于有学问的官员如何能晋升到权力中心。⑤

---

① 《汉书》卷八十八《儒林传》，3594 页。

② 陈氏观点转引自王叔岷：《史记斠证》第 10 册，3249 页。

③ Watson, *Records of the Grand Historian*, p. 355.

④ 原文为："诸博士具官待问，未有进者。"见《史记》卷一百二十一《儒林列传》，3117 页。颜师古将"具官"释为"备员"，即后备官员。见《汉书》卷八十八《儒林传》，3592 页。

⑤ 有趣的是，华兹生在翻译《儒林列传》时，虽然将两处"学官"都译为"scholar officials"（"学者官员"），但他却不加鉴别地将《儒林列传》开始处的"学官"译为了"official scholars"（官学学者）。他可能是根据上下文选择了不同的译法来翻译同一个词。在前两个例子中，上下文明显表明"学官"意为"有学问的官员"，而在后一个例子中，紧挨着这个短语的上下文没有明显暗示出此处的"学官"指的是哪一类人。大概华兹生只是遵从"学官"一词的常见含义，将其译为官学教师或官学学者。

上面的分析告诉我们在《史记》中(或更准确地说,在《儒林列传》中),"学官"指的是有学问的官员。然而这样的用法在先秦两汉文献中并不常见。当司马迁用"学官"一词指代有学问的官员时,他创造了一个新的概念吗?

前文已述,在司马迁使用"学官"之前,该词并不见于任何现存的前代典籍之中。《史记》问世后,这个词逐渐流行起来,在汉代的《盐铁论》和《汉书》中均有出现。该词在后者中出现 27 次,涉及的篇章都是关于官办学校或相关话题的。

然而,很难断言,"学官"的概念在司马迁之前就根本没有存在过。毕竟我们现在能看到的汉以前的文献极其有限。"学官"在《汉书》中出现的一处实例也进一步支持了这样的推测。这则例子来自与司马迁同一时代的吾丘寿王的一道奏疏。不过吾丘寿王在奏疏中提到的"学官"指的是官办学校。① 司马迁有可能是第一个用"学官"来指代"有学问的官员"的人。司马迁用"学官"一词创造了一个新的身份,也发明了一个新的官员类别。然而,司马迁赋予了"学官"何种特质?为何他要在《史记》中专辟一章以表达自己对这一群体的关注呢?

撰写儒生官员的神圣历史

面对涉及学官的功令,司马迁废书而叹并用一个叹词"嗟乎!"来表达自己的情绪。这一声叹息明确地预示了后文的内容。司马迁记叙道,孔子活跃于周室衰颓礼崩乐坏之际。他整理编订《诗》《书》,致力于复兴礼乐,从而重振王道。然而,撰《春秋》以阐明王法的孔子在求仕路上却屡屡碰壁,干谒诸侯国君竟终不遇。

弟子们的成功与孔子本人的失意形成对比。孔子去世后,他的门生们大者为师傅卿相,小者友教士大夫。在齐威王和齐宣王当政期间(公元

① 原文为:"今陛下昭明德,建太平,举俊材,兴学官,三公有司或由穷巷,起白屋,裂地而封……"《汉书》卷六十四《严朱吾丘主父徐严终王贾传》,2796 页。

前 378 年—前 323 年),捍卫孔子学说的孟子、荀子等人均声名赫赫。孔子的嫡传门生以及他的追随者们仕宦得志似乎激发了学者们对于未来的热情和希望。

然而秦统一天下后,局势便急转直下了。司马迁接着记述道,粗鄙的秦廷焚《诗》《书》,坑术士。统治者与诸儒的关系降至历史最低点。汉朝建立后,局面为之改观。儒生叔孙通因制定朝廷礼仪有功被委以太常之职。包括叔孙通弟子在内的诸生成为选拔官员时的首选。但司马迁同时也提醒我们,当时朝中大部分高层职位仍由取得军功的人占据。

司马迁解释道,尽管文帝开始任用儒生,但事实上却雅好"刑名之言"。景帝一朝,窦太后偏好黄老之术妨碍了儒生博士们的晋升。直到武帝即位,朝廷才开始招纳"方正贤良文学之士"。自此之后,五经之学兴起。公孙弘因为《春秋》任职丞相,司马迁评论道,公孙弘的成功是"天下之学士靡然乡风矣"。

尽管司马迁回顾的是从公元前 5 世纪至公元前 1 世纪六百年间研习五经的学者们的历史,但他主要的兴趣点放在了他们的仕宦生涯上面。凡是与仕宦主题无关的事件都被有意地摒弃于《儒林列传》之外。在《史记》其他篇目里,司马迁提到了孟子与荀子对儒学的捍卫以及陆贾和贾谊对儒学的弘扬①,但在《儒林列传》中我们找不到司马迁对四百年间儒家学说嬗变轨迹的研究。

再例如,在《史记·五宗世家》中,司马迁记载,在黄老学说在中央朝廷得到窦太后的支持时,景帝之子河间献王雅好儒学,他的朝廷也因此吸引了大量儒生。②尽管此事对于儒文化的复兴意义重大,但因为和儒生的仕宦没有太大关系,所以《儒林列传》也就没有提及此事。

这些考察结果不仅足以证明《儒林列传》开篇那句话中的"学官"应该

① 有趣的是,尽管司马迁没有在《史记》中提及历史上儒家学说的传承与发展,但为了将汉儒描述为一个传承有序且富有凝聚力的群体,他却记录了自汉代建立以来儒学的传承。见下文讨论。

② 《史记》卷五十九《五宗世家》,2093 页。

被解读为"有学问的官员",同时也表明了《史记》中的这一章完全就是研习五经者们的政治生涯史。他们的宦海浮沉解释了司马迁一开始的那声叹息:儒生官员们的艰辛的仕途之路深深触动了司马迁。

真实的历史还是建构的历史?

仔细检查《史记·儒林列传》的内容,我们会发现此文涉及的对象包括了孔子及其门生,秦及汉初的术士与诸儒,以及司马迁时代的诸博士与文学之士。尽管这些不同类别中的成员都或多或少地专注于研习五经,但这些不同的术语所指代的群体实际上是不尽相同的。这些人的思想倾向五花八门,其中一些人和孔子没有什么关系。[①]

这和历史上对五经的传承和接受情况是吻合的。在司马迁之前,五经(《诗》《书》《春秋》《易》《礼记》)曾被许多思想家赞美为从上古时代流传下来的共同文化遗产。[②] 不同政治立场与哲学观点的学者似乎都研习过这些典籍。公开批评孔子及其学说的墨子与韩非子不仅引用《诗》《书》中的话来支撑自己的论点,还引述《春秋》及其传记中的故事以阐发自己的论点。按《淮南子》一书的说法,孔子与墨子都深悟六经。

而且,如果我们注意一下"儒"字的应用情况,很快就会清楚,这个字指的是致力于礼乐传统与经典文献者。因为捍卫了所有这些古代文化遗产,所以孔子才会被活跃于先秦、秦汉的学者们视为儒者的楷模。但治五经的途径千差万别,所以在汉之前以至于汉初,都少有思想家会把所有的儒者都和孔子联系在一起。

与纷杂的五经研习传承历史相比较,司马迁在《儒林列传》中采取了

①　在左飞(Nicolas Zufferey)的儒学研究中,他仔细探究了秦汉的博士、术士以及著名的儒生。他的结论是,无论博士还是术士都不是一个思想统一的群体,而名为"儒生"者并不一定遵从孔子之教。他认为,儒作为一个类别术语,并不意味着"孔子门徒",而是"文人"统称。Nicolas Zufferey, *To the Origins*, pp. 167-285.

②　六经只是五经之外又加了《乐经》。另见 Liang Cai, "Between the Si-Meng Lineage and Xunzi: A Study of the Newly Discovered Text 'The Xing Zi Ming Chu,'" (Master's Thesis, Cornell University, 2003), pp. 13-25。

不同的策略将诸儒、诸生、术士、诸博士与文学之士整合成了一个群体，为这些人提供了一段共同的历史。

首先，司马迁发明"学官"这个概念，并在《史记》这部雄心勃勃的巨作中专辟一章用来描述修习五经学者们的仕宦情况。通过这样叙述，司马迁把当时的官员用自己的标准进行分类，制造出一个由共同的教育背景界定的政治集团。这样的分类原则让一个被政治斗争掩盖的事实重又变得清晰起来：熟识五经的官员有别于没有受过相关教育的官员。司马迁继而又将这种区别塑造成一种本质差异。如果只有通过研习五经才能领会最理想的政治智慧，即所谓王道，那么研习过这些著作的人一定就是充任官职的最合适人选，而没有经过相关教育的官员则无法胜任其职务。①

修习五经者所掌握的职业技能与他们屡屡受挫的仕宦生涯形成了强烈的反差。《儒林列传》以孔子开篇，后者曾不无自信地宣称"苟有用我者，三年有成"，却一直未获重用。司马迁接着又将秦坑术士与汉初诸儒不遇联系在一起。学识渊博却大材小用，乖戾的现实促使治五经的学者们意识到他们共同的命运，从而增进其群体认同感的培养。在这一潜在的身份背景下，儒者之间政治地位与哲学立场的差异便显得无足轻重了。

其次，司马迁巧妙地剪辑了历史，将汉代文人学士公认的圣人孔子塑造成无冕之王和儒生官员共同的始祖。拥有共同的学术先祖为本来松散的儒生群体创造出一个可能的集体身份认同。

孔子因精通五经被视为理想的儒者，司马迁利用这一广为接受的说法，在历史上首次将五经的编纂归在孔子名下。他声称孔子撰《易》，编订《诗》《书》，恢复礼乐。在这种叙事下，从前被视为所有读书人共享的

---

① 见 Pierre Bourdieu, "Social Space and Symbolic Power," *Sociological Theory* 7, no. 1 (Spring 1989): pp. 14-25。E. P. (Edward Palmer) Thompson, *The Making of the English Working Class* (New York: Vintage Books, a division of Random House, 1966).

文化遗产的《五经》变成了这位圣人的个人思想结晶。① 不论这些人被称为"儒""博士"或是"术士",也不论他们的政治思想观点多么千差万别,只要接受过五经教育,他们都被转换为孔子的门生。用五经作为桥梁,司马迁不断地强调孔子与儒者之间的联系。

司马迁继续在《儒林列传》中写道:"陈涉之王也,而鲁诸儒持孔氏之礼器往归陈王。"②孟子与荀子都生活公元前 300 年到 400 年间,他们活跃的时候,已经距离孔子时代二百多年了。尽管孟子和荀子都公开宣布自己为孔子的追随者,但他们似乎都没有与孔子门生有过直接联系。出生地临近孔子家乡的孟子曾说过一句名言:"君子之泽,五世而斩;小人之泽,五世而斩。予未得为孔子徒也,予私淑诸人也。"③从孟子与荀子的时代到陈胜的反秦叛乱,中间隔着大概八十年血腥动荡的时光。然而,司马迁却称鲁儒带着属于孔子的礼器归附陈胜。读者很难考证这些说法的真实性。不过,就是在这样生动的描述中,一开始并不一定和孔子有联系的儒生却变成了这位圣人的继承者。

司马迁在《儒林列传》中说:"及高皇帝诛项籍,举兵围鲁,鲁中诸儒尚讲诵习礼乐,弦歌之音不绝,岂非圣人之遗化,好礼乐之国哉? 故孔子在陈,曰:'归与归与! 吾党之小子狂简,斐然成章,不知所以裁之。'"

司马迁将秦汉之际鲁地生气勃勃的儒风归因于受到了孔子的影响。为了加强说服力,他引用了同时出现在《论语》与《孟子》中的一句话。然而,如果我们将引文放回其原有的上下文中细读就会发现,这句话针对的是孔子自己的门生,而不是泛泛地评价鲁地的儒生。但司马迁用了一个连词"故",将鲁地繁盛的儒学传统和孔子的评论做了一个因果关系的连接。这一番裁剪改动引导读者想象无冕之王孔子的训诲获得了巨大的成功,鲁儒因而也成为孔子学说的继承者。

---

① 见 Nylan, *Five "Confucian" Classics*, pp. 6-7。

② 《史记》卷一百二十一《儒林列传》,3116 页。

③ 焦循:《孟子正义》,沈文倬点校,北京:中华书局,1987,577 页。

最后,司马迁不仅促进了研习五经的学者对孔子产生认同感,他还采取了许多修辞策略使修习五经者们(不论他们是儒生、术士或是博士)相互认同。将本来几乎没有什么直接联系的事件在有限的文本空间内以线性结构排列,读者就会不由自主地去寻找其中的相似性,并构建这些事件之间的逻辑联系。例如,从孔子到孟子与荀子,时间跨度有两百多年;从孟子、荀子到秦朝的术士,有一百年左右的时间跨度;而从秦朝术士一直到汉代的博士,又相隔了五十年。没有任何现存文献表明,这些不同的历史人物之间存在直接的联系。另外,考虑到社会环境与历史条件的多样性与复杂性,春秋时代孔子的境遇和秦汉的术士与博士的命运之间并没有很强的可比性。

《史记》的作者毫无畏惧地直面这项挑战。他将这些故事以线性叙述的方式连接起来。在叙述中,司马迁抹去这些事件特定的社会与政治语境,排除了各个事件人物所涉及的具体历史因素,而仅仅强调故事的主要人物的相同的教育背景和宦海失意的主题。这些故事虽然发生在不同时代,有些时代相差上百年,但是在文本中以貌似连贯的时间顺序出现。这引导读者联想到,孔子,孔子门生,以及儒生、术士与博士面临着相似的政治命运。在这种叙事结构中,孔子、术士、儒生之间原本模糊的关系变得清晰明确,具体可感。

司马迁还经常使用因果从句将不同的事件联系起来,让不同故事中的主人公相互关联。比如,《儒林列传》中有一段描述汉初朝廷的话:"及至孝景,不任儒者,而窦太后又好黄老之术,故诸博士具官待问,未有进者。"我们知道,秦汉时的"儒者"与"博士"并不能完全画等号。一个人既可以通过展示自己通晓五经成为博士,也可以通过证明自己在《老子》与《庄子》方面学有所长成为博士。① 但在《史记》中,司马迁故意模糊了这两类人的区别,用一个"故"字表示朝廷不用"儒生"就意味着"博士"没有升迁的机会。如果我们深究儒生和博士两个概念指代对象的区别,上

---

① Zufferey, *To the Origins*, pp.181-191.

引司马迁的话的语义上的游移就显而易见了。而正是通过这种语义的游移，司马迁直接将儒生和博士等同于一个团体。

司马迁在记述武帝一朝时写道："及今上即位，赵绾、王臧之属明儒学，而上亦乡之，于是招方正贤良文学之士。"这个句子里，司马迁使用的修辞策略与上述我们分析过的情况非常相似。用"于是"这个指代因果关系的连词，将弘扬儒学与招纳文学之士联系在了一起，"儒生"与"文学之士"由此被等同，本来有着区别的儒生和文学之士两个团体被划到同一个阵营中。

构建一个阐释经典的同质团体

司马迁剪裁历史重构了儒生官员的历史之后，他把《儒林列传》其余的篇幅留给了武帝统治下的儒生官员，通过叙述将他们整合成为一个阐释经典的同质团体。司马迁记录了武帝一朝 22 位儒生官员的姓名与职位，其中 6 位的生平有所简要介绍。他对这些史料做了精心编排。

醉心于经典传统的司马迁将儒生分为五个学术群体，分别治《诗》《书》《礼》《易》《春秋》。每一部经典都有各自的解经学派，司马迁的叙述始于各个经学学派的创始人，延伸到对其门生和再传弟子的介绍。以师徒关系定义的学术宗谱决定了武帝一朝儒生官员的名字在文中的排列顺序。（见表 2.1）

在谈论治《诗》的学术群体时，司马迁提到了三个解经学派：一派为鲁人申公创立，一派为齐人辕固创立，还有一派为燕人韩生创立。武帝在位时，有九位官员可以认定为申公的门生，还有一位兒宽是申公弟子孔安国的门生。司马迁在文中说，申公的百余位门生当朝为官，盛极一时。在谈论辕固创立的学派时，司马迁称，因在《诗经》上的学识而仕途显贵的齐人都是辕固的弟子。至于韩生，司马迁断言，燕赵一带讲《诗》者的学识归根溯源都来自此人。文中还提到了韩生的两位弟子——贲生与韩商，后者据称也是韩生的孙子。

司马迁认识到，这三个学派对《诗经》的阐释范式各异。即便是他归

表 2.1　《史记》中的五经研究群体

《诗经》

申公（武帝：太中大夫）	赵绾（御史大夫）	
	王臧（郎中令）	
	缪生（长沙内史）	
	夏宽（城阳内史）	
	孔安国（临淮太守）	兒宽（御史大夫）
	徐偃（胶西中尉）	
	周霸（胶西内史）	
	砀鲁赐（东海太守）	
	阙门庆忌（胶东内史）	
辕固（景帝：博士，清河王太傅）		
韩生（文帝：博士；景帝：常山王太傅）	［韩生孙］韩商（武帝：博士）	
	贾生	

《春秋》

董仲舒（景帝：博士；武帝：江都相）	吕步舒（长史）	
	褚大（梁相）	
	殷忠	
胡毋生（景帝：博士）	公孙弘（丞相）	
瑕丘江生		

《尚书》

伏生（秦：博士）	张生（博士）	
	晁错（景帝：御史大夫）	
	欧阳生	兒宽
	伏生孙	
？	孔安国	兒宽
	周霸	
	贾嘉	

《礼记》

高堂生		
徐生（文帝：礼官大夫）	［徐生孙］徐襄（广陵内史）	
	［徐生孙］徐延（礼官大夫）	
	公户满意（礼官大夫）	
	桓生（礼官大夫）	
	单次（礼官大夫）	
	萧奋（淮阳太守）	

《易经》

孔子	商瞿	四代……	田何	王同	杨何（中大夫）
				？	即墨成（城阳相）
				？	孟但（太子门大夫）
				？	周霸
				？	衡胡（二千石）
				？	主父偃（齐相）

入同一学派的学者对《诗》的看法也不尽相同。但是，他过滤掉了这些不和谐的音符，宣称尽管这三派的创始人阐释其学说的用语不同，但事实上他们遵循的指导思想是一致的（"然其归一也"）。这种评论意味着在武帝时期，所有治《诗》的官员互相关联，构成了一个阐释经典的同质群体。

司马迁又将同样的叙述模式用于研习其他四经的学者。治《书》的学者可以追溯到伏生。《礼记》之学源自徐生。而言《易》者之学本于杨何，司马迁谈到后者的学说可以追溯至孔子。治《春秋》的学者分属三派：一派代表人物为董仲舒，一派代表人物为胡毋生，一派代表人物为瑕丘江生。由于一些人精通一种以上的经典，所以各个经学学者群有所交集。比如，周霸从申公学《诗》，从杨何学《易》。孔安国同时被列在治《诗》与治《书》的学者群中。

在学术宗谱中，一名学者隶属于哪一个学术群体要由他研读哪一本典籍以及师从哪一位导师而定。但所有这些儒生的成就却是由其在官场所取得的职位而定。司马迁在《儒林列传》中介绍每一位学官生平，都是始于其学术渊源，终于介绍其所任官职。事实上，司马迁提及并简介的学者群成员往往都有官位，这一点他在叙述中着意强调。在介绍申公的门生时，司马迁道："弟子为博士者十余人。"①他列举了董仲舒的三位门生，在他看来，这三人都实现了各自的抱负——其中两位的官秩都在一千石之上。董氏门生中官运亨通者做到梁相、长史。司马迁记叙道："弟子通者，至于命大夫；为郎、谒者、掌故者以百数。"②因此可以说，司马迁所描述的治经典的学者集团虽然以师徒关系为组织纽带，以其对经学的研读获得身份认同，但是却以官场的职位来定义他们的成功。这似乎也有合理之处。五经所表述的无非王道，所以研读这些著作的人需要通过将自己关于王道的学识施用于政治以成就自我。

由此可以得出结论：儒生集团中的成功者有两个迥异却相互关联的

---

① 《史记》卷一百二十一《儒林列传》，3122 页。
② 《史记》卷一百二十一《儒林列传》，3129 页。

身份。他们既是某一儒学大师的门生，承担着对恩师与同门的义务；与此同时他又是朝廷官员，享受着官位带来的权力与声望。比如，公孙弘得到了丞相之位，一时权倾朝野鲜有人能匹敌。但在解经的学者群体中，他是胡毋生的门生。同样，兒宽曾任御史大夫，身处权力的金字塔尖多年。但在解经的儒生群体中，他是欧阳生和孔安国的弟子。司马迁巧妙地暗示，一个人的官员身份应该从属于其学者身份，因为正是从老师那里获得的五经上的学识决定了儒生在官场上功成名就。在《儒林列传》中，一种叙述反复出现——"某人以治某经为某官"，如"瑕丘萧奋以《礼》为淮阳太守"，"齐人即墨成以《易》至城阳相"，等等。

当《史记》记载辕固与公孙弘因通晓五经而被举荐给朝廷时，司马迁告诉我们，在辕固面前，公孙弘非常紧张，"侧目而视固……固曰：'公孙子，务正学以言，无曲学以阿世！'"有人也许会对这一幕的历史准确性产生怀疑，因为公孙弘的面部表情或是辕固对他说的话司马迁是绝无可能直接见证到的。司马迁这番描写必然是基于听到的传闻逸事或自己的想象。但在《儒林列传》的语境下，这样的情节却显得真实可信：辕固是汉代解经学派的创始人之一，与他相比，公孙弘在学术宗谱中辈分低微。这也就是公孙弘在他面前感觉紧张不安的原因。由于在以学术传承定义的儒生团体中享有更高的地位，辕固完全可以以长辈的身份用权威的语气教导公孙弘。

在司马迁关于儒生世界的描述中，学识渊博、受后学敬仰的解经群体与遵照权力机制运行的政治世界势均力敌。

重现还是制造？

司马迁构建的解经群体建立于学者们共有的五经知识之上，又由师徒关系得以巩固。然而，如果我们细究司马迁表述的学术宗谱，就会发现诸多疑点。

譬如，关于治《尚书》的学者群体，司马迁究竟了解多少呢？他称汉代阐释《尚书》传统的奠基人伏生的门生有张生与欧阳生，后者又是兒宽的老师。他也提到了伏生的孙子因治《书》被推举到了朝廷。但司马迁又告诉我们，他对此人的生平一无所知。在这个看似师承清晰的学者谱系中，司马迁只能写出一个人的全名——曾在司马迁的有生之年里做过高官的儿宽。

有没有这种可能性：司马迁的确知道伏生、张生与欧阳生的全名，但因为这些人的名字众所周知故略去不提？我们可以排除这种可能性，因为司马迁常常尽可能地记录历史人物的人名信息，特别是在《儒林列传》中更是如此。如果他没有提供《尚书》学派的创始人与其嫡传弟子乃至孙辈的全名，他一定是没有相关的文献记录。

尽管我们并没有证据证明司马迁记述了任何虚假信息，但不得不注意的是，张与欧阳都是汉代极为普通的姓氏，就像英语国家里的史密斯与科恩一样。当时整个汉帝国姓张和欧阳的人一定成千上万，即使在儒生团体内部也可能有数百人之众。说伏生教张生和欧阳生就如同说伏生教 X 先生与 Y 先生一样。我们可以合理地推断如下：《尚书》阐释传统的创始人当时非常知名。按照流行的说法，伏生是汉代教授《尚书》的第一人。而当时的高官儿宽学术专长也是《尚书》，这件事广为人知。司马迁有可能虚构了儿宽的老师，然后又把此人算作伏生的直系弟子，从而创造出一个围绕《尚书》建立起来的师徒相传的学术谱系。

在司马迁对于其他解经学派的描述中也能发现同样的瑕疵。他说能够讲解《礼经》的汉儒，其学均出自徐生。徐生弟子包括徐延、徐襄、公户满意、桓生、单次、萧奋。但是司马迁为何不给出徐生全名呢？事实上，在《儒林列传》记述的五十位儒林人士中，有十人仅称其姓而根本不提其名。

还有其他一些疑点。司马迁称"诸齐人以《诗》显贵，皆（辕）固之弟子也"，但辕固弟子的姓名却一个都没提到。他将杨何描述为汉代治《易》传统的奠基人，又将其学追溯到孔子。杨何的师承关系为：孔子传于商瞿，商瞿传其弟子，历经六代传至田何（活跃于秦汉易代之际），田氏又传给王同，王同授业杨何。从孔子的弟子商瞿一直到秦末，一共经过了四五百年，司马迁没有给出在这期间治《易经》的最重要的学者的姓名。几百年间《易经》传承的信息缺失被司马迁一句"经六代传至田何"所掩盖而过。

当然，存在这些疑问并不表示司马迁记述的传承经学者的谱系是凭空臆造的。五经是一套复杂的文献，其语言古老，文本中常有脱漏之处。《尚书》与《易经》的部分文本可以追溯到公元前 11 世纪，这意味着这些文本使用的语言与汉朝时的语言中间有一千年的时间跨度。《春秋》中涉及的历史事件记述非常简单。如果不了解相关的历史背景，这些言简意赅的记述就变得完全无法解读。任何人要想只凭借一己之力研习五经都会困难重重：每一位儒生大概都必须有所师承。

存在于《儒林列传》中的这些疑点表明汉儒可能并不像司马迁描绘的那样重视师生关系。他们对五经的传承脉络大概没有详尽的记录，他们大概也没有对自己的儒生身份有特别的认同，更不用提把自己视为一个统一儒生群体中的一员。司马迁在构建解经学者的宗谱时，对所掌握的史料进行了裁剪、夸大与掩盖，从而为读者创造出一个师承脉络清晰的群体。

司马迁构建的以经学传承谱系定义的儒学群体并非一个真实的共同体。本章开篇就指出，儒生官员之间的内斗从未停息。公孙弘与兒宽取得了一个出身贫寒的人梦寐以求的最高官职，他们本可以借此机会在权力机构中提携更多儒生。然而，这两人都没有对司马迁想象出的儒学群体产生认同感，也没有肩负起对师长和同门应尽的责任。在《史记》中，兒宽是一位热心仁慈之士，但没有任何记载提到他提拔过任何儒生官员。《史记》中的公孙弘心胸狭隘，在排挤儒生同僚时从未有丝毫犹豫。而与他们形成鲜明对比的是，从官场底层的文吏小史爬升上来的没有任何五经修养的张汤却时常会尽力提携下属。

在汉武帝一朝，儒生并未形成一个独立的利益集团。正是在此背景下，司马迁构建了这些共享五经知识的儒生集团，并借助于历史上的师承关系来完成对他们的塑造。尽管这些被塑造的儒生的共同体并不能反映当时儒生的存在状况，但《儒林列传》的叙述却显示了他们形成一个统一团体的基础和可能性。

定义理想的统治集团

阅读《史记》时读者会产生两种截然不同的印象：儒生官员似乎生活在一个乌托邦式的国度里，仅凭学识就可以保证一个人的仕位与快速晋升；而在另外一个世界，高层官员多因为显赫的家庭背景或军功获得权力，他们经常为各自的利益投入各种政治斗争中。在本节中，笔者将深入考察司马迁对武帝一朝官员的记述，揭示他为何要将朝中重臣划分为不同的派系集团，为什么特意将儒生集团挑出来大加赞扬。随后，笔者将借助《史记》文本内部的多声部叙事，比较司马迁与班固对历史记述的差异，从而揭示司马迁如何通过剪辑史料在《儒林列传》中创造出一个儒生官员的乌托邦，他又如何利用这个乌托邦来批判当时的朝政，以此宣扬自己的政治主张。

司马迁对武帝时代官场的表述

公元前134年，武帝颁旨命天下各郡举荐人才，征求治国方略。曾在景帝一朝任博士的董仲舒被举为贤良，他连上三篇对策回答天子的征问。[①] 其中一篇写道：

> 今以一郡一国之众，对亡应书者，是王道往往而绝也。臣愿陛
> 下兴太学，置明师，以养天下之士……今之郡守、县令，民之师

---

① 桂思卓(Sarah A. Queen)曾探讨《汉书》中这三道奏疏的上奏时间。结论是：董仲舒可能是为了回答武帝公元前140年与前134年的询问而写下了这些奏疏。见 Sarah A. Queen, *From Chronicle to Canon：The Hermeneutics of the "Spring and Autumn,"According to Tung Chung-shu* (Cambridge and New York：Cambridge University Press，1996)，pp. 249-254。

帅……今吏既亡教训于下，或不承用主上之法……是以阴阳错缪，
氛气充塞，群生寡遂，黎民未济，皆长吏不明，使至于此也。

夫长吏多出于郎中、中郎，吏二千石子弟选郎吏，又以富訾，
未必贤也。且古所谓功者，以任官称职为差，非（所）谓积日累久也。
故小材虽累日，不离于小官；贤材虽未久，不害为辅佐。是以有司
竭力尽知，务治其业而以赴功。今则不然。（累）日以取贵，积久以
致官，是以廉耻贸乱，贤不肖浑（淆）〔殽〕，未得其真。臣愚以为使
诸列侯、郡守、二千石各择其吏民之贤者，岁贡各二人以给宿卫，
且以观大臣之能；所贡贤者有赏，所贡不肖者有罚。夫如是，诸侯、
吏二千石皆尽心于求贤，天下之士可得而官使也。①

众所周知，在此篇策论中，董仲舒建议设立太学，并将察举官员制度化。
通常认为董仲舒因为这篇策论成为武帝弘扬儒学的幕后总设计师。② 但
当我们将董仲舒的建议放在当时的语境下考察时，就能清楚地看到，他
所建议的并不是提拔儒生或弘扬儒学本身，而是一系列关于官员任用与
晋升制度的改革。

首先，董仲舒严厉地批评当时的政府只任用富人与权贵之后，指出
长吏（即郡守与县令）主要从郎吏（即郎中与中郎）中选拔，而绝大多数的
郎官之职都是凭借金钱或显赫的家族背景获得的。③ 通过批评这些官员
不尽如人意的政绩，董仲舒暗示富贾或权门之后缺乏担任高级官员的必
要资质。他向朝廷提议用两种方法寻找官员的合适人选：察举制度与建
立太学。由此可以看出，董仲舒是以入仕的途径来对官员进行分类的：
一类官员入仕得益于其家族背景，而另一类官员通过太学与察举制入仕。

其次，董仲舒批评当时的晋升制度允许官员凭借累积功劳与任职时
间的方式升迁。他表示："小材虽累日，不离于小官；贤材虽未久，不害

---

① 《汉书》卷五十六《董仲舒传》，2512～2513 页。

② Queen, *From Chronicle to Canon*, pp. 23-25.

③ Hucker, *Dictionary of Official Titles in Imperial China*, s. v. "lang."

为辅佐。"从语境上判断，他所说的"贤材"是那些通过太学与察举制进入官场的人。既然强调"小材"只能待在官僚集团的最底层，那么他所谓"小材"必定是指那些以小吏或类似身份入仕的人。在这篇对策中，尚不清楚从官僚集团底层崛起的人与仰仗权贵家族背景入仕的人之间是否有交集。但如前文所示，司马迁清楚地将来自权贵之家的官员与从底层崛起的官员分成了两个集团，他对这两个官员集团都有所指责。

根据董仲舒对于当时的官员以及他心目中理想官员后备人选的认识，笔者将深入探究司马迁对武帝时代政界的描述。

如表 1.3 所示，司马迁在《史记》中分别为 16 位武帝时代的重臣作传。与这些独立的人物传记并列的还有《儒林列传》与《酷吏列传》，这两章主要记载的也是活跃于武帝朝的官员。此外，在记述经济与相关政策的《平准书》中还包括了 3 位武帝重臣的生平和仕宦之途。如果将包含在所有这些章节中的信息与陈述合成一张官场全景，我们就可以发现，司马迁对于他所处的时代官场的认识与董仲舒的看法极为相似。尽管董仲舒属于司马迁的父辈或祖辈那一代人，而董仲舒写《举贤良对策》的时间约在司马迁的《史记》问世前 50 年。[1] 虽然司马迁没有像董仲舒那样直接在一篇文章中大声疾呼，但通过精心安排《史记》的章节，司马迁巧妙地将当时地位显赫的官员分成了三个群体：权贵之家后代，崛起于底层的政坛新贵以及通过太学与察举制入仕的儒生官员。司马迁与董仲舒有着共同的政治理想，断言接受过五经教育的儒生官员才是最合适的官员后备人选。

《史记》中涉及活跃于武帝朝官员的九章传记中，第一百零七章《魏其武安侯列传》记述的是两位丞相窦婴与田蚡，第一百一十一章讲述两位大

---

① 桂思卓曾经研究过董仲舒的出生时间。她认为董氏生于前 195 年，但她也曾提到过董仲舒也可能生于前 179 年左右。见 Sarah A. Queen, *From Chronicle to Canon*, pp.241-246。张大可曾总结了有关司马迁出生时间的各种研究，他认为最合理的时间应为前 145 年。张氏还认为《史记》完成于前 90 年。见张大可：《〈史记〉文献研究》，15~17，88 页。

将军卫青与霍去病的生平。这些人属于景帝或武帝朝的外戚。在这两章传记中,司马迁着意强调了这些高官与皇室家族的特殊关系,生动地展示出这些关系纽带如何左右了他们的宦海沉浮。

第一百零三章与第一百二十章涉及来自四个显赫家族的五位重臣:石建、石庆、张欧、汲黯、郑当时。司马迁描写了在他那个时代举足轻重的大家族,这些家族的成员不但从汉朝建立以来(有的甚至在汉兴之前)就身居高位,而且仅在武帝一朝同一家族的成员就担任了十余个重要职位。司马迁在这些人的传记中都有类似的陈述:

> 庆中子德,庆爱用之,上以德为嗣,代侯。后为太常。①
>
> 御史大夫张叔者,名欧,安丘侯说之庶子也……[张叔]子孙咸至大官矣。②
>
> 庄兄弟子孙以庄故,至二千石六七人焉。③

司马迁不断地在这些陈述中重复,权门之后因为家族的声望而获得官位。当时的政治制度让朝中重臣能轻而易举地为家族成员谋得重要职位,以此延续家族的地位。

在《平准书》中,司马迁讲述了三位来自富商家族的大臣的故事。这三位身居高位的大臣分别是都做过御史大夫的卜式与桑弘羊,曾任大农令的孔僅(孔仅)。这三位官员或是因出资赞助朝廷而入仕,或是靠直接纳捐得到郎官之类的官位,由此充任侍中。④ 司马迁一面揭示金钱如何助商贾及其子弟一臂之力,使他们渗透进入官僚集团高层,一面也对汉武帝的纳捐政策做了一番历史考察。卖官鬻爵在汉武帝时已经成为朝廷的常规做法,这三名官员代表了许许多多通过这条途径进入官员阶层的人。

---

① 《史记》卷一百三《万石张叔列传》,2768 页。
② 《史记》卷一百三《万石张叔列传》,2773 页。
③ 《史记》卷一百二十《汲郑列传》,3113 页。
④ 《史记》卷三十《平准书》,1428、1431 页。

司马迁公开地批评这项制度，视其为腐败的恶政：

> 入物者补官，出货者除罪，选举陵迟，廉耻相冒。①
>
> 请置赏官，命曰武功爵……诸买武功爵官首者试补吏，先
> 除……吏道杂而多端，则官职耗废。②

司马迁和董仲舒采取了相似的策略，通过攻击买官者的道德水准与工作
表现来批评当时的官员选拔制度。此外，他明确将通过察举制入仕的儒
生官员与买官者做了一番对比，褒扬前者蔑视后者。公孙弘通过察举制
进入官僚集团。尽管司马迁在《史记》其他章节中对他颇有微词，但在《儒
林列传》中，公孙弘以模范官员的形象出现。司马迁谈到大多数官员受了
卖官鬻爵腐化之风的影响，一味逐利。③ 而为了匡正这些人的道德品行，
公孙弘虽然身任丞相却过着简朴的生活。

在描述出身权门的官员集团同时，司马迁还撰写了《酷吏列传》。正
如学者们指出，在写作此章时，他的心中显然有《循吏列传》作为对照。④
《酷吏列传》中的官员相信律法与惩罚是最有效与最可取的治国之术；而
《循吏列传》记述的官员极少施用酷法，而是依靠他们卓越的品格影响感
化民众。有趣的是，被司马迁列在《循吏列传》中的官员全都活跃在东周
时代（公元前 770 年—前 221 年），而《酷吏列传》中的官员均为汉朝官员。
学者已经指出，通过这种有意为之的篇章安排，司马迁表达了他自己对

---

① 《史记》卷三十《平准书》，1421 页。

② 《史记》卷三十《平准书》，1423 页。

③ 原文为："当是之时，招尊方正贤良文学之士，或至公卿大夫。公孙弘以汉
相，布被，食不重味，为天下先。然无益于俗，稍鹜于功利矣。"见《史记》卷三十《平
准书》，1424 页。

④ 见 William H. Nienhauser Jr. , "A Reexamination of 'The Biographies of the
Reasonable Officials' in the Records of the Grand Historian,"*Early China* 16 (1991)：
pp. 209-233。

于治国之道的见解，婉转地批评了西汉朝廷的政风。①

　　不过在《酷吏列传》对道德败坏与政风严苛批评的背后还隐藏着对一个利益集团的攻击。在 11 位被司马迁归入酷吏的官员中，有 10 人都是在武帝统治下跻身高位的。除了宁成与周阳由之外，其余酷吏都出身寒微，以底层小吏的身份起家，最后升至三公九卿。仔细考察他们的晋升之途，他们爬升官僚系统的成功离不开两个因素：一是他们的政绩，二是他们为自己编织的关系网。

　　这些官员不仅在出身和政风上与其他高官迥然不同。在权力斗争分外惨烈的政坛，这些经过底层磨炼冷酷无情的权术高手却往往相互提携。司马迁特意提到，张汤为宁成的属吏时，宁成将其推举为茂陵尉。张汤与赵禹结识于公元前 135 年，当时两人都在田蚡手下任职。10 年后，这两人均位列九卿。② 司马迁说，当时张汤视赵禹为兄长。杜周最初是南阳守义纵手下的属吏，义纵推荐他为廷尉史。王温舒、尹齐与杜周全都先后在张汤手下为官。司马迁特意指出，张汤经常公开赞许部属的能力，提拔他们进入官僚集团。③

　　《史记》记载了 77 位在武帝统治期间地位显赫的高官的生平，其中有 13 位是以小吏的身份一步步从底层爬上权力金字塔的顶层的。④ 除了颜异与兒宽，剩下的人都被司马迁放进了《酷吏列传》中。这显然有其特殊用意。司马迁认为颜异为廉直之士，但仅凭这一点还不足以让他把颜异排除在《酷吏列传》之外。毕竟，他也赞扬郅都直谏君王的勇气，还视其为公廉之人，但仍然将其列入了传主并不光彩的《酷吏列传》中。有"廉平"声名的赵禹也跟郅都一样并列于《酷吏列传》。司马迁之所以未把颜异

---

①　周彦民：《论汉代的酷吏》，见《史辙》卷 2，1978，62～72 页；田久川：《也论西汉的酷吏》，载《文史哲》，1983（5），65～70 页。Nienhauser, "A Reexamination," pp. 209-223.

②　赵禹为少府，张汤任廷尉。

③　《史记》卷一百二十二《酷吏列传》，3139 页。

④　见表 1.1。

列入《酷吏列传》，原因可能是颜异并不是张汤关系网络中的成员。在《史记》的其他章节，司马迁说颜异和这些人之间不和，因为持有的政治立场不同，最后颜异被张汤构陷致死。① 尽管儿宽与张汤的集团有所联系，但司马迁也未在《酷吏列传》中提到他的名字，这可能是因为他力图将儿宽塑造为一个儒生官员。这一观点笔者将在随后章节中加以考察。

《酷吏列传》记载的官员有种同样的升迁模式。而他们的升迁模式正是董仲舒在司马迁 50 年前撰写的《举贤良对策》中激烈批评过的官员晋升模式。

让我们重温一下董仲舒的话："小材虽累日，不离于小官；贤材虽未久，不害为辅佐。"在董仲舒的时代，官员凭累积行政管理的资历以爬升官僚系统获得高位。董氏认为这种选拔高层官员的制度会让廉耻感变得混乱，贤与不贤相互混淆。他将那些以微末小吏起家的人视为不贤，通过对这些人的道德水准进行攻击来支撑他对底层官员爬升到高位的批评。同样，司马迁也将自己对张汤集团的指责掩盖在道德话语之后。"酷吏"一词清楚地表明了他对这些人的态度带有强烈的倾向性。《酷吏列传》中充满了攻击所记载的官员的品格与政风的激烈言辞。宁成被称为"滑贼"；对周阳由的评语为"暴酷骄恣"；张汤"为人多诈"；王温舒则"为人谄，善事有执者"。② 尽管这些强烈的批评都围绕当事人的道德水准展开，但司马迁对张汤等人的不满也源自他们的晋身之途。笔者将在下文中通过细读比较《酷吏列传》与《儒林列传》展开讨论。

《儒林列传》区别于出身权门的显赫官员传记与由底层小吏升至高位的官员传记之间。受过五经教育的学者们被塑造成了最合法的官员后备人选。汉儒们研习的五经被认为是记载着王道与王法的经典。司马迁将有着圣人与素王名望的孔子描述为汉朝儒生官员们的前代先驱。在其记述中，儒者不仅有着至圣先师开创的神圣传统，还掌握着如何治国的宝

① 《史记》卷三十《平准书》，1433～1434 页。
② 《史记》卷一百二十二《酷吏列传》，3134～3149 页。

贵实学。而且司马迁还强调儒生是凭借其在五经上的专长取得禄位的。下面的这些语段非常典型,在整篇《儒林列传》中随处可见:

> 公孙弘以《春秋》白衣为天子三公。①
>
> 瑕丘萧奋以《礼》为淮阳太守。②
>
> 何以《易》,元光元年征,官至中大夫。齐人即墨成以《易》至城阳相。广川人孟但以《易》为太子门大夫。鲁人周霸,莒人衡胡,临菑人主父偃,皆以《易》至二千石。③

司马迁将儒生胜利描述为精英治国的具体体现。他对那些以家族声望、金钱或人脉取得官位者的描写和对这些儒生的描写迥然不同。司马迁把前者描述为既缺乏能力也没有道德操守,而把后者塑造成官员楷模:儒生的能力来自五经的学识,他们的获得官位则是靠个人努力奋斗的结果。

裁剪历史

在司马迁的记述中,三股不同的力量构成了当时的统治集团:世袭官位的权贵之家后代;由小吏起家,通过累积政绩和人脉获得仕途成功的官员;以及凭借在五经上的学识入仕的儒生官员。

但是,考虑到政治局面的复杂性,我们应该预见到,一个人如果只靠自己在经书上的学识恐怕难以升到官僚系统的高层。况且,尽管司马迁高度评价儒家五经,但在一个君主锐意谋求强大军事与经济实力的帝国,蕴含在五经中的古老的知识未免跟具体复杂的实际情况有所脱节。然而在《儒林列传》中,司马迁为了塑造他心目中的理想官员,有选择地记述了历史人物。

---

① 《史记》卷一百二十一《儒林列传》,3118 页。
② 《史记》卷一百二十一《儒林列传》,3126 页。
③ 《史记》卷一百二十一《儒林列传》,3127 页。

如前文所引，司马迁在《儒林列传》中陈述道，主父偃由于其在《易经》上的学问取得了高位。但是，在主父偃的个人传记中，司马迁讲述了另外一个版本的故事。在穷困多年后，主父偃终于以一篇奏书引起了武帝的注目。这篇奏书"所言九事，其八事为律令，一事谏伐匈奴"。如果我们细查《史记》上引用的该奏书全文，我们就会发现它根本就没有提及《易经》。①

司马迁将察举制度与太学当作儒生进入官场的两种主要途径。② 常被视为察举制设计师的董仲舒建议举荐给朝廷的人先担任郎官。同样，当公孙弘建议任用完成学业的太学学子时，他请求皇帝将这些人委以文学掌故或郎官之职。在汉代，郎官只相当于后备官员人才库，他们是地方政府主吏的人选。③ 现有史料中的事例也表明，通过察举制或太学得到任用的人通常都是做郎官，或成为县丞或县令的属吏。④ 这就意味着，即便儒生官员通过察举制或太学进入官场，他们中的大部分人就像《酷吏列传》里描写的张汤圈子里的成员一样，一开始也是从官僚底层开始其仕途的。

在《酷吏列传》中，司马迁记述了张汤圈子的成员们如何从官僚集团的底层起家，如何通过控制地方豪强与杀戮累积政绩，如何依靠奉承迎合达官权贵获得升迁。而在《儒林列传》中，儒生官员似乎一旦完成学业就能马上得到中层甚至上层的职位。司马迁几乎没有提及他们曾担任过的卑微官位或早年受挫的经历，更不要说利用人脉获得升迁这样的事了。相反，在《儒林列传》中，他们在五经上的学问成为赢得宦海成功的唯一原因。尽管这一番描述与董仲舒的理想——贤材一入官场便被委以重任——相吻合，但并不完全让人信服。比如，《史记》与《汉书》对于兒宽

① 《史记》卷一百一十二《平津侯主父列传》，2954 页。

② 《史记》卷一百二十一《儒林列传》，3118～3121 页。

③ 严耕望：《秦汉郎吏制度考》，载《"中央研究院"历史语言研究所集刊》，第23 本上，1951，89～143 页。

④ 劳幹：《汉代察举制度考》，载《中央研究院历史语言研究所集刊》，第 17本，1948，79～129 页。

仕宦生涯的描述有着有趣的差异。① 在《汉书》中，班固写道，兒宽完成在太学的学业后补廷尉文学卒史。然而，因为不熟悉日常政务，他很快就被贬到了北地，管理畜牧数年。直到他为一位张汤的属吏代写奏章后，他的才能与学识才最终得到了肯定。因为张汤的赏识，兒宽的事业步入辉煌。② 与这番记述形成反差的是，司马迁并未提及兒宽入仕之初那些曲折的经历，也没有记录开启他升迁之路的那次机遇，而是将他描写得仕途得意、一路顺风。司马迁记述，因为兒宽通《尚书》，应郡举，诣博士受业；完成学业后，被任命为廷尉史。司马迁特意写道，此时的张汤正欲"以古法议决疑大狱"，于是学识渊博的兒宽就变得大有用处了。《汉书》向我们揭示的是，完成太学的学业只是让兒宽以官员属吏身份进入了官场。他仕途中关键的一步只是机缘巧合，而他最终的成功得益于张汤大力的推荐。然而，在《史记》的记述中，太学的经学训练成为兒宽成功最关键的因素——尽管司马迁提到了张汤的介入。

如同《酷吏列传》中那些官员一样，兒宽也是从官僚机构底层起步，最后位至三公的。和他们一样，他也是张汤圈子里的成员，受益于张汤的提携之恩。但司马迁特意将其他张汤关系网络中显赫官员都放入《酷吏列传》，而兒宽却受到了区别对待，入了《儒林列传》。司马迁虽曾赞扬过张汤提携有才能的下属，却在《酷吏列传》从未提及兒宽也是张的受益人之一。

司马迁之所以特意剪辑有关兒宽的记述可能是出于两点考虑。兒宽的个人品性与政风极有可能与张汤集团的其他人截然不同：在《史记》中，他"温良，有廉智"，张汤圈子里的其他官员则"暴酷"。而且兒宽被塑造

---

① 鲁惟一注意到《史记》与《汉书》对兒宽及其在武帝朝的官职记叙存在差异。鲁惟一认为，与班固相比，司马迁弱化了兒宽的贡献。鲁惟一洞察到司马迁曾与兒宽一起合编新历法。他推测，司马迁可能因为在与兒宽共事时思想立场的差异对后者产生了反感。虽然鲁惟一的推论可能成立，但其他信息让我们可以从另外一个角度解释《史记》与《汉书》在记叙兒宽生平时的差异。

② 《汉书》卷五十八《公孙弘卜式兒宽传》，2628～2629 页。

成了儒生官员的楷模。兒宽出身卑微，但精通五经，是少数能官至高位的儒生之一。司马迁将兒宽与张汤的关系轻描淡写，遮蔽张汤在儒生兒宽升迁上所起的关键作用，于是他给读者造成了一种印象：兒宽的成功归功于其在五经方面的学识。

司马迁不仅有选择地忽略儒生官员是如何利用他们的政绩与社交手段而得以在官场上爬升的，在《儒林列传》中他也没有提及那些来自显赫家族的儒生。一方面《史记》上记载的绝大多数儒生都出身寒微，而另一方面我们知道一些儒生被皇室延请为教师，因此不难想象，一些权贵家族的后代对五经是有所了解的。譬如，曾任太常的孔臧的先祖是帮助刘邦创立汉朝的功臣元勋。承袭了其父爵位的孔臧是一位多产的作家。班固的《汉书·艺文志》中列在儒家名下的就有他的十卷作品。司马迁引用了一份孔臧曾帮助草拟的奏疏，他想必对此人有一定的了解。然而，司马迁却从未将孔臧归为儒生，也未将其列入《儒林列传》。《史记》中儒生官员似乎全都出身于寒门，依靠在儒家典籍方面的专长得以飞黄腾达。

受过良好教育的司马迁本人就出身于精英的底层。终其一生，都饱尝仕途受挫之苦。① 司马迁记录了武帝统治下各种权力斗争，本人一定对政坛复杂的游戏规则深有体会，他想必也会把依靠研习五经就能获得仕途成功这样的想法当作一种不切现实的理想。但是当他在《儒林列传》中复制了这个乌托邦理想时，他一定有其特定的动机。

家庭背景与个人关系往往在官员任用与晋升中占据非常重要的作用。长期以来，有经学背景的汉朝官员一直在批评这种现实。至少有两份奏疏表达了这种怨气，即前文提及的董仲舒在公元前 140 年与公孙弘在公元前 124 年的奏疏。他们的观点既清晰又简单：朝廷不应偏向权贵家族的子弟，而应该任用受过良好五经教育的人为官。但这样的见解与权贵的利益相抵牾，直接提出批评可能会招致杀身大祸。所以，他们都用婉

---

① 见 Stephen W. Durrant，*The Cloudy Mirror: Tension and Conflict in the Writings of Sima Qian* (Albany: State University of New York Press, 1995)，pp. 1-29。

转的方式表达自己的观点。

　　首先，董仲舒与公孙弘都没有直接对权贵家族在朝廷中的势力发起攻击。两人都是抓住皇帝颁布某道具体谕旨的机会对官员任用阐明自己的看法。当武帝询问为何自己夙兴夜寐，国家仍未大治时，董仲舒将问题引向官员，认为当时的官员选拔制度不能向朝廷提供贤才。而当武帝哀叹礼乐废弛，号召研习礼制时，公孙弘趁机进言，提到若要复兴礼乐，朝廷须从太学博士弟子中选拔青年才俊为官。

　　其次，董仲舒与公孙弘都在奏疏中对皇帝大唱赞歌，赞美其博学睿智以及对普通民众的殷切关怀。他们攻击官员无能，说他们未能贯彻君王的谕令。在此铺垫下，他们宣称朝廷应任用治五经者与通过察举制入仕者。他们将对当时官员的批评与对皇帝的歌颂糅合在一起，希望悦耳的颂歌能让他们的批评显得不那么刺耳。

　　董仲舒与公孙弘对当时官制的评议有助于我们理解为何司马迁要在《儒林列传》中描绘那么一幅理想的场景。司马迁曾自言："仆之先人非有剖符丹书之功。"①显然他很清楚，他从来也不可能如那些出身权贵之家的人一样，仕途顺利。司马迁同时将自己和那些通过军功获得高位的人区别开来。他说他自己"不能备行伍，攻城［野战］，有斩将搴旗之功"。这位历史学家也把自己跟从小吏一步步升迁者相区别开来，他提到"不能累日积劳，取尊官厚禄，以为宗族交游光宠"②。

　　在《儒林列传》中，司马迁为像他一样的人创造出了一个乌托邦。在这个理想的世界中，一个人的未来由其掌握的知识决定，而财富地位、军功以及人脉在这个乌托邦中全都失去了意义。事实上，儒生官员的成

　　① 《汉书》卷六十二《司马迁传》，2732 页。
　　② 《汉书》卷六十二《司马迁传》，2727 页。另见 Sources of Chinese Tradition, compiled by Wm. Theodore de Bary and Irene Bloom, 2nd ed., vol.1（New York：Columbia University Press，1999），pp.370-372；Bernhard Fuehrer, "The Court Scribe's Eikon Psyches：A Note on Sima Qian and His Letter to Ren An,"*Asian and African Studies* 6，no.2（1997）：pp.170～183。

功涉及诸多因素。他们跟《史记》中提到的其他官员一样，在仕途上利用所有可以利用的资源，依靠积累政绩和建立关系网爬升权力的金字塔。当司马迁《儒林列传》中通过裁剪史料宣称这些人全凭自身学识获得官位时，他主动地忽略了现实，而根据自己的梦想通过文本构建起了一个乌托邦。

而且，这个乌托邦暗含了对武帝一朝官场的强烈批评。司马迁并未将《儒林列传》虚构成一个与现实隔绝的独立世界。相反，他将其作为描述当时朝政的一个有机组成部分。涉及这个乌托邦的描写和论述与《史记》对其他官员的描述在本质上构成了一种对话关系。因为司马迁是以写实的方式构建该乌托邦的，因此它和那些凭借家族财富与人脉获取地位的官员们的故事形成的反差显得尤其鲜明。在司马迁的理想世界里，官员单纯依靠自身的学识就能获得仕途成功。当把理想的图景与复杂和残酷的现实世界并列在一起的时候，后者的合理性也就不复存在，合法性也理所当然地受到质疑。

假设司马迁直接抨击世袭权力，并谴责张汤以裙带关系结成的圈子，他必定会招致许多当时权倾一时的朝臣的愤怒。因为这些人正是通过这些途径才获得政治地位的。《史记》中那些涉及出身权贵家族官员的传记单独读起来并不带有批评的锋芒。同样，如果只读《酷吏列传》，读者可能会认为司马迁只是在谴责那些酷吏的道德水准与行政作风。只有当我们把《史记》中所有的章节当作一个整体细读，并比较不同的描写与记述之间的差异，我们才能领悟到，在司马迁精心安排的文本结构下面暗含着他详尽阐述的理想官制，他极力称赞的官员晋升的理想原则，还有他对现实官员任用升迁制度的强烈批判。

第三章 对西汉五经学派的知识考古

在西汉的前 120 年间，儒生不仅在政治领域属于无权无势的少数派，治五经的学者群体也一直四分五裂。在汉朝建立之前，各个思想派别的学者都引用五经为自己的观点辩护。但直到司马迁（公元前 2 世纪）将五经之学追溯到孔子，周代文化遗产的传承才有了清晰的记录。① 尽管孔子的门徒——包括后世的孟子与荀子——都以在经学方面的学识而著称，但司马迁称五经之学在战国与秦代普遍没落。据说在乱世中是齐鲁儒生保护了这些经典免遭焚毁，但这些人的名字没有一个被记录下来，后世对他们的社会背景学术师承也几乎一无所知。

随着西汉朝的建立，儒学早期发展阶段的种种含混模糊似乎也消失了。司马迁努力为我们勾勒了一条传习五经的脉络。从那时起，后世的学者纷纷效仿，将师徒谱系作为描绘经学学术史与儒林发展史的基本框架。在他们的记录中，自西汉建立延至东汉末年，历经战乱与瘟疫、社会与经济变革，儒学经典的传承始终未曾中断，经学成为汉代四百余年的思想史与政治史的主要内容。②

---

① 见 Michael Nylan, "Introduction,"*Five "Confucian" Classics*。关于汉代以前的众多思想家如何引用、处理五经（特别是《诗经》《书经》）的著作很多，例如张海晏：《先秦诸子对〈诗〉的解读与理念化》，载《燕山大学学报》，2002 年第 4 期，15～21 页；马士远：《帛书〈要〉与〈墨子〉称说"尚书"意旨新探》，载《学术月刊》，2007 年第 1 期，137～141 页。

② 比如钱穆：《两汉博士家法考》，见《两汉经学今古文平议》，北京：商务印书馆，2001，181～262 页，尤其是 221～223 页；徐复观：《中国经学史的基础》，见《徐复观论经学史二种》，上海：上海书店出版社，2002，65～153 页。

在本章中，笔者对这些似乎从未断裂的知识谱系中所体现的所谓儒学传承连续性提出质疑。我们可以看到一些众所周知的有关经学典籍传承的记述经常是多种历史记载合并后的结果。将这些不同年代层的文献区分开来，呈现出的是一段更为复杂，也更富有挑战性的历史。我们将看到的不再是一段连续的历史叙述，而是一个四分五裂的儒生群体如何嬗变成有严格师承的经学团体的故事。因为政治变革所提供的机遇，这一群体在昭、宣、元帝时代发生了质的变化。各个解经学派陆续创立，学术著作大量涌现，新的经书诠释不断发布，儒学经典的研习发生了根本性的改变，所有的这些变化都为其后几个世纪的知识界定下了基调。在儒学繁荣的时期，儒生们寻求重新塑造儒学模糊不清甚至破碎的历史。这项编撰学术历史的工程在公元 1 世纪随着班固撰写《汉书》达到高潮，至今依然深深影响着我们对于汉代儒学的认识。

四分五裂的学术谱系

大约公元前 90 年，司马迁写成了《史记·儒林列传》。该文对西汉初年至武帝末年的儒学经典研习情况系统地做了介绍。[①] 细读该文，很明显地看到五经在西汉建立之后的传承并非顺畅平稳、从未间断。根据该文的记述，最先致力于研究这些经典著作的西汉学者全都形象模糊，家庭背景不详，学术传承也无史料可查。这 10 个人中有 6 个人仅存别名或姓。（见表 2.1）伏生（全名不详）据说活了九十多岁，在秦汉易代的动荡年月里凭一己之力传授《尚书》。而西汉学者治《礼》始于鲁人高堂生和徐生。和伏生一样，他们的全名也没有被记载下来。胡毋生据说在齐地教授《公羊春秋》，而瑕丘江生则是汉代治《穀梁春秋》的第一人。这些学者

---

① 近来关于司马迁《史记·儒林列传》的研究，参见 Michael Nylan, "Toward an Archaeology of Writing: Text, Ritual, and the Culture of Public Display in the Classical Period (475 B. C. E. —220 C. E.)," in *Text and Ritual in Early China*, pp. 3-49。

的背景情况我们几乎一无所知。

在汉代之前，精英阶层中研究最多的著作是《诗经》。但司马迁有关《诗经》传承的描述却缺乏细节。《儒林列传》中列出了三位治《诗》的大师——申培、韩生以及辕固。虽然司马迁记述了这些大师的一些著名掌故，并勾勒了他们的仕宦生涯，但对其学术渊源与家庭背景却保持沉默。

在西汉的五经之学中，似乎唯一有着辉煌开端的就是《易经》的传承。司马迁记述道，《易》学的流传可以直接追溯到孔子与其弟子商瞿。《易经》由不同历史年代层的文本复合而成，其中最早的可以上溯到大约公元前 900 年左右的西周。① 根据传说，上古时代伏羲创立八卦，而其在后世的进一步衍化则归功于周朝先祖周文王与周公。司马迁似乎在历史上第一次将被称为"十翼"的《易经》附注归在孔子名下。在他的记述中，孔子晚年喜《易》，致力于注解彖、象、系辞等。因为频繁地读《易》，韦编三绝。② 这段描写极其生动，但没有人知道其是否准确：孔子是否研习《易》，他又是否将《易》教授给了自己的学生，长期以来这些都疑雾重重。③ 在现有版本的《论语》中，唯一相关的文字就是一句孔子的话："加我数年，五十以学《易》，可以无大过矣。"④司马迁指出，孔子熟知这部经典，只是到了暮年他才开始充分重视《易》。但《论语》表明，甚至在孔子四十多岁的时候他依然没有在《易》学上取得多大进展。司马迁将孔子描述成一位精通《易》学的学者，并将这部艰涩难懂的典籍某些最重要的

---

① 《易经》出现最早可上溯至西周初。最近有证据表明，《易经》最终成形于西周晚期。见 Edward L. Shaughnessy, "I ching 易經（Chou I 周易）," in *Early Chinese Texts: A Bibliographical Guide*, ed. Michael Loewe（Berkeley: The Society for the Study of Early China and the Institute of East Asian Studies, University of California, Berkeley, 1993）, 219。

② 原文为："孔子晚而喜《易》，序《彖》《系》《象》《说卦》《文言》。读《易》，韦编三绝。"《史记》卷四十七《孔子世家》，1937 页。

③ 宋代最重要的儒学家朱熹认为孔子并未向弟子传授《易经》。见黎靖德编：《朱子语类》第 66 卷，北京：中华书局，1986，1620 页。

④ 《论语注疏》，见《十三经注疏》下册，北京：中华书局，1979，2482 页。

注解归在孔子名下。与此形成鲜明对比的是,《论语》用的是一种假设的
语气,并未说明孔子是否研究过这部典籍。

一些学者认为,《论语》上的这句话实际上和《易经》毫无关系。他们
提出,这里的"易"通"亦",是"也"的意思。整句话应该理解为:"加我数
年,五十以学,亦可以无大过矣。"许多古版《论语》(包括《鲁论语》以及在
河北定州出土的一版《论语》)也证实了这种解读。①

不仅孔子与《易经》之间的关系存在争议,商瞿在《易经》传承中的作
用也受到了质疑。关于商瞿的史料几乎寥寥无几,为什么孔子会选择一
位默默无闻的弟子来传承《易经》呢?这个问题让学者们困惑了数个
世纪。②

在西汉前 120 年,五经的学术传承谱系不仅始于背景模糊的儒生,
而且也存在巨大的断层。比如《易经》,司马迁说孔子授《易》于商瞿后,
又历经五世传至田何。但他却不能说出在这期间任何一位《易》学传人的
名字。司马迁仅能确定三位在西汉朝前 120 年间治《易》的学者:田何(活
跃于汉初)将《易》学传给王同,后者传给了在武帝一朝做过中层官员的杨
何。③ 司马迁还提到了其他五位官秩达到"两千石"的治《易》的儒生。他
最后总结道,武帝一朝所有对《易经》的研讨都受益于杨何。但他仍未把
这五位官员中的任何一人与杨何直接联系起来,也没有明确他们的恩师

---

① 《论语:定州汉墓竹简》,河北省文物研究所定州汉墓竹简整理小组,北京:
文物出版社,1997,33 页。另见 *The Analects of Confucius*,trans. Arthur Waley
(New York: Random House, 1989),p. 126;王葆玹:《今古文经学新论》,6~7 页。

② 许多现代学者都曾表达过同样的质疑。参见徐复观:《中国经学史的基础》,
见《徐复观论经学史两种》,73 页;王葆玹:《今古文经学新论》,10~11 页。

③ "田何传东武人王同子仲,子仲传菑川人杨何。"《史记》卷一百二十一《儒林
列传》,3127 页。有趣的是,虽然司马迁在《儒林列传》中并未记载商瞿至田何之间
《易经》传承人的名姓,但在《史记·仲尼弟子列传》中交代了这些人的身份,这也是
该章唯一讨论儒学经典传承之处。但这一段话的真伪现仍存疑,无论是文风还是记
述都与《仲尼弟子列传》的其他部分不同。这一段过于接近《汉书》记载,王葆玹疑为
后人篡入。见《史记》卷六十七《仲尼弟子列传》,2211 页;王葆玹:《今古文经学新
论》,10~11 页。

与门徒都是谁。（见表 2.1）

从孔子的时代一直到汉武帝，中间跨越了四百余年。根据司马迁的记述，《易经》的传承绵延九代。这就意味着师徒之间的平均年龄差距超过了 45 岁。根据我们已知的前现代人的预期寿命，这种可能性是比较小的。①

类似的模式也见于其他经书的传承过程中。司马迁称 90 岁依然活跃的伏生在齐鲁传授《尚书》，因而当地的学者都对这部著作很熟悉。然而在西汉朝最初的 120 年间，只有三代治《尚书》的学者，共 6 个人被《史记》记录在册。这就是说师徒之间的年龄差距在 40 岁左右。他们的身份归属同样存在问题。在这 6 人中，《史记》仅列出了两个人的全名。《史记》还提到了武帝一朝其他三位治《尚书》的学者，但没有详细说明他们和伏生之间的关系。

至于五经之一的《礼》，司马迁确认了西汉前 120 年间的两代治《礼》的学者，除了他们的姓名和官职，却没有提供多少细节。②《春秋》方面，除了相关学派的创始人外，有两代学者共 7 位被记录在册。他们中有一人，即赫赫有名的董仲舒，被认定为《公羊》学派的学者，还有一人，即瑕丘江生，被认定为《穀梁》学派的学者。③

---

①　清代学者崔适指出师徒之间年龄差异过大的问题。见崔适：《史记探源》，北京：中华书局，1986，217 页。另参见王葆玹：《今古文经学新论》，461 页。

②　已有学者指出，东汉之前的儒生并非一定是古典典籍方面的学者，而可能专长于传承古代礼仪。但此处司马迁谈的是《礼经》，所以他心中想的一定是古代典籍。见 Martin Kern, "Ritual, Text, and the Formation of the Canon: Historical Transitions of Wen in Early Modern China," *T'oung Pao* 87, no. 1-3 (2001): pp. 43-91。Michael Nylan, *Five "Confucian" Classics*, p. 32; "Toward an Archaeology of Writing," 3. esp. pp. 7-29.《史记》卷一百二十一《儒林列传》，3126 页。

③　戴梅可认为，在司马迁与班固笔下的《儒林列传》记述的都是重要性不足以专门为之立传的儒生。然而，这两章的作用远不止于此。我们已经看到，这两部《儒林列传》勾勒出汉代错综复杂的儒学师徒传承关系网，这关系网中包括了在《史记》与《汉书》中已有单独传记的杰出儒生。见 Nylan, "Toward an Archaeology of Writing," p. 16。

汉代学者对《诗》的研习相对来说就比较繁荣了。3 位治《诗》的大师据说吸引了数量可观的弟子从学，他们的人数比所有治其他经书的学者加起来还要多。司马迁称申生的弟子官至大夫、郎中和掌故等低级官员的有百余人。他还明确指出有 7 位申生的弟子在武帝朝担任过中层官员。然而，司马迁并未告知我们辕固弟子的名字，只是记载了韩生的两位弟子的名字。他说，诸齐人以《诗》显贵者都是辕固的弟子，而燕赵一带讲《诗》的人都从韩生之说。①

但是仔细考究起来，《诗经》研习的繁荣之下也面临传承断代的问题。从西汉开国之君到第五代帝王，其间经历了漫长的历史时期，而司马迁却只能列出两代治《诗》学者的名字。根据司马迁的记载，西汉初年的儒生，比如治《尚书》的伏生，都出奇地高寿，在两千多年前的汉帝国活到了 80 或 90 岁。这仅仅是巧合还是为了让经典传承的记叙显得连贯而编造出来的年龄神话？② 这是一个让人产生怀疑的现象，因为从高祖至武帝，中间相隔 120 年，而五经中没有任何一经的传承谱系产生超过三代的学者，这意味着师徒之间的平均年龄差距达到了 40 到 60 岁。（见表 2.1）

仔细审视司马迁编纂的五经传承谱系，我们发现了许多让人生疑的问题。而西汉前半期治五经学者们的政治生涯也不甚明朗。这些学术传承谱系下的弟子只有少数升到了官僚集团的高位——在我们讨论的这 120 年历史时期内，仅有三人位列九卿，两人官至三公。③

西汉前半期五经传承谱系支离破碎，也许是因为此时儒生师徒关系以及弟子之间的关系还没有变得如后世那般重要。有记载说叔孙通的弟

① 除了司马迁记载的这三位大师外，在汉朝初年当然还有其他传授并系统阐释《诗经》的学者。20 世纪 70 年代马王堆汉墓出土的文献使我们得以一窥那些久已失落的学派。见 Jeffrey Riegel, "Eros, Introversion, and the Beginning of Shijing Commentary," *Harvard Journal of Asiatic Studies*, 57, no. 1 (1997): pp. 143-147。

② 据载申公一直活到八十多岁，而辕固与伏生比他又多活了大概十年。见《史记》卷一百二十一《儒林列传》，3121～3124 页。

③ 前者有叔孙通、王臧、赵绾，后者有公孙弘与兒宽。

子们因为其老师的政治成就得到了优待，成为官员的热门候选，不过他们的名字和生平都未有记载。据说王臧和赵绾向汉武帝推荐了他们的老师申生。但很少有证据显示，此时的儒生在官场通力合作，互相提携。相反，从大体上讲，儒生官员关系中最突出的特征就是激烈的内斗。如第二章所谈到，公孙弘、主父偃和朱买臣都是治《春秋》的学者。公孙弘不但没有扶持自己的儒生同僚，反倒建议武帝诛杀主父偃，因为主父偃曾经指使朱买臣反对过他的奏议。据说，虽然公孙弘在《春秋》上的学识比不过董仲舒，但这却并未妨碍他爬上更高的官位。公孙弘使尽手段排挤董仲舒，而董仲舒则指责他这位儒生同僚"从谀"。①

修补残缺的历史

司马迁列出的五经的学术谱系不断被后世的学者修正。这项事业可以追溯到班固的《汉书》，一直持续了几个世纪。

随着时间的流逝，许多之前信息模糊的人物，特别是那些开宗立派的学者的姓名生平，逐渐被补充进来。司马迁的著作问世150年之后，班固在编《汉书》时有了如下记载：治《诗经》的韩生名婴；齐地的《公羊》学大师胡毋生字子都；将伏生的《尚书》注解传诸后世的欧阳生字何伯，而且据说是千乘地区人氏。《史记·儒林列传》中这些人都只有一个姓氏，在《汉书·儒林传》里他们的名或字都出现了。②

班固的《汉书》并非是唯一一部补充这些身世成谜的学者背景信息的著作。在我们熟知的经学历史中，治《尚书》的伏生被认为其名为胜，字

---

① 《史记》卷一百一十二《平津侯主父列传》，2950页；卷一百二十一《儒林列传》，3128页；卷一百一十二《平津侯主父列传》，2961～2962页；卷二十八《封禅书》，1397页。有关儒生官员之间的恩怨，见第二章。

② 通常认为《韩诗》为韩婴编纂。见 James Robert Hightower，"The'Han-shih wai-chuan'and the'San chia shih,'"*Harvard Journal of Asiatic Studies* 11，no. 3/4 (December 1948)：pp. 241-310；Xinzhong Yao, ed.，*RoutledgeCurzon Encyclopedia of Confucianism* (London and New York：RoutledgeCurzon，2003)，1，p. 247.

子贱，尽管早期的史料，即《史记》或《汉书》中并未提供这些信息。① 清初的学者余萧客(活跃于 18 世纪)援引陆德明(公元 556—627 年)的《经典释文》一书，表示"伏生"被当作"伏胜"属于不同时期的史料合并的结果。余氏并未提供这种联系最早的史料来源，因而受到了《四库全书》编纂者们的批评。他们指出，伏生的名字在唐以前早有记录。东晋学者伏滔(公元 317—396)就曾宣称其远祖就是治《尚书》的伏生，其名为胜。②

批评余氏的这些学者属于当时的主流：考据学派。可他们的论述犯下了跟余氏一样的错误。因为相关的史料合并最早出现在《后汉书》中。王莽时代入仕并最后爬上东汉朝官僚集团高位的儒生官员伏湛称其九世祖名胜，字子贱，并将此伏胜等同于据说在西汉教授《尚书》的伏生。③尽管没有证据完全否定伏湛此说，但他这番追溯极有可能是有意的编造。伏湛家乡在琅邪东武，而据载治《尚书》的伏生是济南人氏。没有宗谱可以证实伏湛和伏生之间的血缘关系。而且，伏湛之父为研究《诗经》学者的伏理，班固甚为熟悉，但班固却从未将伏理的祖先追溯到汉代治《尚书》的鼻祖伏生那里。在汉代，攀附历史上的同姓名人为自己的祖先也是比较普遍的做法。将大名鼎鼎的伏生认作先祖，再给他编一个名字，这样不仅可以给家族增光添彩，同时还能让本来散乱不堪的儒学早期历史变得清晰有条理。伏湛的说法为后世史书采信为史实。张晏——一位为《汉书》作过注的不知名学者——提到伏生一定名胜，因为《伏生碑》是这么说的。④

---

① 关于将伏生确认为伏胜的例子，见 Edward L. Shaughnessy, "Shang shu 尚书(Shu ching 書經)," in *Early Chinese Texts*, p. 381；Michael Nylan, "The 'Chin Wen/Ku Wen' Controversy in Han Times," *T'oung pao* 80, no. 1-3 (1994)：p. 83。

② 余萧客：《文选音义八卷》，见《四库全书存目丛书·集部》二八八，济南：齐鲁书社，1997，224～327 页。

③ 《后汉书》卷二十六《伏侯宋蔡冯赵牟韦列传》，北京：中华书局，1965，893 页。徐复观在论及汉代《书经》传承时曾提及伏湛的说法。见徐复观：《中国经学史的基础》，见《徐复观论经学史两种》，85 页。

④ 《史记》张晏注释说是《伏氏碑》，《汉书》提到是《伏生碑》。见《史记》卷一百二十一《儒林列传》，3125 页。《汉书》卷八十八《儒林传》，3603 页。

不仅这些本来信息模糊的人物有了名字和出生地，还有不少绘声绘色的掌故逸闻也逐渐增添在他们身上。《史记》只是列出了韩生与胡毋生的故乡、官衔、弟子及其著作。但在 150 年后，班固却记载了一场韩生与董仲舒之间在朝廷的辩论，还提到韩生其人精悍，处事分明，董仲舒无法驳倒其见解。① 同样，《汉书》还记载胡毋生"与董仲舒同业，仲舒著书称其德"②。

有关瑕丘江生的故事同样生动。《史记》中只有一句话提及瑕丘江生，说其治《穀梁春秋》。公孙弘在位时，曾比较江生的《穀梁》学与董仲舒的《公羊》学，最后采纳了后者。③ 而在《汉书》中，这几句话的记载拓展为了一篇生动的故事：董仲舒长于论证，善于撰写文章，而江生则口讷不能言，所以在廷辩中处于下风。而这时候身为丞相的公孙弘同样治《公羊》学。面对两位廷辩人和他们截然不同论辩风格，皇帝在对比后决定采纳董氏的学说。

尽管韩生、胡毋生以及江生有各自的治学领域，但《汉书》全把他们和一个人联系在了一起：在《史记》中记载详细的著名儒生董仲舒。在编著原本信息模糊的学者的生平故事时提及名人可能会增加其可信度与趣味性。

除了新添加的背景信息与生平逸事之外，这些经学大师们的学术谱系通常会被追溯至某些著名学者的门徒那里，因而他们的学术渊源也就

---

① "武帝时，婴尝与董仲舒论于上前，其人精悍，处事分明，仲舒不能难也。"《汉书》卷八十八《儒林传》，3613 页。平井正士于 20 世纪 50 年代以及左飞与在 21 世纪初都曾指出董仲舒在政坛弘扬儒学的作用有限。福井重雅从平井正士之说，提出班固受西汉末年两位董氏的狂热信徒刘向与刘歆的影响过深，夸大了董氏对于儒学复兴的贡献。见平井正士：《董仲舒の賢良対策の年次に就くて》，载《史潮》，11 卷 2 期，1941，79～116 页。福井重雅：《董仲舒の対策の基礎の研究》，载《史学雑誌》106 卷，1997，157～204 页。Nicolas Zufferey, *To the Origins*, pp. 246-314.

② 《汉书》卷八十八《儒林传》，3615 页。

③ 《史记》中有关江生的记载并不完全一致。这一点笔者将在后文详述。参见《史记》卷一百二十一《儒林列传》，3129 页。

清晰起来了。在《史记》中,《易经》之学的谱系上溯到了孔子,但其他经学大师们的教育背景全都模糊不清。这种缺憾——就像这些开宗立派者们的身世谜团一样,在后世的历史记述中得到了弥补。

申公是汉代第一位传授鲁《诗经》的大师。据说他曾在鲁地求学,后又游学于长安。但《史记》中没有再给出这位学者的其他个人信息。而这些缺失的信息出现在了《汉书》中:班固确认其师为荀子门徒浮丘伯。和李斯、韩非这样的荀门显赫弟子相比,浮丘伯可算是默默无闻。他的名字在汉代文献中有很多异文,有时写作浮丘,有时作鲍丘。但在汉之前与汉朝的典籍中,"浮"字与"鲍"字读音与字形相近,是可以互换的。学者们一般认为,浮丘与鲍丘应为同一人。陆贾的《新语》(成书于公元前2世纪左右)将鲍丘与李斯做了对比。这是最早提到该姓名的文献。成书于大约公元前1世纪中期的《盐铁论》是最早将包丘子(浮丘的另外一种异文)直接认定为荀子之徒的文献。生活在西汉末年的刘向又在自己的著述中重复了这种论断。① 因此到了班固的时代,浮丘伯受业于荀子这件事也就名正言顺地成了大家普遍接受的"事实"。跟司马迁的记载相比,通过将申公之学与战国时代的硕儒弟子联系在一起,班固的记述赋予了鲁《诗经》更加显赫的开端。尽管将申公记述为荀子的再传弟子出现在申公去世几乎两个世纪后,此时距离《史记》首次将申公记录在册也已经过去了一个半世纪,这种说法却成了后来学术史的普遍认识。②

《穀梁》学的起源同样在《汉书》中得到了润饰。在《史记》中,瑕丘江

---

① 《说苑》提到有名鲍白令之者曾在秦始皇面前谈论禅让。蒙文通认为此人便是浮丘伯,但并未提供任何证据。见陆贾:《新语校注》,王利器校注,北京:中华书局,1986,113 页;桓宽:《盐铁论校注》,229 页;刘向:《说苑校证》,向宗鲁校,北京:中华书局,1987,347 页;John Knoblock, *Xunzi: A Translation and Study of the Complete Works* (Stanford, CA: Stanford University Press, 1994), 3, p. 272;蒙文通:《浮丘伯》,见《中国哲学思想探原》,台北:台湾古籍出版有限公司,1997,166~167、195 页。

② 相关例子可参见 Knoblock, *Xunzi*, 1, p. 38;Hightower, "'Han-shih wai-chuan,'"p. 268。

生被记述为《穀梁》学的唯一代表，而班固在《汉书》中却记述了瑕丘江生还有一位老师：鲁诗经一派的创始人申公。《汉书》中说，申公既教授《诗经》，也教授《春秋》。而司马迁只提到了申公的专长为《诗经》。前述已提到，根据《汉书》的记载，申公是浮丘伯的门徒，而后者又是荀子弟子。如此一来，《史记》中未提及其起源的《穀梁》学可以上溯到战国著名的思想家，其历史也因而变得显赫。

当班固将新的师徒关系学术渊源添进司马迁的老版本中去的时候，他依据的是什么史料呢？现在已无从得知。申公据说出身鲁地，他或他同时代的人可能是根据这一点重建了汉代经学的起源。既然《穀梁》学源自鲁，而申公又被司马迁认定为鲁人，这些支离破碎的信息恰好能完美地拼在一起。这种相同的地理联系有可能促使班固在探究《穀梁》学起源时将江生和申公联系在一起，把江生记载成申公的门徒，而申公又被认为是荀子弟子浮丘伯的门生。虽然我们找不到多少支撑这种较晚才出现的说法的史料证据，然而通过两个人物——申公和浮丘伯，将《穀梁春秋》的历史追溯到荀子却成为后世经学历史中的主流观点。①

对历史的修改并未止步于班固。东汉学者们又将公羊学追溯到了孔门高徒子夏那里。在《史记》中，司马迁只将董仲舒与《公羊春秋》联系在一起，而在《汉书》中，公羊学的人员名单扩大了：司马迁只提到公孙弘与其师胡毋生是治《春秋》的学者，在《汉书》中两者都被记述为公羊学派的学者。然而，后世学者对班固补充的信息仍不近满意，他们为自己的学术之根源构建的学术话语更为宏大。唐代的学者徐彦（活跃于 9 世纪）引东汉戴宏《春秋序》中的说法，认为子夏将《公羊》学传于公羊高，后者又传其子。公羊家族的这种学术传承持续了六代。最后由公羊寿将其学传给了胡毋生。《春秋序》还说，直到汉景帝在位时（公元前 157—前 141 年）《春秋公羊传》才被著于竹帛，暗示学者们特意选择口口相传，而口口相传让公羊学在秦朝的政治压迫下得以流传。徐彦称，孔子预知秦朝的

① 相关例子可参见 Knoblock，*Xunzi*，1，p. 38。

第一位皇帝残忍无道，必将在250年后焚毁典籍，故将《春秋》之说口授子夏。①

很难相信，一部详细涵盖了三百年历史的史书仅凭口授就能被保存好几个世纪。事实上，有证据显示《公羊》学的文本在战国末年便已出现。所谓孔子先知先觉口传公羊学的故事似乎显得粗糙而让人怀疑其真实性。然而唐代的徐彦并非最后一位将孔子描述成先知先觉的人。② 即使我们怀疑这种学术渊源的可靠性，我们仍然可以追问，为何学者们要试图将《公羊》学和子夏联系在一起呢？《韩非子》提供了一些线索。在该书中，子夏被描写成一位精通《春秋》的学者。③ 公羊学的对手《穀梁》学派仅仅将自己的学术渊源追溯到荀子的弟子。将自己的学术传统和一位孔子的著名门生联系在一起会使公羊学派的追随者们产生出优越感。

班固一面忙着重新修订各个学派的创始人的学术渊源，一面又为《史记·儒林列传》中记载的儒生们增加了更多的学术谱系与门徒。而班固所新增加的儒生中的大部分人都是与司马迁同时代的人。最能说明问题的例子是对《毛诗》的记述。按照现代学术史，河间献王以扶持治《诗》的毛公而出名。然而在最早的史料《史记》中，司马迁尽管专门有一单独章节记述河间献王生平事迹，但既未提到毛公，也没有言及《毛诗》，更不要说这一学派的其他学者了。我们现在已知的首部提到这一学派的著作是《汉书》。它勾勒了从毛公直至西汉末年《毛诗》学派学者的学术传承史。以班固提供的基本信息为基础，随着时间的流逝，更多的故事被添加进

---

① 汉代之前《公羊》派学者选择口授传承其学的故事最早可以追溯到何休(公元前129—前182)的《公羊传》注。参见《春秋公羊传注疏》，何休注，徐彦疏，见《十三经注疏》上册，北京：中华书局，1980，2189、2204页。汉代学者谴责秦始皇焚书坑儒，何休和戴宏显然指的是这次事件。已有现代学者质疑此事。见 Petersen Jens Ostergard，"Which Books Did the First Emperor of Ch'in Burn? On the Meaning of 'Pai Chia' in Early Chinese Sources，"*Monumenta Serica* 43 (1995)：pp. 1-52.

② 现代学者经常引用此说。例如 Anne Cheng，"Ch'un ch'iu 春秋，Kung yang 公羊，Ku liang 穀梁，and Tso chuan 左传，" in *Early Chinese Texts*，p. 68.

③ 王先慎：《韩非子集解》，北京：中华书局，1998，309页。

了《毛诗》学的历史叙述中。这一学派的创始人，班固笔下的毛公，在其首次见于史料记载一个世纪之后，终于有了自己的名字。陆玑（公元261—303）将其认定为毛亨，而《后汉书》载其名为毛长（或苌）。① 后世记载中，毛公的官位越来越高。《汉书》中的毛公为河间献王延请的博士。而在五百年后，《隋书》中的毛公已经变成了河间太守。不仅如此，时间愈往后，毛公的学术渊源也愈加清晰。班固尚未言及毛公的学识从何而来，而一个世纪之后，郑玄称这一派师承子夏，而众所周知子夏曾因其文学成就而受到孔子的赞誉。② 又是一百多年过去，更加详细的从子夏到毛公的学术传承谱系出现了。陆玑提供了详细的名单，将这一学派的创始人到毛公之间的传承者一一列出。名单始于孔子、子夏，中间包括曾参（孔子著名的门徒曾子之子），战国时代的思想家、政治家李克，孟子的门徒孟仲子，还有荀子。③ 每一代人中最闪亮的思想明星成了毛诗的传承者。面对如此群星璀璨的学术谱系，读者不禁产生疑问：为什么生活在毛公同时代的司马迁能会对此缄口不语呢？笔者将在本章后文中对此进行探讨。

当我们把注意力从毛诗转向《易》的传承时，我们可以发现班固对司马迁的叙述做了同样的增添。从孔子弟子商瞿至汉儒田何历经四代，司马迁从未说过，究竟是谁在此期间传承着孔子《易》学。显然，班固发现了这些缺失的环节，于是补上了那些学者的姓名。这些新增补的人我们除了姓名外对他们一无所知，他们的出现仿佛也没有更多的史料价值。但是当班固提供了一个清晰明确又毫无中断的学术谱系时，西汉的《易》学就更显得体面光鲜了。

---

① 清代学者指出，在《后汉书》的较早版本中，这位经学大师名为"长"而非"苌"；晚出的版本与《隋书》一样都写作"苌"。见《后汉书》卷七十九《儒林列传》，2569 页。

② 郑玄：《毛诗谱》，见黄奭：《黄氏逸书考》卷二六一，台北：艺文印书馆，1972，238 页。

③ 陆玑：《毛诗草木鸟兽虫鱼疏校正》，丁晏辑，见《续修四库全书》卷七一，上海：上海古籍出版社，1996，457～458 页。

　　此外，在《史记》中，西汉《易》学的始祖田何只有王同这一位门徒。而在班固撰写《汉书》时，田何的门徒已经增加到了五人：王同、周王孙、服生、项生、丁宽。尽管班固没有写下服生与项生的全名，但一位关键的人物——丁宽——出现在田何的门徒中。此人被确认为田王孙的老师，而后者的门徒在西汉王朝最后九十年间创立了的三个重要《易》学学派：施氏之学、孟氏之学与梁丘之学。

　　在班固的记述中，西汉最初的120年间出现的其他学术派别同样获得了更多的门徒。譬如，夏侯都尉被加入了治《书》的学者群。尽管我们对此人知之甚少，但是在西汉学术史上他却是一位上承伏生之学下启夏侯学派的重要人物。班固还特意提到欧阳生授兒宽，兒宽授欧阳之子，而这一细节在司马迁的兒氏详传中并未提及。这层师承关系也非常关键，因为如此一来就可以将西汉后半期的欧阳之学追溯到汉初。

　　一位叫孟卿的学者以萧奋之徒的身份在《礼》学传承的历史中首次出现；嬴公，一位来自东平的学者，以董仲舒弟子的身份现身《春秋》研究学者中。尽管在《史记》中，瑕丘江生并无门徒，在《汉书》中四人被列为瑕丘江生的门徒。在治《诗》领域，春秋《穀梁》学派的创始人瑕丘江生同时被认定为传承《诗》的学者，并被补入申公门下，而夏侯始昌成了辕固弟子，赵子成了韩婴门徒。

　　这些新添加的门徒们都有一个共同的特征：尽管他们本人默默无闻，但他们每人都和某个在西汉后半期崛起的重要经典阐释学派有联系。正是这些新添加的门徒将西汉后期繁荣的经学研究与司马迁记载的西汉前120年的经学传承谱系联系起来。仅仅从表面上来看，班固所做的补充表明，与司马迁相比，他的知识更加渊博，对司马迁同时代的学术传承有着更清楚的掌握，尽管班固生活的年代与司马迁的时代相隔了将近150年。更有趣的是，《史记》中提到的那些生活在汉武帝时代的经学家们并未培养出任何重要的门徒。与此形成强烈的对比的是，那些班固在《汉书》中新补进学术族谱中的西汉学者们却培养出了不少承前启后的学者，班固虽然对他们知之甚少，很多时候只是记载了他们的姓名和学术传承，但是他们的门徒却直接决定了西汉后半期学术界的走向。要理解这一点，我们需要对西汉晚期出现的解经学派做一番评估。

解经学派的出现与激增①

　　班固不仅修补了西汉前120年支离破碎的五经传承谱系，还记载了昭、宣、元帝时期出现的新的经学派别。这些学派盛极一时，翻天覆地地改变了五经学者群体的面貌。让我们先把注意的焦点放在《易经》上。在这一阶段，有六家《易经》学派崛起，其中四派被朝廷奉为官学。② 特别引人注目的是分别由施雠、孟喜和梁丘贺创立的三家。在我们考察的这90年间（从昭帝直至西汉覆亡），施氏一派三代学者中出了七位显赫的门徒，其中有曾任丞相的张禹，还有位列九卿的彭宣和崇子平。孟氏一派四代学者共计八位门徒。而梁丘氏一派六位学者横跨了三代人，其中包括任九卿的梁丘贺、王骏以及五鹿充宗。这些学派的蓬勃发展也促成了许多分支派系出现。施氏《易》学产生了两个分支，孟氏与梁丘氏之学各有三个分支。各学派弟子数量增加，他们的学说被列为官学，学者频繁取得官僚系统的高层职位，这些现象都表明西汉后半期可以被视作五

---

　　① 此处的"解经学派"（Interpretive schools）对应的是"韦氏学""颜之学"之类用语中的"学"字。在本节中我们可以看到，这些"学"都是发展成熟的学者团体，不仅有著书立说的学派创始人，而且其学术传承也历经了三代以上。显然，在这个意义上，这些解经学派与"道家""法家"之类的术语是不同的。后者是汉代的历史学家（如司马谈和班固）通过总结历史构建出来的术语。已有学者认为"道家""法家"这些名称中的"家"不应被英译为"schools"而宜译为"experts"或"lines of filiations"。见 Mark Csikszentmihalyi and Michael Nylan，"Constructing Lineages and Inventing Traditions through Exemplary Figures in Early China，"*T'oung Pao* 1-3，no. 89（2003）：pp. 59-99. Kidder Smith，"Sima Tan and the Invention of Daoism，'Legalism，''Et Cetera，'"*The Journal of Asian Studies* 62，no. 1（2003）：pp. 129-156. Sarah Queen，"Inventories of the Past：Rethinking the 'School' Affiliation of the Huainanzi，"*Asia Major* 14（2001）：pp. 51-72.

　　② 官方认可的《易》学派为施、孟、梁丘和京房四大家。未得到官方承认的是费氏《易》学与高氏《易》学两家。见《汉书》卷八十八《儒林传》，3597～3602、3621页。

经学说繁荣的第一个黄金年代。(见表 3.1)

《易》学的这种迅速发展同样可以在其他经典的学者群中看到。与司马迁笔下那些默默无闻的儒生形成强烈反差的是,在这一历史时期,不少学者纷纷开宗立派,影响深远。治《尚书》的学者中,博士欧阳高开创了欧阳派,被封为关内侯的夏侯胜开创大夏侯学派,太子太傅夏侯建开创了小夏侯学派。精通《鲁诗》的丞相韦贤创立韦学学派,丞相匡衡致力于《齐诗》解读,创立匡学学派。《春秋》方面,位列九卿的严彭祖为将《公羊》学发扬光大,创立了严氏学派。①

与上述学派同时涌现的还有其他由名儒同门或其弟子建立的学派。曾任九卿的梁丘贺的同门孟喜创孟氏《易》学派;担任九卿的后仓(活跃于公元前 70 年)的两位门徒戴德与戴圣创立了治《礼》的两大重要流派。《诗经》研究领域,丞相蔡义的弟子食子公与王吉创王、食之学。

西汉王朝后半期内学者不断涌现,各派门徒纷纷创立学术支派,由此可证五经传承在此时的繁盛。虽然在汉初的 120 年间能够确认的治《书》的学者只有三代寥寥八人,但在西汉的后 90 年间治《书》欧阳派一家就产生了三代门徒,分出了两条支脉,小夏侯学派产生了三代学者五家支派,而大夏侯学派更是跨越了四代学人。将这三家学派的师徒人数相加,共有 31 人,几乎四倍于西汉前半段期内可以确认的治《书》的学者数。(见表 3.2)

相似的人数反差也见于治《春秋》的学者群。在西汉前 120 年,相关领域仅仅有两代学者共 9 人载于史册。与之形成对照的是,在西汉后 90 年间可以确认的相关学者跨越四代人,共有 18 位之众。公羊学出现两家学派还有若干支派。治《穀梁》的学者数目从 1 人增至 11 人,开创出四家支派。(见表 3.3)

---

① 《汉书》卷八十八《儒林传》,3604~3606 页。

表 3.1　《汉书》载治《易经》学者群

		京房（齐郡太守）	丁宽	丁宽	梁丘贺
孔子 1. 商瞿子木 2. 桥庇子庸 3. 馯臂子弓 4. 周丑子家 5. 孙虞子乘 6.	田何	王同 周王孙 项生 服生	杨（太中大夫）	施雠（博士）	张禹（丞相）| 彭宣（大司空）[a] 崇平（九卿之一）
					鲁伯（会稽太守）	毛莫如（常山太守） 阴丹
		丁宽 （梁孝王将军）	田王孙 （博士）	梁丘贺（少府）[b]	梁丘临（少府）	王骏（御史大夫） 士孙张（博士、扬州牧） 邓彭祖（真定王太傅） 衡咸（新莽：讲学大夫）[c]
					五鹿充宗（少府）	
				孟喜（丞相掾）	白光（博士） 翟牧（博士）[d]	
					焦延寿	
					京房[e]	殷嘉（博士） 姚平（博士） 乘弘（博士）
？	？	费直（单父令）			王横	
丁宽？		高相			（高相之子）高康（新莽：郎吏） 毋将永（豫章都尉）	

a. 《汉书》言："施家有张、彭之学。"《汉书》卷八十八《儒林传》，3598 页。
b. 《汉书》言："有施、孟、梁丘之学。"《汉书》卷八十八《儒林传》，3598 页。
c. 《汉书》言："梁丘有士孙、邓、衡之学。"《汉书》卷八十八《儒林传》，3601 页。
d. 《汉书》言："有翟、孟、白之学。"《汉书》卷八十八《儒林传》，3599 页。
e. 《汉书》言："有京氏学。"《汉书》卷八十八《儒林传》，3602 页。

表 3.2　《汉书》载治《尚书》学者群

伏生	伏生孙						
	朝(晁)错						
	欧阳生	儿宽(御史大夫)	简卿				
		欧阳生生子	(欧阳生曾孙)欧阳高(博士)	(欧阳高之孙)欧阳地余(元帝：少府)	(欧阳地余幼子)欧阳政(新莽：讲学大夫)[a]		
				林尊(少府)	平当(丞相)	朱普(博士)	
					陈翁生(信都太傅)[b]	鲍宣(司隶校尉)	
						殷崇(博士)	
						龚胜(右扶风)	
	张生	夏侯都尉	(夏侯家族后代)夏侯始昌	夏侯胜(长信少府)	周堪(光禄勋)		
					孔霸(博士)[e]	(孔霸之子)孔光(丞相)	
					许商(九卿之一)		
				夏侯胜			
				夏侯建 夏侯建(太子太傅)[c]	张山拊(博士；少府)	郑宽中(博士；成帝：关内侯)	赵玄(哀帝：御史大夫)
					牟卿(博士)	张无故(广陵王太傅)	唐尊(新莽：太傅)
						秦恭(城阳内史)	冯宾(博士)
						假仓(胶东内史)[d]	孔光
						李寻(骑都尉)	唐林(新莽：九卿之一)
							吴章(新莽：博士)
							王吉(新莽：九卿之一)
							炔钦(新莽：博士)

a. 《汉书》言："由是《尚书》世有欧阳氏学。"《汉书》卷八十八《儒林传》，3604页。

b. 《汉书》言："由是欧阳有平、陈之学。"《汉书》卷八十八《儒林传》，3604页。

c. 《汉书》言："由是《尚书》有大小夏侯之学。"《汉书》卷八十八《儒林传》，3604页。

d. 《汉书》言："由是小夏侯有郑、张、秦、假、李氏之学。"《汉书》卷八十八《儒林传》，3606页。

e. 《汉书》言："由是大夏侯有孔、许之学。"《汉书》卷八十八《儒林传》，3604页。

表 3.3　《汉书》载治《春秋》学者群

第一世	第二世	第三世	第四世	堂黎惠	冥都
胡毋生（博士）					
董仲舒（江都相）	公孙弘（丞相）				
	褚大（梁相）				
	吕步舒（丞相长史）	段仲		筦路（御史中丞）	孙宝（公元前 11 年，大司农）
	嬴公（谏大夫）	孟卿（符节令）	贡禹（御史大夫）	王中（元帝：少府）[a]	公孙文（东平王太傅）
			疏广（太子太傅）	泠丰（淄川太守）	东门云（荆州刺史）
			严彭祖（博士、左冯翊）		马宫（公元前 5 年：丞相）
		眭孟	（眭孟外甥）颜安乐（齐郡太守丞）[b]		左咸（公元前 6 年，大鸿胪）
					任公（少府）[c]
					冥都（丞相史）
					筦路[d]
				胡常	萧秉（新莽：讲学大夫）
鲁申公	瑕丘江公	江公之子	江公孙（宣帝：博士）	刘向（宗正）	
		荣广	蔡千秋（宣帝：郎中户将）	尹更始（谏大夫）	(尹更始之子)尹咸（大司农）
			周庆（博士）		翟方进（丞相）
			丁姓（博士、中山王太傅）		房凤（九江太守）[c]
		皓星公	蔡千秋	申章昌（博士、长沙王太傅）	

续表

张苍（北平侯）	贾谊（梁王太傅）	贾嘉之子 贾长卿（荡阴令）	张禹（御史）		
		贾公（河间献王：博士）	尹更始之子 尹咸（大司农）	翟方进（丞相）	刘歆（新莽：国师）
				胡常	贾护（哀帝；新莽：郎）[f]
					陈钦（新莽：将军）
			尹更始（谏大夫）		
			张敞（京兆尹）		
			刘公子（太中大夫）		

a. 《汉书·儒林传》言王中为少府。但记录九卿之类重要官员的《汉书·百官公卿表》中无法找到相关记载。因此，此处的"少府"可能并非指掌管私府的官员，而是"长信少府"之类官职的简称。见《汉书》卷八十八《儒林传》，3616页。

b. 《汉书》言："由是《公羊春秋》有严、颜之学。"《汉书》卷八十八《儒林传》，3616页。

c. 《汉书》言："由是颜家有泠、任公之学。"《汉书》卷八十八《儒林传》，3617页。此处记载中的任公同样任少府，但并不见于《汉书·百官公卿表》和其他史料。故此处的"少府"很可能是某些官职的简称。见《汉书》卷八十八《儒林传》，3617页。

d. 《汉书》言："颜氏复有筦、冥之学。"《汉书》卷八十八《儒林传》，3617页。

e. 《汉书》言："《榖梁春秋》有尹、胡、申章、房氏之学。"《汉书》卷八十八《儒林传》，3620页。

f. 《汉书》言："由是言《左氏》者本之贾护、刘歆。"《汉书》卷八十八《儒林传》，3620页。

治《诗》与《礼》的学派同样得到了发展。在昭帝之前，治这两部经典的学者群都没有产生出超过两代的学者，也没有创立任何一家解经学派。而在西汉后90年，鲁诗学产生了三代学人四家派别；而治齐诗的学者则历经四代，创立了四派解经传统；韩诗学者也历经四代，分为三派。治《礼》的学者跨越了四代人，涌现出三派解经传统，这三派之下又创立了若干支派。（见表3.4与表3.5）

与五经学派的繁盛与学术谱系的扩展相对应，这一时期内的儒生成功地进入了官僚系统的高层充任三公九卿。90年间，五经学派中的知名学者任丞相者9人，任大司马者2人，位列九卿者23人。[①] 这一时期内儒生出任高官显宦者数量之多恰与西汉前120年间的情况形成强烈反差。

另一种衡量这种变化的指标是新出现的五经学派产出的著作数量。在《汉书·艺文志》中，班固在刘向与刘歆研究的基础上列出了西汉及之前所有当时可以看到的重要著作名单。《易》学研究分成了13家，共计294篇。写于昭帝即位前的《易学》著作只占了7家，统共只有20篇，占著作篇章总数的7%。虽然施氏、孟氏、梁丘氏三派仅占了3家，却共计114篇，占《易》学著作篇章总数的40%。[②]

同样在《汉书·艺文志》中，研究《尚书》的著作分为9家，共412篇。其中没有任何一部著作是由活跃于昭帝统治之前的儒生撰写的。七部著作出自欧阳学派，两部出自大小夏侯学派，还有一部是记录宣帝时儒生会议的《议奏》。（汉宣帝时于石渠阁大集儒生讨论经旨异同。参与讨论者有林尊、欧阳地余等。——译者注）从卷数上看，作者无法确定的著作占30%，而完成于汉武帝之后的《尚书》著作占了总卷数的70%。大多数《汉书·艺文志》列在"春秋"名目下的著作或撰写于汉朝建立之前，或是大体上跟《春秋》并无关系的史学著作。汉朝学者研究《春秋》的著作大部

---

① 西汉王朝最后90年期间的显赫儒生官员数量超过了此处提供的数据，因为一些儒生官员并不属于任何一个解经学派。

② 《汉书》卷三十《艺文志》，1703～1704页。

表3.4 《汉书》载治《诗经》学者群

齐《诗》学派	鲁《诗》学派						
浮丘伯	申公（大中大夫）	瑕丘江公	徐公	鲁许生	韦贤（丞相）	王式（昌邑王师）	
							楚元王：交
							楚元王子：郢
							郢子：戊
							王臧（郎中令）
							赵绾（御史大夫）
							孔安国（临淮太守）
							周霸（胶西内史）
							夏宽（城阳内史）
							砀鲁赐（东海太守）
							缪生（长沙内史）
							徐偃（胶西中尉）
							阙门无忌（胶东内史）
						王式（昌邑王师）	
						韦玄成（丞相）	
						韦赏（大司马）ª	
							游卿（谏大夫）
							王扶（泗水中尉）
							许晏（博士）ᵇ
							龚舍（泰山太守）
					张长安（博士、淮阳中尉）		
					唐长宾（博士、楚王太傅）ᶜ		
					褚少孙（博士）		
					薛广德（御史大夫）		

齐《诗》学派

辕固（景帝：博士）	夏侯始昌（昌邑王太傅）	后苍（宣帝：少府）	翼奉（谏大夫）		
			萧望之（御史大夫）		
			匡衡（丞相）	师丹（御史大夫）	
				伏理（高密王太傅）	
				满昌（詹事）	张邯
					皮容

韩《诗》学派

韩婴（景帝：常山王太傅）	贲生	（韩婴之孙）韩商（博士）	赵子		
		涿郡韩生	蔡义（丞相）	盖宽饶（司隶校尉）	
				食子公（博士）	王吉（昌邑王中尉）
					栗丰（部刺史）
					长孙顺（博士）
					张就
					发福

毛《诗》学派

毛公（河南献王：博士）	贯长卿	解延年（阿武令）	徐敖	陈侠（新莽：讲学大夫）

a. 《汉书》言："由是鲁《诗》有韦氏学。"《汉书》卷八十八《儒林传》，3609页。

b. 《汉书》言："由是张家有许氏学。"《汉书》卷八十八《儒林传》，3611页。

c. 《汉书》言："鲁《诗》有张、唐、褚氏之学。"《汉书》卷八十八《儒林传》，3610页。

d. 《汉书》言："齐《诗》有翼、匡、师、伏之学。"《汉书》卷八十八《儒林传》，3613页。

e. 《汉书》言："韩《诗》有王、食、长孙之学。"《汉书》卷八十八《儒林传》，3614页。

表 3.5 《汉书》载治《礼》学者群

鲁高堂生						
	徐生（文帝：礼官大夫）					（徐生孙）徐襄（广陵内史）
						（徐生孙）徐延（礼官大夫）
						公户满意（礼官大夫）
						桓生（礼官大夫）
						单次（礼官大夫）
		萧奋（淮阳太守）	孟卿	后苍	闻人通汉（中山中尉）	
					戴德（信都王太傅）	徐良（博士、太守）
					戴圣（博士、九江太守）	桥仁（大鸿胪）
						杨荣（琅邪太守）[a]
						夏侯敬
					庆普（东平王太傅）[b]	庆咸（豫章太守）
				闾丘卿		

a. 《汉书》言："大戴有徐氏，小戴有桥、杨氏之学。"《汉书》卷八十八《儒林传》，3615 页。

b. 《汉书》言："由是《礼》有大戴、小戴、庆氏之学。"《汉书》卷八十八《儒林传》，3615 页。

分都完成于汉武帝后的 90 年间。治《礼》的著作情况也一样。而涉及《诗经》的著作情况有些特殊，因为汉初 120 年间儒生的相关著作数量超过了西汉后半期。

总的来说，从《汉书·艺文志》来看，西汉前 120 年包括武帝统治的半个世纪的儒生几乎没有什么研究《尚书》的著作，他们研究《易》《礼》的著作也寥寥无几。这表明，此时的儒生要么并未撰写相关著作，要么就是他们的著作没有什么影响力，在汉代很快就被人遗忘了。

昭帝、宣帝与元帝三朝出现的众多经学学派在东汉继续存在，成为历经改朝换代的动荡年月仍然影响力巨大的学术传统。一位梁丘学派的学者曾在篡汉的王莽统治期间任讲学大夫。光武帝刘秀建立东汉后，恢复并大力提携施氏、孟氏与梁丘氏之学，为保存学术传统设立五经博士以纳各派名儒。光武帝还吸收这些学派中的学者到政府任职，其中一些人还获得了显赫的官位。[1]

终东汉一世，在西汉后半期崛起的经学学派一直都保持着其思想界的主流地位。不仅《后汉书》中的相关记载可以看到他们的影响，清朝学者姚振宗编纂的《后汉艺文志》一书更是印证了这一点。姚振宗汇编了当时所有可能搜集到的史料，列出了东汉时期与《易经》相关的全部著述名录。除两部外，其余均与西汉后半期出现的学派有关。[2]

东汉末年距离上述各经学学派出现已有 250 年的时间。此时汉灵帝（公元 167—189 年在位）颁旨将加了注释的五经刻于石碑之上——这就是后世熟知的《熹平石经》。梁丘学派保存的《易经》被当作石经的权威版

---

① 《后汉书》卷七十九《儒林列传》，2548～2554 页。试举几例：施氏《易》学派的重要成员刘昆任光禄勋，孟氏《易》学派的洼丹任大鸿胪，同派的觟阳鸿任少府，梁丘派的张兴任太子少傅。此外，还有一些学者出任地方太守。

② 姚振宗：《后汉艺文志》，见《续修四库全书》卷九一四，上海：上海古籍出版社，1996，190～197 页。

本。① 郑玄的经典之学常被赞为汉代学术发展的巅峰。他与其学术对手王肃都致力于费氏易学的研究,而费氏易学产生于汉元帝时代。郑氏的易经笺注一直被后世学者代代相传,至今尚存。②

治《易》学者们的最早期著作久已亡佚,但孟氏《易》学创始人孟喜以及该学派再传弟子京房所作的笺注经历各种战乱和改朝换代传承了七百多年,被收入了《隋书·经籍志》中。③ 因为京氏易学声名显赫,造伪书者常附会其书为京房所撰。④ 实际上,从汉至今,出现在西汉后半段的京氏易学已经成为影响力最为深远与持久的易学流派之一。

班固编纂《汉书》的年代是公元1世纪晚期,范晔撰《后汉书》是在公元5世纪中叶,而房玄龄完成《晋书》是在7世纪中叶。虽然成书年代各不相同,但这些史家都援引京房《易》注,用以解释出现在不同朝代形形色色的吉凶预兆和反常现象。西汉之后的官方编撰的史书上都记载着被归在京房名下的著作,无数的学者在自己的论著中引用他的见解。⑤ 编纂于18世纪晚期的《四库全书》存有《京房易传》。许多清代的学者穷尽一生只为将京房著作中的所有只言片语辑录在一起。⑥

---

① 《后汉书》卷七十九《儒林列传》,2547页。鲁惟一引钱存训的著作称熹平石经版《易经》本于《京房易》,而王葆玹认为梁丘氏《易》才是当时的标准版本。这两家都出现于昭宣元时代。见 Xinzhong Yao, ed., *RoutledgeCurzon Encyclopedia of Confucianism*, 2:p.555; Tsuen-hsuin Tsien, *Written on Bamboo and Silk:The Beginnings of Chinese Books and Inscriptions* (Chicago:University of Chicago Press, 1962),73～79页;王葆玹,《今古文经学新论》,473页。

② 《后汉书》卷七十九《儒林列传》,2554页;《隋书》卷三十二《经籍志一》,北京:中华书局,2000,912页。

③ 《隋书》卷三十二《经籍志一》,909页。

④ 西汉历史上有两位名为京房的《易》学家。大京房活跃于宣帝朝之前,而小京房活跃于元帝朝。京房《易》学是以小京房的名字来命名的。原文为:"至元帝世,复立京氏易。"见《汉书》卷八十八《儒林传》,3621页。

⑤ 关于传统目录学著作,参见 Shuyong Jiang, "Into the Source and History of Chinese Culture:Knowledge of Classification in Ancient China,"*Libraries and the Cultural Record* 42, no. 1 (2007):pp. 1-20.

⑥ 郭彧:《京房易源流》,北京:华夏出版社,2007,127～189页。

光武复兴五经之学，在他立为官学的 14 家学派中，有 11 家都是在昭帝、宣帝与元帝时代出现的。① 东汉王朝延续近 200 年，这一时期内儒学研究成果丰硕，一些学者孜孜不倦地钻研古文《尚书》《左传》《毛诗》，但是东汉时期并没有新的经学学派出现，东汉的儒生都致力于传承解释西汉后半期出现的解经学派。② 欧阳学派与大小夏侯学派成为《尚书》研究的主流学派，近 400 年长盛不衰，直到西晋永嘉之乱(约公元 310 年)时才最终湮灭。③ 颜、严两派主导了东汉《公羊》学的研究。④ 后者更是得到了官方的支持：严氏《公羊春秋》被铭刻于石碑之上，立于灵帝时期的太学里。师从后仓治《礼》的庆普创立的庆氏学在东汉时门徒众多，并出现一些重要的学者，如曹充。⑤ 曹氏任五经博士时曾为东汉朝廷制订包括封禅之仪在内的仪礼。⑥ 东汉学术史上的一颗明星郑玄，致力于研究《小戴礼记》。他的《礼记》注不仅经历了几个世纪的动乱与战火仍得以幸存，而且还在隋代被封为官学。⑦ 传统上认为现存版本的《礼记》为戴氏之作。

一脉相承还是分裂混乱？

我们探究了儒生们的社会与政治背景，他们的师承谱系及其著作。

---

① 《后汉书》卷七十九《儒林列传》，2545 页。光武帝认可的学派中，只有《诗》学派创始人可以追溯到西汉前 120 年间的儒生。

② 治古文《书经》与《左传》的学派史可以追溯到昭宣元时代的名儒。

③ 《隋书》卷三十二《经籍志一》，915 页。有关今古文之争，见 Michael Nylan, "The Chin Wen / Ku Wen Controversy in Han Times," *T'oung Pao* 80, no. 1-3 (1994)：pp. 83-145.

④ 《后汉书·儒林传》中列出的 11 位《公羊》学派重要学者中，仅有李育与何休不属于西汉严、颜两家。见《后汉书》卷七十九《儒林列传》，2582～2583 页。

⑤ 自从曹充在太学任博士以来，庆氏学似乎在东汉也成为官学。然而，庆氏学并不在《后汉书·儒林传》开篇列出的 14 家官学学派之中。参见《后汉书》卷七十九《儒林列传》，2545 页。

⑥ 《后汉书》卷三十五《张曹郑列传》，1201 页。

⑦ "唯郑注立于国学。"《隋书》卷三十二《经籍志一》，926 页。

将所有这些信息拼接在一起，便可发现西汉的前半期儒生群体支离破碎，这与西汉后 90 年儒学的蓬勃发展形成了鲜明的反差。经学的各种解经学派长期以来代表了汉代思想学术界。通过我们对史料的细读可知，这些经学史上的学派出现的时间大都在西汉后半期。司马迁精心记录了儒生之间的师徒关系，却从未对不同的学术派别进行区分。① 我们不妨细想一下史家是如何论述《易》学的。根据司马迁的记载，第一位教授《易经》者为杨何，而班固则以为是田何。但不管是杨何还是田何，他们都未曾建立自己的学术派别，历史上并没有出现所谓杨氏《易》学或田氏《易》学。解经学派一直到宣帝统治下才涌现出来，关于《易》学，施氏、孟氏、梁丘氏各自开宗立派。也只有从那时候开始，我们才能看到诸如孟（喜）之学、施氏易、梁丘之学之类的词语。治《礼经》《尚书》的学派发展过程中也能看到类似的情况。司马迁虽然将高堂生与徐生认定为西汉研究《礼经》的先驱，但真正的《礼》学学派却是在昭帝、宣帝与元帝时才建立起来的，那时高堂生与徐生都已去世近 90 年了。致力于《尚书》研究的欧阳高学派与大小夏侯学派也创立于西汉建国 120 年之后。②

学者们长久以来都将汉代的《诗经》研究分为齐、鲁、韩、毛四家，将辕固、申公、韩婴与毛公分别视为四家创始人。不同的《诗》学流派通常都会被追溯到西汉初年，这种对西汉经学历史的理解没有区分我们史料中的不同层次的叙述，而是将司马迁与班固两人的对西汉学术史的描写混为一谈。

细读《史记》，司马迁从未提及毛公及其学说。更为重要的是，"鲁诗""齐诗""韩诗"之类的分类根本没有出现在司马迁的文字中；这些学派

---

① 已有学者从其他角度探讨了司马迁对于儒生的记叙。见 Nylan，"Toward an Archaeology of Writing"；Li Wai-Yee，"The Idea of Authority in the Shih Chi (Records of the Historian)，" *Harvard Journal of Asiatic Studies*，54，no. 2 (1994)：pp. 345-405。

② 欧阳派得名于欧阳高，而非其祖。班固指出，欧阳派源于兒宽之学，欧阳高是其家族中唯一受过兒宽真传的。见《汉书》卷八十八《儒林传》，3603 页。

仅仅出现在班固的《汉书》中。① 《史记》提到了申公、辕固、韩生为汉朝第一代治《诗》的学者，指出这些学者分别在鲁地、齐地和燕赵地区授业。但司马迁没有说他们创立了的自己学派。恰恰相反，司马迁指出虽然学本于申公，但申公的学生对《诗》的解析各有不同。② 至少将申公当作鲁诗派的始祖在司马迁的《史记》中找不到任何依据，有可能是后代学者为了编撰悠久历史的学术传统将鲁诗追溯到汉初，并和申公相联系。班固说申公曾在文帝时任博士，而《史记》中并未找到相关记载。班固称在当时他便已经开始为《诗经》作注，号《鲁诗》。③ 而司马迁指出申公只是解释《诗经》中的专用术语，并特意指出申公没有阐发经义的著述。④

《史记》总是用"治诗"这样的词来描述某人的学术专长。而在《汉书》中，尽管王朝前半期的诗经学者仍被统称为治《诗》者，但自昭帝之后此类学者则被描述为治某派《诗》学者，比如，治齐诗，治鲁诗。这表明，将研究《诗经》的学者区分为不同流派的做法出现在西汉王朝最后 90 年间。许多名儒纷纷开宗立派——比如，韦贤学派就专治《鲁诗》——也许正是这时候他们将各自门派的起源上溯至西汉初年，并回溯历史，将自己的流派附加于《诗经》学的始祖身上。

同样的情形也发生在研究《春秋》的学者群中。一个久已深入人心的观念是：孔子撰写言简意赅的《春秋》经以存王道，而其门徒则完成了《公羊传》《穀梁传》与《左传》，这些传的传统一方面解析孔子的微言大义，一

---

① 现存《史记》版本中，"韩诗"一词仅仅在褚少孙增补的文字中出现过一次。褚氏生活于宣帝时代，距司马迁之死大约 25 年。见《史记》卷二十《建元以来侯者年表》，1062 页。

② 《史记》卷一百二十一《儒林列传》，3122 页。

③ 《汉书》卷三十六《楚元王传》，1922 页。班固一时疏忽，没有删去有关申公记载的矛盾之处。在《楚元王传》中，他记载申公为《诗经》作注，而在《儒林传》中，他又直接照搬《史记》上的内容，称申公未撰写过任何注解。

④ 原文为："申公独以诗经为训以教，无传。"《史记》卷一百二十一《儒林列传》，3121 页。

方面补充历史背景。① 后世学者通常会将《春秋》学者根据其传承的传统将其划归为不同的学派。然而，细究现有史料就会发现，无论是司马迁还是他的前辈史家都没有严格地将《春秋》中孔子承载所谓微言大义的"经"与相关的"传"的传统区别开来，也没有将"传"区分为不同的学派。相反，他们将《左传》中详细的史学叙事与《公羊》《穀梁》中蕴含的教诲作为一个有机的整体，统称其为《春秋》。直到昭、宣、元时代，儒生似乎才第一次明确划定了《公羊》《穀梁》与《左传》三者之间的界限，然后又以追溯历史的方式重新构建了汉初的儒学世界。

"春秋"一词首见于《墨子》。书中几个生动的鬼故事来源于《周春秋》《燕春秋》《宋春秋》与《齐春秋》。此处的"春秋"指的并非孔子生活的乱世，而是一个通用术语，意为编年史。② 事实上，汉以前包括汉朝都有学者继续使用"春秋"一词来泛指历史或历史类著作。③ 根据我们现在已知的情况，孟子是第一位把"春秋"这一个指代历史的泛指名词变成一个特指名词，专门指代西周衰败之后的孔子生活时代的东周历史的人。孟子也第一次把编撰《春秋》归在孔子名下。④ 孟子对孔子作《春秋》最有名的两段话经常被学者引用：

> 世衰道微，邪说暴行有作，臣弑其君者有之，子弑其父者有之。

---

① 这种传统观点不断被人征引，同时也受到了一些现代学者的质疑。见 Michael Nylan, *Five "Confucian" Classics*, pp. 253-262, Michael Nylan and Thomas Wilson, *Lives of Confucius: Civilization's Greatest Sage Through the Ages* (New York: Doubleday, 2010), pp. 76-87. Anne Cheng, "Ch'un ch'iu," pp. 70-71; Stephen W. Durrant, *The Cloudy Mirror*, p. 68; Sarah A. Queen, *From Chronicle to Canon*, pp. 115-126. 周予同：《周予同经学史论著选集》，上海：上海人民出版社，1983，253～261 页。

② 孙诒让：《墨子闲诂》上，北京：中华书局，2001，224～230 页。"春秋"一词出现在《墨子》(可追溯到公元前 5 世纪)一书阐述墨子学说十条要旨的核心章节。参见 A. C. Graham, "Mo tzu," in *Early Chinese Texts*, pp. 336-338.

③ 具体例子参见《战国策》，上海：上海古籍出版社，1978，卷三十，1089 页；《史记》卷一百二十八《龟策列传》，3234 页；《汉书》卷一百《叙传》，4208、4211 页。

④ （清）焦循：《孟子正义》，沈文倬点校，北京：中华书局，1987，452 页。

孔子惧，作《春秋》。《春秋》，天子之事也。是故孔子曰："知我者其
惟春秋乎！罪我者其惟春秋乎！"

　　孔子成《春秋》而乱臣贼子惧。

在孟子的阐述中，"春秋"特指礼崩乐坏、乱臣贼子当道的西周之后
的时期。而根据孟子，孔子对这段历史的记述予以圣人对理想王政的寄
托和对当代的批判。

但是，在汉之前的学者著作中，"春秋"一词无一例外都是指包括注
解的编年史。《荀子》一书曾两次引用《春秋》。第一次引文非常简单："春
秋贤穆公，以为能变也。"① 查通行版《春秋》，这句话指的是鲁文公十二
年"秦伯使遂来聘"。② 《公羊传》对此解释如下：

　　遂者何？秦大夫也。秦无大夫，此何以书？贤缪公也。何贤乎
缪公？以为能变也。③

很难理解，为何称秦使为大夫是在赞扬穆公。不过很明显，荀子引用的
并非《春秋》里"秦伯使遂来聘"这六个字，而是《公羊传》里"贤缪公"的
句子。

《荀子》中另一处引《春秋》的原文如下：

　　故《春秋》善胥命，而《诗》非屡盟，其心一也。④

编年史《春秋》中只是简要提到了鲁桓公三年，"齐侯卫侯胥命于蒲"，而
《公羊传》与《穀梁传》都将"胥命"——诸侯相见，约言不誓——解释为一

---

① 王先谦：《荀子集解·大略篇》，北京：中华书局，1988，498 页。
② 《左传》与《穀梁传》中此段名为"秦伯使术来聘"。参见《春秋公羊传注疏》，
见《十三经注疏》下册，2272 页。
③ 参见《春秋公羊传注疏》，见《十三经注疏》下册，2272 页。
④ 诺博洛克（Knoblock）英译，笔者对译文做了修改。参见 Knoblock, *Xunzi*,
3，p. 218，226。

个褒义词。① 荀子说"《春秋》善胥命",这个"善"字表明他心中想的必然既有简明扼要的《春秋》编年史,也有"传"中对"胥命"正面肯定的解释。②

和荀子一样,韩非使用"春秋"一词时,指的同样是"传"里记载的春秋时代的详细历史。在《韩非子·奸劫弑臣》一章中,韩非引用了两个《春秋》中记载的故事。第一个故事涉及弑父篡权的楚王子围,此事仅见于《左传》。第二个故事涉及崔杼弑齐庄公。编年史《春秋》曾概述此事,但是韩非的叙述与《左传》中的记载高度吻合。③《战国策》与《韩诗外传》都引用过崔杼弑齐庄公的故事,并明载此事见于《春秋》。④

西汉学者也没有将"经"和"传"区分开来,使用"春秋"一词时,同时指代"经"和"传"的内容。《淮南子》赞颂孔子编订《春秋》,以成王道。但书中提及的三个《春秋》故事,我们只有在《公羊传》中方能找到。《春秋繁露》通常被认为是董仲舒所著。自班固开始,董仲舒一直被视作公羊学大师。有趣的是,当提到"春秋"一词时,他既未区分编年史《春秋》与相关注疏,也未对他自己及其学术对手的《春秋》阐释学做出区分。《春秋繁露》中有十二次引用《春秋》。其中有十处引文见于《春秋》本经,一处见于《公羊传》,还有一处引文的原始文本已佚。⑤

---

① 《春秋公羊传注疏》,见《十三经注疏》下册,2214 页;《春秋穀梁传注疏》,见《十三经注疏》下册,2373 页。

② 有趣的是,尽管诺博洛克认识到在这两个例子中,荀子实际上是转引《公羊》与《穀梁》上的话,而非直接引用《春秋》,但他还是选择把此处的"春秋"译为"the Spring and Autumn Annals"。见 Knoblock, *Xunzi*, 3, p. 366。

③ 王先慎:《韩非子集解》,107 页。

④ 《战国策》,567 页。刘殿爵编:《韩诗外传逐字索引》,香港:商务印书馆,1992,4.25/32/4。

⑤ 《春秋繁露》一书最终成书于六朝,但其中的大部分章节都富含汉初思想。见 Steve Davison and Michael Loewe, "Ch'un ch'iu fan lu,"in *Early Chinese Texts*, pp. 77-79。Sarah A. Queen, *From Chronicle to Canon*, pp. 69-115。关于见于《春秋》本经的十处引文,见刘殿爵编:《春秋繁露逐字索引》,香港:商务印书馆,1992,1.1/1/15;2.1/8/29;4.1/17/6-30;8.2/36/3-12;7.3/30/21;7.3/29/13;6/70/25;关于见于《公羊传》中的一处引文,见《春秋繁露逐字索引》,7.3/31/8;关于原始文本已佚的一处引文,见《春秋繁露逐字索引》,6/70/25。

　　另一方面，《春秋繁露》中引述的《春秋》故事总是保存在《公羊传》或《左传》中。譬如，《春秋繁露·竹林》说《春秋》赞扬了司马子反，后者不听从国君命令而是按照自己对外交使命的判断行事。此事本不见于《春秋》本传，却载于《公羊传》。① 在同一章作者还提到，《春秋》对不知如何权衡事情轻重缓急的逢丑父提出了批评。但逢丑父一事仅见于《左传》。②

　　在对"春秋"一词在先秦两汉文本中出现情况的梳理之后，我们来仔细分析一下司马迁在《史记》中如何记述《春秋》之学以及治《春秋》的学者。他对"春秋"一词的使用与班固有明显区别，却完全与他所处的时代习俗相符。《史记》中有多处赞扬孔子编撰《春秋》的成就，并引述《春秋》将其作为历史事件的结语。譬如，在《宋微子世家》中他这样评论道：

　　　　太史公曰：……《春秋》讥宋之乱自宣公废太子而立弟，国以不宁者十世。③

这则故事见于现存的《公羊传》中，但司马迁却称引自《春秋》。除了间接引用《春秋》中的话，《史记》中也不乏直接引自《春秋》原文的话。譬如，《史记》记述窦太后欲立自己的幼子，即景帝（公元前157—前141年在位）之弟作储君。景帝就这个棘手的问题征询朝臣意见，众人皆曰：

　　　　方今汉家法周，周道不得立弟，当立子。故《春秋》所以非宋宣公。宋宣公死，不立子而与弟。弟受国死，复反之与兄之子。弟之子争之，以为我当代父后，即刺杀兄子。以故国乱，祸不绝。故《春秋》曰"君子大居正，宋之祸宣公为之"。④

这句引文见于现存的《公羊传》，而司马迁却只称其引自《春秋》。他在处

----

① 董仲舒：《春秋繁露》，苏兴撰，钟哲点校，北京：中华书局，1992，51～52页。

② 董仲舒：《春秋繁露》，57～60页。

③ 《史记》卷三十八《宋微子世家》，1633页。

④ 《史记》卷五十八《梁孝王世家》，2091页。

理来自《左传》的史料时依然用"春秋"一词来指代：

> 是以孔子明王道，干七十余君，莫能用，故西观周室，论史记旧闻，兴于鲁而次《春秋》……及如荀卿、孟子、公孙固、韩非之徒，各往往捃摭《春秋》之文以著书，不可胜记。①

我们今天把荀子、孟子、公孙固、韩非等所引的引文的来源称为《左传》。而对于司马迁来说，这种区分毫无意义。② 许多进入《公羊》和《左传》中的史料自从战国时代便广为人所知。从战国时代的荀子到西汉时代的司马迁，他们对"春秋"一词的使用都是一致的，在他们的知识体系中《春秋》学派之间严格的界限还并不存在。实际上，诸如《公羊》《穀梁》《左传》等概念在汉之前的任何文献中都找不到，而它们偶然出现于《新语》《史记》则引发了各种各样的解读。

陆贾的《新语》（成书于公元前 2 世纪）首次提及《穀梁传》。《新语·道基》篇末尾有"《穀梁传》曰"一语。西汉朝文献中将《穀梁传》当作单独一传统并加以引用的情况唯此一例。直到东汉《穀梁传》这一词语才经常出现，并与《春秋》经相区分。

司马迁首次提及左丘明，他在《史记·十二诸侯年表》说："鲁君子左丘明惧弟子人人异端，各安其意，失其真，故因孔子史记具论其语，成左氏春秋。"而班固将其书称为《左氏传》，即现在的《左传》。然而，司马迁从未将左氏著作列为独立的学派，也没有称任何春秋学者为"治《左传》者"。这种处理方式跟《史记》处理《公羊传》与《穀梁传》的方式是一致的。在经学历史的流行叙述中，胡毋生被公认为汉朝第一位治《公羊》的学者，公孙弘是他最显赫的弟子。但司马迁并未将他们两人与"《公羊》"这个词联系在一起，而只是称其为治《春秋》的学者。事实上，尽管司马迁频频

---

① 《史记》卷十四《十二诸侯年表》，509～510 页。英文译文来自 Durrant，*Cloudy Mirror*，p. 66。

② 刘正浩：《周秦诸子述左传考》，台北：台湾商务印书馆，1966，128～208 页。

提到并征引《春秋》，并为这两位治《春秋》的学者撰写了比较详尽的传记，但"《公羊》"与"《穀梁》"这样的术语却只在《史记》中出现过一次，而且这个例子也显得模棱两可。在董仲舒传文的末尾，司马迁写道：

> 故汉兴至于五世之间，唯董仲舒名为明于《春秋》，其传公羊氏也。①

董仲舒被班固确认为《公羊》学最重要的代表人物，而司马迁往往只是泛称其为治《春秋》的学者。上述这一处引文"其传公羊氏也"是唯一的例外。这个从句是对前面一句话——"故汉兴至于五世之间，唯董仲舒名为明于春秋"——的补充。而这个从句也本可独立成句。这就意味着三种可能性：司马迁认为董仲舒专攻春秋公羊学，故而顺便提了一句；或者这几个字是后人有意篡改入《史记》正文中；或本是对《史记》正文的注解，后来学者誊抄时抄为了正文。班固的《汉书·董仲舒传》几乎原封不动抄自《史记》董传，但唯独漏掉了这一整句话。这让读者不禁怀疑究竟班固手上的《史记》抄本中有无"其传公羊氏也"这句话。②

如果说《史记》中唯一一处提到《公羊》的文字尚存疑问的话，那么《史记》中提及《穀梁》的地方同样引人猜测。"穀梁"这个词在《儒林列传》介绍有关瑕丘江生的生平的时候出现，但整个这一段必定是从其他地方窜入原文的。纵观《儒林列传》，司马迁的传记结构非常清晰：先述姓名、乡梓、学术专长、职业生涯，次及掌故逸事，终篇论及其弟子。而在记述董仲舒生平时，这种整齐划一的模式被打破了。在有关董氏的掌故和对其弟子的陈述中间插入了介绍胡毋生与瑕丘江生的段落。显然，班固认识到了这种结构的错乱，于是在将这些内容抄录到自己著作里时，他把胡毋生的传略放到了董传之前，而把江生的传略排在其后。

《史记》中的这种结构颠倒的情况有可能在司马迁去世之后发生，而

---

① 《史记》卷一百二十一《儒林列传》，3128 页。
② 《汉书》卷五十六《董仲舒传》，2525 页。

很可能因早期版本的竹简位置发生错乱而导致。试看下面一句话：

> 瑕丘江生为縠梁《春秋》。自公孙弘得用，尝集比其义，卒用董
> 仲舒。①

这句话说，公孙弘比较了江生和董氏两人对《春秋》的阐释，最终选择了
后者。但是，这与《儒林列传》整体的叙述存在矛盾。毕竟，公孙弘当时
已经研习《春秋》有成，没有必要再从董氏之学。何况董氏为其劲敌，他
应该摒弃其学而不是采用他的学问。这种文字前后矛盾之处在《汉书》中
就被删去了。同样一件事，班固的记述如下：

> 瑕丘江公受《縠梁春秋》……上使与仲舒议，不如仲舒。而丞相
> 公孙弘本为《公羊》学，比辑其议，卒用董生。②

在这个版本中，比较江生与董氏之学，并决定采纳后者的是汉武帝。而
同样治《公羊》学的公孙弘只是促使皇帝做出此决定的一个因素而已。班
固很有可能是为了消除原文中的矛盾而修改了司马迁的记述。但是值得
注意的是，《史记》没有任何记载将公孙弘当作《公羊》学派的学者，可能
是出于强化故事情节的需要，班固将公孙弘描述成《公羊》学派的学者。

　　但是《史记》和《汉书》文本的差异也有另外一种可能：司马迁从未提
及瑕丘江生，上述现存《史记》中出现的支离破碎的段落最初有可能只是
后世的学者一笔闲文的旁注，后来不知在何时在转抄过程中被错当成了
正文。

　　西汉文献中几乎没有记载治《左传》的学者，"公羊"与"縠梁"这两个
词出现的地方，文本的语义模糊且与其上下文有断裂情况。从笔者重构
的汉代学术背景出发审视这些现象，让我们重新审视我们熟悉的关于汉
代经学史的大叙事。经传不被区分，而将《春秋》之学看作一个不可分割

---

① 《史记》卷一百二十一《儒林列传》，3129 页。
② 《汉书》卷八十八《儒林传》，3617 页。

的整体同样是桓宽(活跃于公元前74年—前49年)《盐铁论》一书的突出特征。①

但是，这种现象在班固的《汉书》中彻底改变了。《汉书》中，围绕《公羊》《穀梁》与《左传》形成了三个互相竞争的学者集团。他们不仅采取了各异的《春秋》阐释策略，还各自都有记载完备的传承脉络，可以一直上溯到汉初乃至孔子那里。此外，班固明确地对出自编年史《春秋》的引文和来自其他《春秋》传的引文加以区分。细究文献上的证据，我们可以看到这样的巨变似乎始于西汉王朝晚期。在班固的著述中，在回溯历史时能和诸多阐释学派发生关联的汉初学者寥寥无几，而对汉后期学者的描述则全部根据其从属的学派展开。此外，班固精心记述了《穀梁》学派的出现。据说这一学派的历史可以追溯至汉初，但昭帝之前仅有两人被确定为该派学者。而按照班固的说法，在宣帝时，该派之学已经到了行将湮灭的地步。宣帝愍其学且绝，于是接连任命《穀梁》学者为太学博士，选郎十人受业。十年后，《穀梁》之学大盛。②

仔细梳理研究"师法"一语的内涵，可为我们提供进一步的证据，证明这些相互竞争的经典学派大致是儒生们在昭、宣、元帝时代新创立的。"师法"连用首见于《荀子》，但是"师"和"法"作为两个独立的词在句子中出现，师，意为教师，法，意为法规，标准。《荀子·修身》云：

> 非礼，是无法也；非师，是无师也。不是师、法，而好自用，譬之是犹以盲辨色，以聋辨声也。③

---

① 《盐铁论》中有八处《春秋》引文。其中一处在《春秋三传》中都有保留，有一处见《左传》与《公羊传》；两处只见于《公羊传》；其余四处引文在现存版本中找不到。保存于《左传》与《公羊传》中的引文参见刘殿爵编：《盐铁论逐字索引》，香港：商务印书馆，1994，2.1/10/8；9.2/63/17；9.4/65/16；9.6/67/22；在现存版本中找不到四处引文见《盐铁论逐字索引》，1.4/7/13；2.4/13/29；5.6/35/19；7.1/50/29。

② 《汉书》卷八十八《儒林传》，3618页。

③ Knoblock, *Xunzi*, 1, p. 157.

韩非也曾在自己的著作中使用"师法"一词,意为"遵守法律"。按字面意思解释就是"以法为师":

> 错法以道民也,而又贵文学,则民之所师法也疑。①

用"师法"一词指代"师门规则"是汉代新出现的现象。一般来说,这个词指的是一位学者阐释经典时所师承的视角与训诂手段。汉儒对待师法的态度一直被视为汉代经学研究的关键特征之一。现代学术界常引用治《易》大师孟喜的例子来证明汉代师法的重要性。据说,孟氏曾被举荐充任空缺的太学博士一职。但宣帝一听说孟氏曾改师法,遂弃之不用。②如果一个人改变老师对经典的阐释方式就可能导致其丧失晋升机会,那么破坏师法就变成了汉代修辞中一桩够得上处以极刑的严重恶行。王莽新朝时,左将军公孙禄弹劾刘歆,说其应被诛杀,因为刘歆"……颠倒五经,毁师法,令学士疑惑"③。

与之形成鲜明对比的是,遵从师法一直被视作学者可贵的品质之一,可以使其成为官员的合格人选,《汉书·儒林传》说:"唯嬴公守学不失师法,为昭帝谏大夫,授东海孟卿、鲁眭孟。"④萧望之推荐张禹于宣帝的时候,说:"禹经学精习,有师法,可试事。"⑤师法又可以提高其诠释经典的权威性。翼奉、李寻经常提到师法来加强他们学说的说服力。⑥

---

① 《韩非子集解》,425 页。

② 王先谦认为汉代"师法"的概念源自《荀子》,但他没有注意到在该文本中这个合成词有着不一样的含义。徐复观对王氏之见进行了反驳。见王先谦:《汉书补注》卷八十八,北京:中华书局,1983,1517 页;徐复观:《中国经学史的基础》,见《徐复观论经学史两种》,75~77 页。

③ 《汉书》卷九十九《王莽传》,4170 页。

④ 《汉书》卷八十八《儒林传》,3616 页。

⑤ 《汉书》卷八十一《匡张马传》,3347 页。

⑥ 这方面的例子见《汉书》卷二十七《五行志》,1429 页;卷七十四《魏相丙吉传》,3137 页;卷七十五《眭两夏侯京翼李传》,3170 页。虽然忠于老师的解读受到赞扬,但杜楷廷(David Elstein)认为,时人对于改换学派并不感到羞耻。见 David Elstein, "Friend or Father? Competing Visions of Master-Student Relations in Early China," PhD diss., University of Michigan, 2006, pp. 183-186.

守"师法"等同于美德，毁"师法"被当成一种罪行，这表明当时学者们强烈的门派意识：一个人的专业学识与其师承跟其人的身份认同紧密相连，而且门生应当维护老师的学术观点和训诂手段成为当时政治学术舞台的共识。这种现象不仅反映了当时存在不同的解经学派，也暗示着不同学派互为竞争对手的关系。

一般认为，"师法"这一概念源于武帝设置五经学博士之位时。① 但是，无论是这一术语还是与其相似的观念都未在司马迁的文字中出现，尽管司马迁梳理记载了武帝一朝的儒生，并创立了《儒林列传》这一历史书写传统。② 虽然班固频繁地使用"师法"这一术语，他也只是用其描述武帝之后的学术和儒生。"师法"是《史记》之后的时代儒生和经学传承体系发展成熟的产物，因此它不可能是司马迁思想世界的组成部分。③

---

① 一些著名学者曾探讨过汉代对于师法的关注，但没有人提到这种观念直到汉代后半期才出现。见王鸣盛：《十七史商榷》，上海：商务印书馆，1937，27 页；皮锡瑞：《经学历史》，北京：中华书局，1959，136 页；钱穆：《两汉博士家法考》，见《两汉经学今古文平议》，181~261，尤其是 223~230 页；Yen-zen Tsai，"'Ching' and 'Chuan'：Towards Defining the Confucian Scripture in Han China(206 BCE—220 CE)," PhD diss., Harvard University, 1993, p. 126。

② 福井重雅认为，武帝并不像我们普遍相信的那样设五经博士。参见福井重雅：《六經六藝と五經：漢代における五經の成立》，载《中国史学》，1994（4），139~164 页。

③ 此观点与挑战儒学在武帝时代大获成功的观点相呼应。这些学者包括福井重雅、柯马丁、陆威仪、戴梅可。见福井重雅：《漢代儒教の史的研究》；Martin Kern, "Ritual, Text, and the Formation of the Canon," pp. 43-91, esp. p. 67; Mark Edward Lewis, "The Feng and Shan Sacrifices of Emperor Wu of the Han," in *State and Court Ritual in China*, pp. 50-80; Michael Nylan, "Classics without Canonization, Reflections on Classical Learning and Authority in Qin (221—210 BC)and Han (206 BC—AD 220),"*Early Chinese Religion, Part One, Shang through Han (1250 BC—AD 220)*, eds. John Lagerwey and Marc Kalinowski(Leiden：Brill, 2008), pp. 721-777。

定位历史的转折点

西汉前后期两个儒生世界的重大差异明确地表明昭宣元时代为汉代学术的一大分水岭。然而，我们不禁要继续提问，是不是因为武帝弘扬了儒学，所以诸多经学学派才会在汉武帝之后的昭宣元时期出现？经学在西汉后半期的繁荣是否是受到了武帝文化政策的推动呢？换句话说，儒生群体在西汉后半期的迅猛发展是否是汉武帝提倡儒学之后，得以复兴的儒生集团自然发展的结果呢？

答案是否定的。首先，武帝并未创造出一个健全而欣欣向荣的儒林——这一点笔者业已通过仔细分析当时的学术传承脉络证明过了。所谓提倡儒学的政策——举荐五经学者在官僚系统内任职的机制——即便确实存在，在武帝半个多世纪的统治期间，这项制度似乎也并未让儒生学派数量增加，也并未使儒生们获得任何仕途上的优势。

其次，武帝时代的儒生和后来涌现的经学学派之间没有紧密的联系。学者们曾经宣称的连接两个时代儒生群体的那些学者只是一些身世模糊背景不清的人物。著名的欧阳学派解读《尚书》颇有特色。这个学派是以曾在宣帝时做过博士的欧阳高的姓来命名的。班固无法明确指出欧阳高的老师是谁，只是提到治《尚书》的先驱伏生曾教授一位姓欧阳的学者，后者与兒宽是师生关系。兒宽又授欧阳生子。如是其学世世相传，至其曾孙欧阳高。班固的叙事，依靠欧阳家族一些姓名不显的成员，将宣帝时期出现的著名的欧阳学派与武帝朝为数不多的几个显要儒生之一兒宽联系在了一起。但是这样的叙事也招致了诸多怀疑。比如，为何与兒宽同时代的司马迁从未提及兒宽曾教授弟子？如果欧阳学派继承的是欧阳家学，那么是什么促使欧阳高成为这一学派的鼻祖？为什么在武帝时代身居高位的兒宽没有开创自己的学派？（见表3.2）

同样的问题也困扰着以夏侯胜与夏侯建二人姓氏命名的夏侯学派的起源。据说夏侯胜从夏侯始昌与兒宽弟子简卿研习《尚书》。夏侯始昌与兒宽弟子简卿是司马迁的同时代人，但是却不为关心儒学的司马迁所知，反而在 155 年后被班固提到。班固对简卿的情况言之甚少，却将夏侯始昌的学问上溯到其远祖夏侯都尉那里。而后者据说授业于伏生的弟子张生。和欧阳派一样，兒宽的一位不为人知的门徒和夏侯家族谱系上默默无闻的成员成了将西汉前半期的儒生和后半期繁荣的儒生集团联系在一起的纽带。（见表 3.2）

就《易经》而言，《易》学三大学派——施氏学派、孟氏学派与梁丘学派是通过丁宽和田王孙与一位汉初学术前辈田何联系在了一起。但是，班固梳理的学术传承让人产生诸多疑问。为什么司马迁没有提到丁宽？如果班固的记述是准确的话，丁宽是田何的学生，杨何也是田何的学生，而司马迁的父亲曾从学于杨何，那么司马迁难道会对父亲老师的同门，影响西汉后半期易学的丁宽一无所知？（见表 3.1）

以昭宣元帝为西汉学术重要分水岭，西汉前半期的治诗儒生群与后半期的治诗儒生群之间的联系同样脆弱。以丞相韦贤之名命名的韦学通过瑕丘江生、免中徐公和鲁许生与西汉鲁《诗经》的鼻祖申公联系在了一起。作为桥梁的这三人不仅他们的全名不为人所知，就连瑕丘江生是否从学于申公也颇为可疑。司马迁在《史记》中列出了十多位申公的弟子姓名，其中有些人他还有私交。但他却从未将瑕丘江生与申公联系在一起。（见表 3.4）

所有致力于《齐诗》研究的学者都是宣帝时曾获高位的儒生后仓的追随者。后仓又通过夏侯始昌与《齐诗》学派的鼻祖辕固发生了联系。而司马迁从未在《史记》中提及夏侯始昌。而治韩《诗》学者群的核心是曾在宣帝时任丞相的蔡义。蔡氏之学又通过赵子（如果不是有班固的记载，此人一定无人知晓）与《韩诗》的创始人汉初的韩生建立起了联系。（见表 3.4）

司马迁大概在武帝末年或者武帝去世之后不久完成了《史记》的创作，而所有重要解经学派的创始人都普遍活跃于宣帝朝（武帝去世后 13 年到 20 年）。这就意味着，生活在武帝时代的儒生和活跃于宣帝朝的儒生之间的年龄最多有两代人的差距。但是，昭宣元时代的儒生中没有一位是司马迁记载的那些学者的直系弟子。相反，那些具有影响力开启了西汉后半期经学传统的儒生的老师正好都被这位伟大史家忽略。为什么每一个创立于汉朝后半期的经学学派总是要通过默默无名的过渡人物才能和司马迁记述的西汉前半期的学术谱系联系在一起呢？

这就存在两种可能性。第一，连接两个时代儒生群体的那些鲜为人知的学者的确是在《史记》中留名的儒生的同门或门徒，但是司马迁对他们一无所知。武帝时代，师徒关系对一个人的职业生涯没有关键性的作用，儒生间也没有什么强烈的门派归属感认同感。所以少有人会格外关注记录学术传承的谱系。譬如，嬴公是将颜、严两大《公羊》学派与著名的《公羊》学学者董仲舒联系起来的关键人物（见表3.3）。司马迁记载了董氏三位有名望的门徒姓名，这三位都没有任何弟子在历史上留下姓名，更别提对西汉后半期经学的影响。但是除了司马迁记载的董的弟子外，班固又补充了一位董仲舒的弟子：嬴公。在司马迁时代经学传承并不重要，大家都不愿费力去详细记录董氏弟子，而嬴公本人在政学两界都没有太大的影响力。所以有可能嬴公是董仲舒的弟子，但司马迁的确并不知道此人。

如果我们只关注此个案，那么这种说法能解释得通班固、司马迁叙事的差异。但类似的情况充斥于解读五经的儒生群体发展过程中。这就促使我们要问一问，为何未被司马迁载入《史记》的那些儒生偏偏都培养出了杰出的弟子，建立了自己的学术门派？所以我们只得转向第二种可能性：相对晚出的经学阐释学派与司马迁著作中出现的学术谱系之间的联系本就是后来学者追溯添加的。一些人——西汉后半期繁荣的儒生学派的成员？或是班固本人？——不愿承认经学学派的创始人学术渊源模糊，于是虚构了一些师徒关系，将西汉后半期的经学学派与《史记》中赫赫有名的大儒联系起来。①

———————————

① 这种可能性表明，在儒生群体建立其重要的学术传统并产生人数众多的高级官员之前，曾有一个保存、教授五经的学者群体，尽管这并不能马上为他们带来奖赏。更多相关探讨见本书结论。

　　只要回想一下班固如何费心地补充编写《史记·儒林列传》中四分五裂的经学传承，便会感到第二种可能性更加合理。昭宣元时代盛极一时的经学学派大量涌现后，人们便努力将这些派别和司马迁记载的儒生群体建立某种联系，从而填补五经传承中留下的断裂。班固的《儒林传》是这种重塑历史努力的集大成者，而班固的叙事又对现代学者造成了影响。然而，是什么导致了这些经学派别在西汉中后期出现并蓬勃发展呢？这一学术界划时代的巨变与从武帝到昭帝之间的过渡期内发生的权力更迭密切相关。笔者将在下一章对此话题展开探讨。

第四章　权力重组：巫蛊之祸与
新精英阶层的诞生

　　武帝之治向来被视为西汉王朝的巅峰。许多人都将之前几任皇帝的统治看作为这一盛世所做的准备。班固在《汉书·武帝纪》中赞美道："后嗣得遵洪业，而有三代之风。"①而武帝之后的时代被这位雄才大略君主的光彩所掩盖，一直未能得到细致的研究。在本章中，笔者试图揭示，在武帝统治时期内统治阶层上层的人员构成维系了汉初以来的稳定，但在昭帝、宣帝与元帝统治下，精英阶层与知识界发生了结构性的巨变。这一历史转折使得原本在官僚系统处于弱势地位的儒生成为一股引人注目的强大力量。

巨大的断裂

　　公元前87年春，年逾七旬的武帝去世。8岁的幼子刘弗陵即位，是为昭帝。遵照汉武帝遗诏，光禄大夫霍光为辅政大臣。史学家们一直赞美昭帝对霍光的信任与倚重，并称在霍光的辅佐下一改武帝时代的奢靡之风：停止了大规模的征战，同时实行了轻徭薄赋之政。②

　　昭帝的继任者宣帝统治了25年。他对太子刘奭倾慕儒学的批评在历史叙述上颇为有名。当刘奭表示宣帝持刑太深，宜重用儒生时，皇帝答道：

---

① 《汉书》卷六《武帝纪》，212页。
② 《汉书》卷七《昭帝纪》，233页。

汉家自有制度，本以霸王道杂之，奈何纯任德教，用周政乎！且俗儒不达时宜，好是古非今，使人眩于名实，不知所守，何足委任！①

这番话经常被征引，用来证明宣帝信奉法家学说，对自己的继承人表现出对儒学的偏好表示强烈反对。②

元帝统治中国 16 年。其人多才多艺，善鼓琴瑟而自度曲。虽然班固也指出元帝对一些儒生委以要职，但大体上还是将崇儒之功归于汉武帝。史学界也普遍认为，元帝好儒学是对武帝崇尚儒学政策的回归。③

在重新审视这些传统的史学观点之前，笔者拟继续使用分析武帝一朝高层官员的方法，对昭、宣、元三朝中高层官员的出身、思想倾向、升迁方式以及社交人脉等进行全面的分析。昭、宣、元三朝的统治期加起来约有 54 年，与武帝统治时代大体相当。在这半个多世纪中，约有 140 人升到了官僚集团的高层，或为将军，或为京城高官，或位列三公九卿。利用电子化的史料，笔者全面搜索了记载这一时期史实的主要文献《汉书》，将其中身份明确的 74 人的基本情况做了一个统计（见图 4.1）。昭宣元时期可以确认的高层官员与武帝时代可以确认的官员数字相差无几，即汉武帝统治的 54 年期间有 142 名高层官员，其中有 77 人身份明确，昭宣元统治时期有 140 名高层官员，其中有 74 人身份明确。笔者比较了这两个时代高层官员的家庭背景和仕途的情况，发现在政府机构稳定的大前提下，官员构成却发生了重大变化。

首先，这两个时代丞相的出身和仕途之路显示出巨大的差异。昭、

①　《汉书》卷九《元帝纪》，277 页。英译为德效骞的版本，经过了一些修改。见 The History of the Former Han Dynasty, translated by Homer H. Dubs(Baltimore: Waverly Press, 1938), p. 301.

②　鲁惟一曾总结这些观点。见 Michael Loewe, The Men Who Governed, pp. 617-619. 另见杨生民：《汉宣帝时"霸王道杂之"与"纯任德教"之争考论》，载《文史哲》，2004(6)，62~66 页；于迎春：《秦汉士史》，171~179 页。

③　于迎春：《秦汉士史》，171~179 页。

情况不明官员，66人　　　身份明确的官员，74人

图 4.1　昭、宣、元时代情况不明与身份明确的高官

宣、元三朝 90% 以上的丞相都出身于普通甚至贫寒的家庭，他们的家族成员都没有在朝为官的记录。① 在 11 位丞相中，只有韦玄成算出身名门望族，但即使是他家族的显赫历史也仅仅能追溯到他父亲一代。虽然据说他的一位先祖在大约一百年前曾做过楚元王傅，但在他的父亲韦贤任宣帝丞相之前，他的家族成员中（不管是父族还是母族）没有一位在中央政府担任过任何职位。②

其余的 10 个丞相中，蔡义与匡衡都出身贫寒。蔡义曾因家贫而雇不起车马，并曾做过覆盎城门候这样的底层官员。③ 匡衡的父辈与祖辈均为农夫，匡衡自己也曾做过重体力活以贴补学习资用。④ 于定国、魏相与丙吉始为狱卒或地方政府的小吏。⑤ 与他的这些同僚们相比，杨敞与黄霸的仕宦起点相对较高。杨敞的仕途得意主要归功于他与辅政大臣霍光的特殊关系。他入仕之初就在霍光的幕府任职。黄霸通过买官充当郎吏。但即使是杨敞与黄霸，他们的家族成员中也没有为官的记录。⑥

如果我们将昭宣元时期的丞相与武帝时代的丞相做一番比较，就会注意到他们之间的差异非常明显。笔者在第一章曾提到过，在武帝朝 12

---

① 笔者没有发现其父族与母族亲属曾在政界为官。

② 《汉书》卷七十三《韦贤传》，3101 页。

③ 《汉书》卷六十六《公孙刘田王杨蔡陈郑传》，2898 页。

④ 《汉书》卷八十一《匡张孔马传》，3331 页。

⑤ 《汉书》卷七十一《隽疏于薛平彭传》，3042 页；卷七十四《魏相丙吉传》，3133、3142 页。

⑥ 《汉书》卷六十六《公孙刘田王杨蔡陈郑传》，2888 页；卷八十九《循吏传》，3627 页。

位丞相中有 3 位是太后或皇帝本人的至亲，有 7 人出身仕宦之家，这人中有 4 人——许昌、薛泽、庄青翟、石庆——都是开国元勋的子孙。昭、宣、元三朝的 11 位丞相就任前都没有爵位，而武帝朝 12 位丞相中有 9 位在获得丞相职位之前早就因为显赫的家世或军功袭爵封侯了。（见表 1.1 与表 4.1）

其次，当我们将这两个时代所有身份可以确认的朝廷重臣进行比较的时候，两个时期高层官员呈现的差异就变得越发明显了。武帝朝有 45 位高层官员，即总数的 58%，来自仕宦之家；其余的高层官员，约占 42%，出身寒微或身世不详，一路爬升到官僚阶层的顶端（见表 1.2）。而在昭宣元时代，这个比例完全颠倒了过来。74 名高官中仅有 27 人（占总人数的 36%）来自仕宦之家，剩下的 47 人（约占总人数的 64%）都起于微末，是一步步爬到权力塔尖的（见表 4.2）。

最后，两个时代的权贵之家也大相径庭。在武帝 54 年的统治期内有 40% 朝中重臣（31 人）的父辈或祖辈在武帝即位之前就已继承爵位或身居高位，而在昭帝时代这一数字仅有 14%（10 人）。武帝朝中有四分之一的朝中要员（19 人）是开国元勋的后人，而在昭帝时代，开国元勋及其后裔这一群体已经彻底消失了。事实上，从昭帝开始，再没有一位重臣的家族仕宦史可以一直追溯到西汉建立之初。在这一时期内，似乎仅有两家望族荣显的历史较长。① 武帝朝显赫的高官中有 21%（16 人）在武帝登基前若干年就已经身居高位或承袭爵位，而昭、宣、元三朝有类似情况的官员仅占 9.5%（7 人）。甚至这 7 个人也是政治新贵，不仅家史上没有成员为官的记录，其中的 4 人还是在武帝去世前不久才进入政坛核心的。（见表 4.2）②

---

①　仅仅两个这样的家族可以将其历史追溯到武帝之前。刘辟疆是皇室宗亲。韩增的一位先祖韩颓当曾率一支匈奴军队投降汉军，因此被文帝封侯。见《汉书》，卷三十三《魏豹田儋韩（王）信传》，1856 页；卷三十《艺文志》，1749 页。

②　四位政坛新贵为田千秋、魏不害、江德、苏昌。有关这四位政坛新贵的详细探讨见下文。

表 4.1 昭宣元三朝（公元前 87—前 33 年）三公九卿统计

身份明确的官员（包括丞相）（人数：74）	出身权势之家者（人数：27）	以军功进（人数：4）	出身小吏（人数：15）	身份背景不明／出身郎官（人数：6）起于郎官（人数：6）	经师／博士／太学／察举（人数：47）	直接拔擢（人数：9）
霍光辅政时期（公元前 87—前 68 年）人数：29						
昭帝（公元前 87—前 74 年）人数：23	刘辟疆（85）、徐仁（84）、上官安（83）、刘德（80）、韩增（74）、朱山拊（70）、张安世（86）	赵充国（80）、范明友（78）	王訢（87）、隽不疑（86）、田延年（75）、[魏不害（87）]	上官桀（87）、桑弘羊（87）、金日磾（87）、[田千秋（89）]、田广明（83）		田千秋（89）、魏不害（87）、杨敞（81）、江德（81）、苏昌（77）、便乐成（75）
	人数：8	人数：2	人数：3	人数：4		人数：6
宣帝（公元前 74—前 68 年）人数：6	田顺（71）		赵广汉（71）	宋畴（72）	后苍（74）、韦贤（71）、蔡义（71）	
	人数：1		人数：1	人数：1	人数：3	
宣帝（公元前 68—前 48 年）人数：25	张延寿（65）、杨恽（61）、丙显（51）、杜缓（51）、霍禹（67）、许延寿（56）、史高（49）、韦玄成（58）	冯奉世（62）、常惠（50）	魏相（67）、黄霸（55）、朱邑（66）、尹翁归（65）、陈万年（61）、张敞（61）、韩延寿（59）、解延年（49）、于定国（51）、丙吉（59）	梁丘贺（59）	萧望之（65）、龚遂（66）	任宫（66）、戴长乐（61）
	人数：8	人数：2	人数：10	人数：1	人数：2	人数：2

续表

	出身仕官大家	以军功进	出身寒微			
			郎官	小吏	经师/博士/太学	直接擢罷
元帝（公元前48—前33年）人数：20	王接(43)、许嘉(41)、刘更生(48)、任千秋(45)、金赏(43)、冯野王(42)、于永(48)、[韦玄成(42)]、禹(35)、刘庆忌(33)、王章(33)　人数：10		郑弘(46)　人数：1	[召信臣(33)]、[匡衡(36)]、[欧阳(地)余(43)]	周堪(46)、贡禹、薛广德(44)、欧阳(地)余(43)、严彭祖(44)、五鹿充宗(38)、匡衡之(36)、[萧望之(65)]、召信臣(33)　人数：8	陈遂(48)　人数：1

丞相		出身仕官大家	以军功进	出身寒微			
				郎官	小吏	经师/博士/太学	直接擢罷
霍光辅政时期（公元前87—前68年）	昭帝（公元前87—前74年）			[田千秋(89)]	王䜣(87)		田千秋(89)、杨敞(81)
	宣帝（公元前74—前68年）					蔡义(74)、韦贤(71)	
宣帝（公元前68—前48年）					魏相(67)、[丙吉(59)]、黄霸(55)、于定国(51)		丙吉(59)
元帝（公元前48—前33年）		韦玄成(42)				匡衡(36)	

注：小括号里的数字，如(36)，指的是此人获得三公、九卿或者通都大邑高官职位的年份（皆为公元前，仅保留数字）。方括号里的名字，如，[匡衡(36)]，指在其他类别中也有统计的官员。

表 4.2 政坛上层结构的断裂

	武帝	昭帝、宣帝、元帝
在前朝已身居高位的大臣	窦婴(155)、李蔡(景帝：二千石)、石庆(景帝：二千石)、张欧(常为九卿)（人数：5）	田千秋(89)(宰相)、王䜣(89)(右扶风)、桑弘羊(10)(大司农)、田广明(89)(大鸿胪)（人数：4）
在前朝已承袭爵位的大臣	许昌(165)、薛泽(161)、庄青翟(162)、赵周(148)、孔臧(171)、张当居(148)(山阳侯)、周平(绳侯)、乐贲(144)(俞侯)、王信(盖侯)、周仲居(148)(郸侯)、杜相(145)(阳平侯)（人数：11）	魏不害(91)(当涂侯)、江德(91)(蒲侯)、苏昌(91)(轑阳侯)（人数：3）
身为汉朝开国元勋后人的大臣	许昌(139)、薛泽(131)、生青翟(118)、石庆(112)、张欧(131)、石建(139)、孔臧(127)、周平(123)、李信成(119)、任越人(115)、周仲居(114)、张广国(127)、周健德(112)、杜相(112)、萧寿成(107)、张昌(104)、石德(102)、斳石(93)、郦终根(89)（人数：19）	人数：0
父祖在前朝已身居高位或承袭爵位的大臣	许昌(139)、庄青翟(118)、赵周(115)、石庆(112)、公孙贺(103)、张欧(131)、石建(139)、灌夫(139)、汲黯(135)、孔臧(127)、张当居(124)、周平(123)、司马安(122)、李敢(119)、张广国(127)、乐贲(117)、任越人(115)、周仲居(113)、周健(113)、德(112)、杜相(112)、萧寿成(106)、张昌(104)、公孙敬声(103)、石德(103)、韩延年(93)、韩说(91)、郦终根(89)（人数：31）	刘辟彊(85)、徐仁(84)、杜延年(80)、刘德(80)、韩增(74)、朱山拊(70)、张安世(86)、张延寿(65)、杜缓(51)、刘庆忌(33)（人数：10）
在前朝为中低级官员的大臣	灌夫(景帝：代相)、李广(景帝：太守)、赵禹(150—147)(丞相史)、宁成(144)(中尉)、韩安国(梁国内史)、李息(事景帝)、李沮(事景帝)（人数：7）	霍光(侍中奉车都尉)、上官桀(侍中)、张安世(尚书令)、金日磾(侍中驸马都尉)、隽不疑(青州刺史)、赵充国(迁车骑将军，长史)、冯奉世(良家子选为郎)、黄霸(二百石卒史)、于定国(狱史)（人数：9）

注：小括号里的数字，如(155)，指的是此人获得三公、九卿，或者通都大邑高官职位的年份(皆为公元前，仅保留数字)。

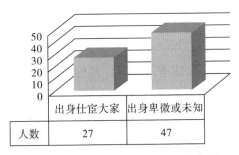

人数	出身仕宦大家	出身卑微或未知
	27	47

图 4.2　昭、宣、元三朝高官家世背景

　　显然，从西汉创立到武帝半世纪统治的结束，我们能清晰地看到高层官员组成的延续性。而在武帝与昭帝之间高层官员发生了重大的断层。事实上，朝中重臣总是会尽力为自己的后代提供机会，武帝一朝的高官们也不例外。司马迁反复指出，这些官员的很多亲属都被提升到了官僚集团的中高层。武帝朝高官中有四对父子：石庆—石德，公孙贺—公孙敬声，李广—李敢，张广国—张昌。还有三对是兄弟：李蔡是李广的堂弟；石庆与石建是亲兄弟；按《史记》的说法，司马安是汲黯的表哥。但是武帝一朝高官很少幸存下来继续为昭帝效力的，更不要说在宣帝和元帝朝廷中担任重要职位了。

　　武帝一朝高层官员的消失是否意味着一个裙带关系盛行的时代被一个社会流动性增强的时代所取代了呢？答案是否定的。主宰西汉权力中心的那些仕宦之家留下的权力真空很快就被起于微末的新兴精英们填补。他们成功地巩固了自己的地位，同时还保证了子孙后代在权力中心的位置，直到新莽统治的末年。

　　从成帝到公元 23 年王莽统治终结，54 年间迎来了四位皇帝。① 除去本为皇亲国戚的大臣，在这半个多世纪中还有 29 位高官的家族有显赫的仕宦历史。② 其中有 86%（25 人）的官员祖辈本出身寒微，而荣显于昭、

　　① 依次是成帝（公元前 33 年—前 7 年）、哀帝（公元前 7 年—前 1 年）、平帝（公元前 1 年—公元 6 年）、王莽（公元 6 年—公元 23 年）。

　　② 成哀平时代，有 25 位显赫官员来自权贵家族。王莽时代，四人来自权贵家族。见表 4.3。

宣朝(见表 4.3)。① 元帝与成帝时的高官于永之父于定国曾为底层狱史多年，后在宣帝时被擢升至官僚集团的顶层，出任丞相。② 陈咸、任千秋、冯野王、尹岑、黄辅、匡咸等人在成、哀两朝都位列九卿。而这些人的父辈都是在宣帝时一步步从官僚集团的底层逐渐升迁至高位的。③ 事实上，从昭帝至王莽期统治期间的高级官员中，能够确认为父子的就有 22 对。除去在武帝朝便任高官的杜延年之父，这些仕宦大家的第一代人全都出身低微，在昭帝即位后方才开始飞黄腾达(见表 4.4)。

除去权力直接在父子之间传递的例子，西汉后半期还有一些家族在每一朝都能出几位重臣，这种情况一直持续到西汉一朝的终结。除去一位据史料记载当过楚元王傅的远祖外，韦氏家族的仕宦历史在西汉前半期可以说是一片空白。但韦贤在宣帝一朝担任丞相后，其子韦玄成在元帝时也升任丞相，其孙韦安世在成帝时位列九卿，他的另一个孙子韦赏在哀帝时官拜大司马。金日磾本为匈奴人，被汉军俘虏后成了官奴，负责饲养御马。但在武帝末年到昭帝初年的过渡期内，他以车骑将军的身份荣显于世。从元帝至新莽朝，他的五位后代连续出任高官。④ 和韦氏与金氏家族一样，萧望之、丙吉、王吉、孔霸的家族都是在昭宣之世方才显赫起来的。在西汉朝最后 50 年间，萧氏家族出了 4 位重臣，丙氏家族、王氏家族与孔氏家族也各出了 3 位重臣(见表 4.4)。

---

① 驹普(32)、王咸 1(26)、金敞(25)与杜业君(20)家族史上有昭帝之前家族成员为官的记录。

② 《汉书》卷七十一《隽疏于薛平彭传》，3042～3043 页；卷八十三《薛宣朱博传》，3391 页。

③ 陈咸为陈万年之子，后者从官僚集团的底层爬上高位，宣帝朝任御史大夫；任千秋为任宫之子；黄辅为黄霸之子；冯野王为冯奉世之子；尹岑为尹翁归之子。见《汉书》卷八十三《薛宣朱博传》，3398 页；卷七十九《冯奉世传》，3300、3302 页；卷八十九《循吏传》，3634 页；卷七十六《赵尹韩张两王传》，3209 页。

④ 金日磾之子金赏在元帝时任光禄勋，金日磾兄之子金敞在成帝时任卫尉，金日磾之孙金钦在平帝时任京兆尹，金遵在王莽时代位列九卿。(见表 4.4)

表 4.3　成哀平三朝（公元前 33—公元 6 年）及王莽新朝（公元 9—23 年）三公九卿统计

身份明确的官员 人数：75	出身权贵家庭（人数：51）		出身寒微（人数：24）					
	出身皇亲国戚 人数：26	出身官员家庭 人数：25	经师/博士 人数：5	政绩/吏员 人数：11	察举 人数：1	直接拔擢 人数：1	太学 人数：5	军功 人数：1
成帝（公元前 33—前 7 年）人数：45	王商(33)、王凤(29)、王音(22)、王商 2(15)、王莽(8)、刘庆忌(12)、王莽 1(31)、史丹(31)、王章(29)、王临(26)、荀参(22)、王襄(26)、淳于长(16)、王咸(20)、赵访(16)、刘常(8)、王龚(7) 人数：19	任千秋(32)、王骏(28)、王咸 1(26)、金敞(25)、韦安世(25)、逢信(24)、朴业君(20)、萧尊(13)、尹岑(13) 人数：14	张禹(25)、[翟方进(15)]、许商(14)、彭宣(14)、赵玄(10) 人数：4	薛宣(20)、王遵(29)、孙宝(11)、谷永(9) 人数：4	[薛宣(20)]、[翟方进(15)]、[王骏(28)]、[何武(13)]、[谷永(9)]、[王遵(29)]、辛庆忌(26) 人数：4		翟方进(15)、何武(13)、王章(25) 人数：3	[辛庆忌（26）]、赵护(12) 人数：1
哀帝（公元前 7—前 1 年）人数：20	傅晏(6)、丁明(5)、[王莽(1)]、丁宪(5)、董恭(3) 人数：6	孔光(7)、韦贲(2)、丙昌(1)、王望辅(1) 人数：5	[平当(5)]、[师丹(7)]、黄左咸(6) 人数：1	朱博(5)、平当(5)、[王嘉(5)]、郦汉(4)、毋将隆(3)、龚胜(4) 人数：5	[师丹(7)]、[龚胜(3)] 人数：1	董贤(2) 人数：1	王嘉(4) 人数：1	
平帝（公元前 1—公元 6 年）人数：10	刘岑（公元 3）人数：1	平晏（公元 5）、萧咸（公元 1）、金钦（公元 1）、张宏（公元 2）、羊成（公元 2）人数：6		[马宫（公元 5）]、尹赏（公元 2）、尹咸（公元 5）人数：2	[尹赏（公元 2）] 人数：1		[马宫（公元 5）] 人数：1	

续表

身份明确的官员 人数：19	出身仕宦大家		出身卑微					军功
	皇亲国戚	官员之家	经师/博士	政绩/吏员	察举	直接拔擢	太学	
孺子婴（公元6—8年）王莽（公元9—23年）共17年	刘歆（国师）、王舜（大保）、王邑（大司空）、王奇（扬武将军）、王况（扬威将军）、王涉（将军）、王匡（将军）、王向（安定大尹）、王丹（中山太守）人数：9	平晏（公元5）（大司徒）、[甄邯]（大司马）、孔永（大司马）、甄寻（京兆尹）、崔篆、金遵、[金钦（公元1）]人数：4	[左咸（公元5）]、[苏竟（代郡中）（代郡中尉）]			王兴（卫将军）、王盛（前将军）、崔发（大司空）、唐尊（水衡都尉）、唐林（建德侯）、[满昌（六经祭酒）]、陈钦（将军，以左氏授王莽）人数：6		

注：小括号里的数字，如（28），指的是此人获得三公、九卿或者普通郡大邑高官职位的年份（未注明的为公元前年份）。方括号里的名字，如，[马宫（公元5）]，指在其他类别中也有统计的官员。

表 4.4　西汉后期（公元前 87 年—公元 9 年）至王莽新朝（公元 9 年—23 年）的仕宦大家

组 1：从昭帝至王莽统治期间的父子高官

家族第一代出身	第一代	第二代	第三代	序号
卑微	田千秋(89)	田顺(71)		1
卑微	上官桀(87)	上官安(83)		2
卑微	张禹(25)	张宏(公元2)		3
卑微	平当(5)	平晏(公元5)		4
卑微	尹赏(公元2)	尹立(京兆尹？)		5
卑微	杨敞(81)	杨恽(61)		6
卑微	于定国(51)	于永(22)		7
卑微	冯奉世(62)	冯野王(62)		8
卑微	任圣(66)	任千秋(31)		9
卑微	尹翁归(65)	尹岑(13)		10
卑微	陈万年(61)	陈咸(16)		11
卑微	黄霸(55)	黄辅(1)		12
卑微	王吉(宣帝朝)	王骏(28)	王崇(4)	13—14
卑微	金日磾(87)	金赏(50)		15
卑微	韦贤(76)	韦玄成(42)		16
卑微	丙吉(59)	丙显(51)	丙昌(1)	17—18
卑微	萧望之(64)	萧育(11)		19
卑微	萧望之(64)	萧咸(公元1)		20
武帝朝高官	杜延年(80)	杜缓(51)	杜业君(20)	21—22

组 2：昭帝至王莽时期的望族

出身	第一代	第二代	第三代	第四代	第五代
以父不降见杀……没入官，输黄门养马《汉书》卷六十八《霍光金日磾传》，2959页	金日磾（87） 金伦	金赏（50） 金建（驸马都尉） 金安上（关内侯、都成侯）	金敞（25）（卫尉） 五凤三年，夷侯常嗣。一年薨，亡后	金当（秅侯） 金钦（公元1）（京兆尹）	金汤（公元1）（都成侯） 金遵（九卿、封侯、王莽）
鲁国邹人也。其先韦孟，家本彭城，为楚元王傅，傅子夷王及孙王戊……自孟至贤五世《汉书》卷七十三《韦贤传》，3107页；卷十八《外戚恩泽侯表》，696页	韦贤（76）（大鸿胪）	韦玄成（42）（丞相） 韦弘（太山都尉迁东海太守）	建昭三年，[韦]宽嗣。薨 韦安世（25）（大鸿胪） 韦赏（2）（大司马车骑将军）	元延元年，夷侯、子僖侯育嗣。薨	子节侯沉（湛）嗣、王莽败、绝
鲁国人也。治律令，为鲁狱史。为魏相丙吉《汉书》卷七十四《魏相丙吉传》，3142~3151页	丙吉（59）	丙显（51）（太仆） 丙禹（35）（水衡都尉）	丙昌（公元前1）（大常、博阳侯）	元始二年、侯、王莽败，整侯并嗣	侯胜客嗣、王莽败、绝
家以田为业《汉书》卷七十八《萧望之传》，3271~3289页	萧望之（64）	萧育（11） 萧咸（公元1）（大司农）			

续表

出身	第一代	第二代	第三代	第四代	第五代	第六代	第七代	第八代
少（时）[好]学明经，以郡吏举孝廉为郎《汉书》卷七十二《王贡两龚鲍传》，3058～3068页		王吉（宣帝：益州刺史）	王骏（28）	王崇（4）				
孔光，孔子十四世之孙也。《汉书》卷八十一《匡张孔马传》，3352～3365页		孔霸（昭帝：博士，元帝：关内侯）	孔光（7）（丞相）；孔光兄	甄邯：孔光女婿（王莽：大司马）；孔永（王莽：大司马）				
杜周初征为廷史，有一马，目不全。《史记》卷一百二十二《酷吏列传》，3152～3154页	杜周（98）（御史大夫）	杜延年（80）（太仆、建平侯）	杜缓（51）（太常、建平侯）	杜业（20）（太仆、建平侯）		元始二年，侯笃嗣侯辅嗣	侯莽嗣，建武中以先降梁王、甍，不得代	
父为长安臣《史记》卷一百二十二《酷吏列传》，3137～3144页	张汤（120）（御史大夫）	张安世（86）（富平侯）	张延寿（65）（富平侯）；张彭祖（阳都侯）	张勃（富平侯）		张临（富平侯）	张放（富平侯）	张纯（王莽：平侯）（建武：大司空）

注：小括号里的数字，如（89），指的是此人获得三公、九卿或通都大邑高官职位的年份（未注明的为公元前年份）。

所有这些例子都表明，在武帝末年，随着朝中高层官员大量消失，统治集团上层出现了明显的断裂。从随后的昭帝时代一直到西汉终结，出现了全新的精英阶层，掌控着权力金字塔的顶端。

儒生官员的崛起

伴随着旧仕宦大家的消失与新阶层的诞生，儒生官员异军突起，开始占据官僚集团顶层的位置。在昭宣元时代的 11 位丞相中，有 5 人被其同时代的人确认为经学学者。剩下的人中有 3 人，按照班固的说法，在他们的仕宦生涯中开始研习五经。这和武帝时代 12 位丞相的教育背景形成了鲜明的反差，后者中仅有一人可以说是熟识经学的学者，即治《春秋》的公孙弘（见表 4.5）。

儒生比例的增加这种趋势在其他高层官员中也表现得非常明显。包括丞相在内，昭宣元时期的 74 名高官中有 24 人，约占总数的三分之一，被同时代人认定为儒生，有 4 人在升迁到实权职位后开始研习儒家经典。仅仅这些数据本身就足以说明儒生已经成为政界一股有竞争力的群体，这番景象与武帝时代已大不相同，当时 77 名朝中重臣中仅有 6 人被当作儒生。（见表 4.5 及图 4.3）

表 4.5　儒生官员在武昭宣元四朝的分布表

		儒生丞相	除丞相外的重要官员	入仕后开始研习儒家经典的丞相	入仕后开始研习儒家经典的重要官员
武帝朝人数：6		公孙弘（124）	赵绾（139）、王臧（140）、兒宽（110）、朱买臣（122）、孔臧（127）		
		儒生丞相人数：4	除丞相外的重要官员人数：20	入仕后开始研习儒家经典的丞相人数：3	入仕后开始研习儒家经典的重要官员人数：1

续表

		儒生丞相	除丞相外的重要官员	入仕后开始研习儒家经典的丞相	入仕后开始研习儒家经典的重要官员
霍光辅政时期 人数：5	昭帝		隽不疑(86)		
	宣帝	蔡义(74)、韦贤(71)	宋畴(72)、后仓(72)		
宣帝 25年统治期 人数：12		魏相(67)	梁丘贺(59)、萧望之(65)、龚遂(66)、张敞(61)、韩延寿(59)、解延年(49)、韦玄成(58)	丙吉(59)、黄霸(55)、于定国(51)	冯奉世(62)
元帝 16年统治期 人数：11		［韦玄成(42)］、匡衡(36)	［萧望之(65)］、周堪(46)、薛广德(44)、严彭祖(44)、欧阳地余(43)、五鹿充宗(38)、郑弘(46)、贡禹(44)、冯野王(42)、召信臣(33)、刘更生(48)		

注：小括号里的数字，如(122)，指的是此人获得三公、九卿或者通都大邑高官职位的年份（皆为公元前，仅保留数字）。

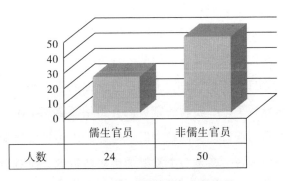

	儒生官员	非儒生官员
人数	24	50

图 4.3　昭宣元时期的儒与非儒官员

　　令人吃惊的是，正是在据称推崇法家学说的宣帝统治时期，儒生其实才开始在政坛发挥重要作用。王䜣与杨敞在昭帝朝被任命为丞相。前者的仕途成功要归功于政绩与人脉，而后者则得益于与辅政大臣霍光的密切关系。这两个人既没有五经方面的学识，也没有研习五经的意愿。

而与之形成强烈对比的是，在宣帝朝的 6 位丞相中，前 3 位都是饱览五经之士——其中 2 人还曾在太学担任过博士。① 剩下的 3 位以精通律法著称，他们得到升迁主要得益于政绩或人脉，就如同昭帝时代的王䜣与杨敞。但据说这 3 人都曾在他们仕途生涯的不同阶段研习过儒家经典。

丙吉是霍光最倚重的下属之一。宣帝能继承皇位，此人助力甚多。但他却是在 3 位儒生担任过丞相之后才被提升到官僚集团领袖的位子上。虽然丙吉始为小吏，但据说后来却开始研习《诗》《礼》。② 黄霸在自己仕途生涯的谷底曾从夏侯胜受《书经》。夏侯胜批评皇帝诏书时言辞激烈，身为丞相长史的黄霸却未谴责告发。两人俱因此入狱。黄霸欲从夏侯氏研习儒家经典。一开始，后者婉拒之，称获罪将死之身学之何益。但黄霸却答道："朝闻道，夕死可矣。"班固能够记载这个故事的细节，表明其在当时流传甚广，已成为著名的掌故。③ 与黄霸不同，于定国是在升任廷尉位列九卿后开始研习《春秋》的。班固说，于氏虽然已经在官场身居高位，却愿意执弟子礼，举行正式仪式迎师学经。④

这三位丞相与武帝、昭帝时代的丞相判然不同。身居高位然后开始学习经学的这些故事表明，武帝到宣帝之间的过渡期内官僚集团内部发生了巨变。我们不妨回忆一下：武帝时代，有 13 位朝中大员是从底层做起，最后升至高位的。可以说他们的升迁方式与丙吉、黄霸和于定国相似。但无论是《史记》还是《汉书》上都没有证据表明这些人对五经有任何兴趣。是什么导致了雄心勃勃的官员们开始钻研儒家学说？尽管我们要在本书第五章专门探讨此类问题，但这样的对比还是很清晰地说明对于儒生官员来说，宣帝一朝是一个重要的历史转折点。而对儒生官员在武

---

① 蔡义与韦贤任太学博士。据载，韦贤曾在年轻时研习《易经》。见《汉书》卷六十六《公孙刘田王杨蔡陈郑传》，2898 页；卷七十三《韦贤传》，3107 页；卷七十四《魏相丙吉传》，3133 页。

② 《汉书》卷七十三《魏相丙吉传》，3145 页。

③ 《汉书》卷七十五《眭两夏侯京翼李传》，3157 页。

④ 《汉书》卷七十一《隽疏于薛平彭传》，3042～3046 页。

帝时期和武帝之后的分布加以分析可以进一步证实这一点。

在汉武帝半个多世纪的统治期内，只有寥寥 6 位儒生进入权力金字塔的顶端，成为三公九卿或京城高官。昭帝统治的 13 年间，只有 1 位儒生进入高层官员之列。而宣帝统治的 25 年间，有 12 位儒生成为朝廷重臣，随后的元帝一朝也有 11 人。无论是从绝对数量还是从各位皇帝统治下儒生官员的数量与他们的统治时间的比值来看，高层官员成分的重大突破就发生于宣帝一朝（见表 4.5）。

对所有可以考察的高层官员的全面统计研究得到的结果与宣帝偏爱法家之士以及对儒生疾言厉色的传统形象大相径庭。不过这种差异倒并不一定意味着对我们观念的彻底颠覆，但是意味着我们需要对传统观念进行一些调整改变。如果我们简单地摒弃目前的主流见解，宣称宣帝推崇儒学，这反倒可能会将那些推动儒生最终成为政坛主导力量之一的错综复杂的历史事件掩盖起来。而且确如传统的史家记述所言，宣帝提拔了相当多的文法吏。儒生在其统治期内的崛起并不仅是一朝皇帝支持的结果——如果之前的从西汉建立以来把持朝政的官僚集团高层没有被扫除殆尽的话，儒生崛起基本不可能在宣帝时期发生。

这些崛起的儒生的门徒们在西汉王朝后半期甚至新莽时代都大获成功，这也进一步印证了儒生集团真正成了一股具有竞争力的政治力量。元帝后的 3 任皇帝统治期间，11 位丞相中有 7 位都是儒生。① 如果我们在算上新莽时代，可以发现在身份明确的 97 位高官中有 33 人都是儒生。而这其中有 7 人来自权贵之家，而其余 26 人都出身寒微。昭宣元时代的著名儒生官员和他们中大部分人都有师生之谊（见表 4.6 及表 4.7）。事实上，从昭帝到王莽统治结束，共有 11 对师生在朝廷为官。公元前 72 年后仓位列九卿，而追随他求学 10 年的门徒萧望之在 7 年后也升到了这个

————————————

① 这七人为张禹、翟方进、孔光、平当、王嘉、马宫、平晏。《汉书》卷七十一《隽疏于薛平彭传》，3048 页；卷八十一《匡张孔马传》，3347～3350、3352 页；卷八十六《何武王嘉师丹传》，3481 页；卷七十一《隽疏于薛平彭传》，3051 页。

位置，并在宣、元两朝发挥了举足轻重的作用。后仓的另一位弟子匡衡在元帝时也升为丞相。匡衡的弟子师丹在公元前14年位列九卿，后又于公元前7年升迁到了官僚集团的顶端任大司马(见表4.6)。

表4.6　西汉后期至王莽新朝三公九卿中的师徒关系列表

关系表1				
老师	第一代	第二代	第三代	第四代	第五代
夏侯始昌	后仓(72)	萧望之(65)			
		匡衡(丞相36)	师丹(7)		
			颍川满昌君郡(哀帝詹事，王莽六经祭酒)	九江张邯、琅邪皮容，皆至大官	
	梁丘贺(59)	张禹(丞相25)	淮阳彭宣(14)(大司空)		
			沛戴崇子平(九卿)？		
		梁丘临(少府?)	王骏(28)		
	夏侯胜	[萧望之]			
		周湛(46)	许商(14)	沛唐林子高为德行(王莽时，九卿)	
				平陵吴章伟君为言语(王莽时，博士；为王莽所诛)	
				重泉王吉少音为政事(王莽时，九卿)	
				齐炔钦幼卿为文学(王莽时，博士)	
		黄霸(丞相55)			
		孔霸(高密相，太子师，关内侯)	孔光(丞相7)		
		夏侯建	张山拊(博士)	郑宽中(博士授太子，关内爵)	赵玄(10，御史大夫)
				山阳张无故子儒(广陵太傅)	沛唐尊(王莽太傅)

续表

关系表 2				
老师	第一代	第二代	第三代	第四代
欧阳高 （博士）	欧阳地余（43）	欧阳政（王莽讲学大夫）		
	林尊（为博士， 论石渠；后至 少府、太子太 傅）	平陵平当（5）（丞相）	子[平]晏以明经历位 大司徒，封防乡侯	
		梁陈翁生（信都太傅， 家世传业）	琅邪殷崇（博士）	楚国龚胜 （右扶风）
	夏侯建	张山拊（博士）	郑宽中（博士授太子， 关内爵）	赵玄（10） （御史大夫）

关系表 3			
老师	第一代	第二代	第三代
眭孟	颜安乐（齐郡太守 丞）	泠丰次君（淄川太守）	马宫（公元5）（大司徒）
			琅邪左咸（6）（九卿）
		淄川任公（少府）	
		琅邪筦路（御史中丞）	孙宝（11）（大司马）
		冥都（丞相史）	
	严彭祖（44）	王中（元帝：少府？）	
	贡禹（44）		

关系表 4			
老师	第一代	第二代	
尹更始	尹咸（公元5年）	[刘]歆	
	翟方进（15）	[刘]歆	
	胡常	苍梧陈钦子佚（王莽将军）	王莽

关系表 5			
老师	第一代	第二代	
王吉	张禹（25）（丞相）	淮阳彭宣（14）（大司空）	
		沛戴崇子平（九卿）？	
	王骏（28）		

关系表 6			
老师	第一代	第二代	
施雠（博士）	张禹（25）（丞相）	淮阳彭宣（14）（大司空）	
		沛戴崇子平（九卿）？	
	梁丘临	王骏（28）	王莽
	韦贤（71）	韦玄成（42）	

关系表 7	
老师	第一代
薛广德（44）	龚胜（3）

注：小括号里的数字，如（36），指的是此人获得三公、九卿或者通都大邑高官
职位的年份（未注明的为公元前年份）。

表 4.7　成哀平三朝及王莽新朝三公九卿中的儒生官员

人数：33	出身权贵世家 人数：7	出身地方望族 人数：1	出身特征			
			经师/博士 人数：6	察举制 人数：1	大学 人数：4	行政/吏员 人数：7
成帝（公元前33—前7年）人数：13	王莽(8) 王骏(28)		张禹(25) [翟方进(15)] 王章2(25) 许商(14) 彭宣(14) 赵玄(10)	[翟方进(15)] [何武(13)] [王遵(29)] [谷永(9)]	翟方进(15) 何武(13)	王骏(28) 谷永(9) 孙宝(11) 王遵(29)
哀帝（公元前7—前1年）人数：8	孔光(7) 韦赏(2)	平当(5)	[平当(5)] [师丹(7)] 左咸(6)	师丹(7) [龚胜(3)]	王嘉(4)	平当(5) 龚胜(3)
平帝（公元前1—公元6年）人数：4	平晏(公元5) 金钦(公元1)				马宫(公元5)	[马宫(公元5)] 尹咸(公元5)
王莽（公元8—23年）人数：8	刘歆（国师）		苏竟（代郡中尉） 满昌（六经祭酒） [左咸（公元5）] **直接拔擢** 唐尊（水衡都尉） 唐林（建德侯） 陈钦（将军，以左氏授王莽） 崔发（大司空） 重泉王吉（九卿）			

注：小括号里的数字，如(36)，指的是此人获得三公、九卿或者通都大邑高官职位的年份（未注明的是公元前年份）。

不仅后仓的弟子在昭帝之后的每一位皇帝统治下都能升任要职，梁丘贺与周堪的门徒也是如此。梁丘氏公元前 59 年以精通《易经》而显荣。其弟子张禹在公元前 25 年被任命为丞相。张禹的一位弟子彭宣 11 年后荣升大司空。另一位弟子戴崇也位列九卿。宣帝时的太子少傅周堪在元帝继位后于公元前 46 年当上了光禄大夫。其弟子许商在成帝统治期内于公元前 14 年出任少府。而许商的两位弟子在新莽朝建立后都官居九卿（见表 4.6）。

这么多的儒生高官之间都有师徒之谊。而如果我们观察一下自昭帝以降的高官情况，还会发现其中同门的数量也颇为可观。后仓与梁丘贺都师从夏侯始昌。而宣、成两朝的九卿萧望之、周堪与黄霸都是夏侯胜的门徒，后者的老师也是夏侯始昌。细数一下这位经学大师门下的弟子与再传弟子，我们可以发现其中有 4 人曾升到官僚集团的最顶端，担任过丞相；有 12 人在昭帝至王莽末年这段时间内或为三公或为九卿。夏侯始昌的门徒们仕途辉煌，可与之相媲美的是欧阳高与眭孟：就在同一时期内，欧阳高的 6 位弟子或再传弟子，眭孟的 5 位弟子都曾获得九卿或九卿以上的官职（见表 4.6）。

儒生们公开地结交同侪，任用门徒为下属，并将他们举荐给朝廷。这样做既巩固了儒生间的师徒之谊，又增强了弟子们的门派意识。例如，魏相任御史大夫后，任用当时不过是郡吏的萧望之做自己的助手。[1] 萧望之后迁为御史大夫，任用薛广德做自己的下属，并推荐他任博士。[2] 萧氏还向宣帝推荐同门匡衡。[3] 元帝继位后，匡衡取得了丞相的位置。[4] 匡衡在任上推荐过孔光为方正。孔氏在成帝时任御史大夫，并在此时向朝廷举荐了匡衡的学生师丹，促成了后者日后仕途显贵。

---

[1] 《汉书》卷七十八《萧望之传》，3272 页。

[2] 《汉书》卷七十一《隽疏于薛平彭传》，3046~3047 页。

[3] 《汉书》卷八十一《匡张孔马传》，3332 页。萧望之与匡衡都是后仓的弟子，见《汉书》卷七十五《眭两夏侯京翼李传》，3167 页。

[4] 见《汉书》卷八十一《匡张孔马传》，3341 页。

事实上，个人举荐与正式的察举制度都是儒生用来帮助同侪跻身政治舞台中心的主要手段。夏侯胜是黄霸的老师，夏侯胜曾让儒生官员左冯翊宋畸举荐黄霸为"贤良"，而他自己也在朝廷上称赞自己的这位弟子。由此刚刚遇赦获释的黄霸便当上了扬州刺史。① 曾任汉成帝老师的张禹直接提拔自己的弟子彭宣，后者因而被委任为右扶风。② 而张禹自己之所以能被尊为帝师也是由于儒生郑宽中的举荐。③

高层官员之中儒生约占三分之一的比重，他们持续不断地进入权力中心，儒生官员之间联系密切。这些现象都宣告了一股新的政治势力就此诞生，同时也将儒生的际遇同西汉前半期他们的前辈完全区别开来。本书第一章已经探讨过，尽管武帝向来享有崇儒之名，但在他的统治期内儒生是高层官员中的少数派。尽管司马迁不遗余力地在《史记》中构建了儒生们的学术传承谱系，但汉武帝时几位位高权重的儒生官员之间几乎没有什么联系。在西汉朝前 120 年间，根据我们现在已知的情况，仅有两位儒生高官曾就学于同一位老师。当时的显赫官员现在名姓尚存的有上百位，但我们无法确认他们中任何人之间存在师徒关系。司马迁提到，汉初叔孙通制定汉廷礼仪，被授予太常之职。他的学生们也都在官位的竞逐中得到了优先考虑。然而，叔孙通的弟子中没有一位在史册中留下姓名。④ 武帝半个多世纪的统治期间曾身居高位的 6 名儒生都没有培养出有影响力的弟子。据史料记载，武帝时曾任中级官员的儒生董仲舒有好几位弟子。但即便是他弟子中的佼佼者也不过任职梁相，远离政治中心。本书第二章曾详述了儒生之间的内斗，由此便不难理解西汉前半期儒生们的政治命运。与王朝后半期那些彼此间欣然相互扶持的儒生官员们不同，前期的儒生之间还没有形成身份认同，他们经常视其他儒

---

① 《汉书》卷八十九《循吏传》，3629 页。

② 《汉书》卷七十一《隽疏于薛平彭传》，3051 页。

③ 《汉书》卷八十一《匡张孔马传》，3347 页。

④ 《史记》卷一百二十一《儒林列传》，3117 页。

生为对手而非盟友。

历史的巨变不是在武帝时期而是在昭、宣、元三朝完成的。高层官员的重新洗牌彻底而持久地改变了权力运作中心精英们的特征。自西汉建立就在朝中占据支配地位的旧的权贵家族逐渐消失，没有仕宦家族史的新官僚集团成为政治舞台上的主角。而在新兴的高层官僚团体中，儒生群体都一直牢牢地据一席之地，直到王莽篡汉。

儒生崛起，旧有的权贵家族覆没，以及新的精英阶层诞生恰巧在同时出现，我们无法将这些现象归结为巧合。通过对一系列复杂而血腥的宫廷斗争进行分析，笔者将探究这些深刻变化发生的前后顺序。

巫蛊之祸与新精英阶层的诞生

在武帝统治接近终结时，垂垂老矣的皇帝重病缠身。公元前 91 年，太子刘据身陷巫蛊之祸，死于非命。三年后，公元前 87 年 3 月，武帝选定自己最小的儿子——尚在幼龄的刘弗陵作为新的皇位继承人，封霍光为大司马大将军。两天后，武帝溘然长逝。随后，刘弗陵即皇帝位，是为昭帝。霍光为主要的辅政大臣，刚获升迁的车骑将军金日磾和左将军上官桀为其副手。①

粗粗一看，此次新皇即位并无异样。但只要仔细研究一下当时复杂的政局和某些不同寻常的细节，就不由得不怀疑这是一场精心策划的政治阴谋。

汉武帝有六子。刘闳死于公元前 110 年。刘据在公元前 91 年被逼自杀。公元前 88 年刘髆去世后，皇帝就只剩下了两位成年皇子刘旦与刘

---

① 《汉书》卷七《昭帝纪》，217 页；卷六《武帝纪》，211 页。

胥，以及稚子刘弗陵。① 刘胥体魄壮健，喜好游乐，据说曾徒手搏猛兽。按照班固的说法，此人"动作无法度，故终不得为汉嗣"②。刘旦博学多才，精明能干，自公元前 117 年被封为燕王后，管辖北境封国数十年。前太子刘据死后，刘旦以为自己当被立为太子，因此上书请求返回都城长安侍奉武帝左右。但根据《汉书》的记载，这道上书激怒了老皇帝，反而立了最小的儿子继承皇位。③

在我们今天看来，刘旦的请求从表面上看并无不妥，而武帝对此的反应似乎有些过激。七十多岁的武帝就从未考虑过把这个精明能干、主政一方的儿子立为继承人吗？为何武帝更愿意把皇权交付给对完全没有执政能力的幼子，让他受权臣的控制呢？《汉书》说刘弗陵和上古的尧帝一样，都是在母腹中 14 月而生；其奇特出生让武帝坚信不到十岁的幼子应该继承王位。但如果武帝一开始就想立其幼子为皇嗣，为何要拖延到临死前才宣布呢？我们很难找到令人信服的理由解释武帝废长立幼的选择，而更令人大惑不解的是他提拔霍光与金日磾的决定。这二人以前从未担任过重要官职，而现在却成为幼帝的主要辅政大臣。

皇帝的宠臣霍光并无显赫的家世背景，也没有任何军功和政绩。其父霍仲孺本为县吏，后在随侍平阳侯期间，与侍女卫少儿私通生下霍去病。霍去病的姨妈卫子夫被立为皇后后，霍去病随即成为朝中最有权势的将领。然而霍去病与其生父几十年间一直都没有任何联系。虽然后来

---

① 有关刘髆卒年的历史记载并不一致。《汉书·武帝纪》载刘髆卒于前 88 年。（《汉书》卷六《武帝纪》，211 页。）这个时间也符合班固在《汉书·外戚传》中刘髆卒于武帝之前的说法。（《汉书》卷九十七《外戚传》，3965 页。）但是在《汉书·武五子传》中，刘髆死于他被封为昌邑王 11 年之后，即公元前 86 年。（《汉书》卷六十三《武五子传》，2764 页。）这个时间与《诸侯王表第二》中的记载相吻合。（《汉书》卷十四《诸侯王表》，420 页。）太子刘据死后，武帝曾考虑过将其宠爱的李夫人之子刘髆立为继承人吗？为何刘髆死后没多久武帝就去世了？是有人故意改动了刘髆的卒年好让武帝选择幼子继位的决定显得合情合理吗？考虑到当时错综复杂的政局，自然会生出这些疑问。但是受史料所限，我们无法给出这些问题的确定答案。

② 《汉书》卷六十三《武五子传》，2760 页。

③ "武帝由是恶旦，后遂立少子为太子。"《汉书》卷六十三《武五子传》，2751 页。

他也曾举荐同父异母的弟弟霍光入朝为郎官，但史料上并未记载他曾给予后者任何优待。实际上，当霍去病到达自己职业生涯的巅峰之时，霍光还只是一名诸曹侍中。卫子夫之子前太子刘据后来身陷巫蛊之祸，卫氏全族尽数被诛。一直在武帝身边谨守职分的霍光几乎未受此事影响，这也说明霍去病以及卫氏家族和他之间并无瓜葛。霍光终生都在内廷效力，打理皇帝的日常起居。尽管据说他谨小慎微，事上以诚，由此赢得了皇帝的信任，但武帝似乎从未打算把他提拔到重要职位。和霍光一样，卫青与霍去病一开始也都是侍中，但没多久前者就被擢升为大将军，后者当上了骠骑大将军。战场上的赫赫战功很快让他们在朝中身居要职。①朱买臣、严助、主父偃这些人也都做过侍中或中大夫，官位和霍光大体相当。但他们后来或为郡守，或在诸侯国为相。而太中大夫、给事中东方朔宫中任职多年，却始终未能得到行政职位，东方朔由此感叹自己生不逢时而未得以重用。② 这些例子对比，引发了各种猜疑。霍光侍奉武帝将近二十年，如果武帝打算托孤霍光，为什么会到自己生命的最后日子才给了他重要的位置，让他骤然成为辅政大臣？为什么武帝没有给霍光足够的时间和机会来建立事功、在百官中树立威望？

　　朝中第二号辅政大臣金日磾与霍光的经历相似。本为匈奴人的金日磾 14 岁时被掳入汉宫养马。根据班固的记载，一次武帝看到他仪表堂堂，饲养的马又膘肥体壮，因此封其为马监。很快他便历任侍中、驸马都尉与光禄大夫。③ 据说金日磾一直深受皇帝恩宠：无论皇帝去哪里，他总是随侍左右。他的长子是武帝弄儿，也颇得皇帝欢心，最后却以悲剧结束：金日磾一直关注着长子的一举一动，先是发现自己的儿子和皇帝之间的嬉闹轻佻无礼，心中已是不悦；后又看到他在和宫女调情，盛

---

① 《汉书》卷五十五《卫青霍去病传》，2471～2475、2478～2379 页。

② 给事中属于追加的荣誉职衔，英译为 "Palace Steward"。见 Hucker, *A Dictionary of Official Titles in Imperial China*, s. v. "chi-shih-chung"。

③ 驸马都尉与奉车都尉均为武帝所设，大体属于挂名闲职。Hans Bielenstein, *The Bureaucracy of Han Times*, p. 29.

怒之下竟将其杀死。① 闻知噩耗的武帝既怒金氏又悯其子，不禁哀泣。史料掌故中透露出的金日磾与其家族成员的形象表明，他实为弄臣。主上倡优蓄之，且为时人所轻。这和肩负辅佐幼主重任的大臣所应有的声望相去甚远。

武帝遗诏中任命的其他两位大臣上官桀与桑弘羊在遗诏颁布之前均已在政界有所建树。但即使是他们也不过是政坛新贵，并未积累多少政治资本。上官桀是在武帝统治末年被擢升到高位的。此人年轻时曾为羽林期门郎。因为力大无比又迁未央厩令。后任侍中时成为武帝心腹。② 但直到武帝之治行将结束时，他才于公元前88年升任骑都尉，官秩两千石，统领宫廷卫队羽林骑。③ 据说上官桀在皇帝病榻领受遗诏前已经升任太仆一职，在官僚集团高层有了立足之地。但在《汉书·百官公卿表》中没有此次任命的相关记载，我们也无法在其他现存的史料中找到相关的材料。④

桑弘羊在整个武帝朝一直都在处理日常政务，一度还身处权力等级的顶峰。这位商人之子13岁为侍中。因善于理财，他历任大农丞（公元前115年）、治粟都尉（公元前110年）、大司农（公元前100年）。⑤ 但在公元前96年，他被贬为搜粟都尉，直到皇帝临死前才任命他为御史大夫。⑥

---

① 《汉书》卷六十八《霍光金日磾传》，2959～2961页。

② 《汉书》卷六《武帝纪》，211页；卷九十七《外戚传》，3957页。名上官桀者有两人。另一名搜粟都尉上官桀曾在前102或前101年任少府，很快因年老去职。（参见《汉书》卷十九《百官公卿表》，784页；卷六十一《张骞李广利传》，2702页。）

③ 毕汉思（Hans Bielenstein）说，从宣帝朝开始，羽林军归羽林中郎将与骑都尉统领。见 Bielenstein, *The Bureaucracy of Han Times*, p. 25。

④ 目前尚不清楚上官桀是否在遗诏颁布前获取了太仆之位。有可能他是同时得到太仆与左将军这两个职位的。在前88年汉武帝去世前一年夏上官桀不过是一名骑都尉而已。见《汉书》卷六《武帝纪》，211页。

⑤ 《史记》卷三十《平准书》，1432、1441页；《汉书》卷十九《百官公卿表》，785页。

⑥ 《汉书》卷六十八《霍光金日磾传》，2932页。

　　以上对这几位顾命大臣情况的回顾表明，即使到了武帝统治行将结束的时候，霍光、金日磾、上官桀与桑弘羊等人也并未升任任何实权官职。而且，武帝虽然也曾不时提拔宠妃外戚，但这些人与新确立的皇位继承人或宗室其他成员之间都没有很紧密的关联。

　　我们不禁要问，为何武帝会选择这些人做辅政大臣？而任命为何又偏偏发生在他去世当日？① 据说，武帝在五柞宫奄奄一息之时，竟无一子侍立病榻前，而大部分的高官也都在宫门外。接着内廷突然就传来皇帝驾崩的消息，新任将军霍光、金日磾和上官桀一齐拥立当时只有八九岁的太子加冕继任新君。所有这一系列迷雾重重的事件，加上前面提到的所有疑点，让同时代的人和现代的读者都怀疑这是一场阴谋。而阴谋的策划者很可能正是霍光及其同党，他们是这次权力交接中最大的赢家。

　　燕王刘旦甚至否认刘弗陵的合法身份，称这位新君实为辅政大臣霍光之子。② 毕竟，昭帝刘弗陵母亲的名字并未马上公开，刘弗陵也没有出席武帝葬礼。③ 而且，历史文献中有关幼帝登基时的年纪记载也相互抵牾。昭帝一百年后撰写的《汉书》称昭帝即位时年纪八九岁。而根据活跃于昭帝末年的学者褚少孙的记载，昭帝生于武帝七十岁时，继承皇位时年方五岁。④

　　另外，武帝遗诏的真伪也有争议。诏书中，武帝封霍光、金日磾与上官桀三人为侯，理由是表彰他们在平定公元前88年莽何罗与重合侯马通作乱时立下的功劳。而卫尉王莽的儿子侍中王忽公开指责霍光伪造遗诏，称自己在先帝临终前片刻未离左右，当时根本就没有遗诏封爵这回事。⑤

---

　　① 霍光被任命为大司马、大将军的时间是武帝薨逝当日，即前87年旧历二月丁卯。《汉书》载桑弘羊被任命为御史大夫是在前87年二月乙卯，但这一天并不存在。参见《汉书》卷十九《百官公卿表》，791页。

　　② 《史记》卷六十《三王世家》，2118页。

　　③ 《汉书》卷六十三《武五子传》，2751～2753页。

　　④ 《史记》卷四十九《外戚世家》，1985页。

　　⑤ 《汉书》卷六十八《霍光金日磾传》，2933页。

昭帝即位是霍光精心谋划的吗？通过各种阴谋让一个孩子登上帝位，就此他就可以独揽大权吗？也许武帝真的信任霍光，临死前授予他辅政之权？不论事实真相如何，霍光及其同党面临相同的挑战。在各种各样的质疑声中，他们必须要巩固自己刚获取的权力。他们成功地做到了。从公元前 87 年成为辅政大臣到公元前 68 年霍光去世，霍光一直牢牢掌控着朝局。20 年间，他镇压了多次政变图谋。昭帝二十多岁无嗣而薨之后，他拥立昌邑王为新君，27 天后又将其废黜。最后，霍光立刘病已为皇帝，后者据说是巫蛊之祸中被逼自杀的前太子刘据之孙。霍光辅政几十年，天子公卿遴选悉决其手，人人皆对其效忠输诚。霍氏私人军司马杨敞于公元前 81 年被委任为大司农，四年后迁御史大夫，两年后又升至丞相，直至在任上去世。① 便乐成仰仗与霍氏私交官居少府。② 杜延年与田延年都是霍光幕府旧人。因公元前 80 年揭发上官桀谋逆有功，杜延年于同年被委以太仆之职。田延年初为长史，后迁河东太守。公元前 75年，他升为大司农，并在废黜昌邑王（公元前 74 年）这件事上发挥了关键作用。③ 在武帝朝后期已经展现出军事才华的赵充国与范明友都被霍光升为将军，后又身居高位。④

除了提拔重用自己的亲信，剪除异己，霍光同时也扶植了一批武帝朝的中层官员，这些人很快就成了忠诚于他的朝臣。除了与霍光同时领受武帝遗诏的三位辅政大臣，还有六位就职于武帝一朝的中高层官员活跃于霍光把持的朝政之下。在武帝时代曾任光禄大夫的张安世于公元前 86 年被霍光提升为光禄勋。后来张安世当上了车骑将军，参与昌邑王的立废。武帝时的青州刺史隽不疑因镇压公元前 87 年刘泽谋反有功被擢升为京兆尹。⑤ 在霍光辅政前，田千秋、王䜣与田广明就已身居要职。在

① 《汉书》卷六十六《公孙刘田王杨蔡陈郑传》，2888 页。
② 《汉书》卷六十八《霍光金日磾传》，2953 页。
③ 《汉书》卷九十《酷吏传》，3665 页。
④ 《汉书》卷六十九《赵充国辛庆忌传》，2972 页；卷七《昭帝纪》，230 页。
⑤ 《汉书》卷七十一《隽疏于薛平彭传》，3036 页。

昭帝朝他们虽然都保住了官位，但或被霍光架空，或转化成霍氏忠心耿耿的下属。从前89年至前77年，田千秋一直担任丞相。但霍光前84年诛杀其女婿少府徐仁，他却无能为力。田广明在武帝朝曾任大鸿胪。霍光辅政伊始，田氏率领军队平定了益州叛乱。在证明了对霍氏的忠心后，他于前83年升任卫尉，前78年又出任左冯翊。

　　有趣的是，大部分在霍光辅政时期被提拔或保留高位的官员都出身贫寒。事实上，在霍光辅政期内21位可以确认的高官中，仅有9人出身权贵之家（见表4.1）。其中刘辟彊与刘德属于宗室。刘辟彊是汉高祖幼弟刘交之孙。[1] 霍氏秉政后，有人建议他不妨做出些姿态，让宗室子弟也分担一部分政务，这样就可以为朝廷免患。霍光于是将一些昭帝的远亲提拔到了高位。[2]

　　当时的朝廷要员徐仁、上官安、朱山拊、张安世、杜延年、韩增等人的父亲或岳父全都在武帝时官居三公或九卿。但除了韩增之父外，其余人都是政治新贵，都是从官僚集团的底层慢慢爬上权力塔尖的。事实上，韩增是霍光辅政时期唯一一位家族荣显的历史可以追溯到武帝之前的。但和张安世与杜延年一样，韩增的父亲在他尚未在官场有所建树就去世了：他仕途得意主要得益于霍光的栽培。[3]

　　基于上述分析，我们可以发现，之前那些累世身居高位的名门望族在霍光辅政时期几乎消失殆尽了。但这些显赫家族都有哪些？他们掌握了什么手段能确保家族成员在西汉前半期一直享有特权获得高层职位？霍光又是如何成功地将他们排除在政治舞台中心的呢？

　　这些权贵世家可以被划分成三个集团：第一是辅佐高祖刘邦建立汉朝的开国元勋，第二是在西汉建立之后的军事行动中功勋卓著者，第三是皇亲国戚。他们中的佼佼者享受着世袭的爵位。从汉朝建立一直到武

---

① 　刘辟彊之父为刘富。参见《汉书》卷三十六《楚元王传》，1922～1926 页。

② 　《汉书》卷三十六《楚元王传》，1926～1927 页。

③ 　《汉书》卷三十三《魏豹田儋韩王信传》，1857 页；卷七《昭帝纪》，225 页。

帝统治结束，一半以上的高层官员来自这些家族。仕宦之家的子弟享有政治优势，很多人在仕途早年就能接触到王室或可以跟随太子左右。他们中有不少人都有担任郎吏或任职太子府的经历。虽然这属于没有多少实权的低层官职，却给他们提供了与朝中重臣，乃至皇帝或太子建立私人联系的机会。① 在这之后，他们通常都会升任官僚系统的中层官员。②

另外一些仕宦之家的子弟则承袭家族爵位，直接成为高官的后备人选。在武帝统治期间，许昌、薛泽、庄青翟等开国元勋的后代因其世袭的侯位被时人视为丞相的当然人选。③《史记》直接提到："及今上时，柏至侯许昌、平棘侯薛泽、武彊侯庄青翟、高陵侯赵周等为丞相。皆以列侯继嗣，娖娖廉谨，为丞相备员而已，无所能发明功名有着于当世者。"武帝时代拥有侯位的人也经常直接被提拔为九卿。

霍光掌权后打破了这些官场成规。他辅政期间任用的高官中只有三位（魏不害、江德、苏昌）在就职之前就拥有爵位。但即使是这三人也和权贵家族毫无关系。魏不害本为圉守尉，江德是厩啬夫，苏昌是圉尉史。他们因擒获叛军首领公孙勇有功，而在前 89 年被武帝封爵。④ 霍光本出身寒微，又骤然掌权，这很可能就是他需要将权贵家族子弟从政治舞台中心赶走的关键所在。这些家族在血战厮杀中建立了和高祖刘邦紧密的联系，他们的子孙后代也享有亲近皇室的特权，与刘氏共享天下被视作理所当然。《史记》记载刘邦登基皇位，封赏与他共打天下的大臣时，"封爵之誓曰：'使河如带，泰山若厉，国以永宁，爰及苗裔'"。

这些权贵之家享有的辉煌历史和特权正是霍光所缺乏的。世袭精英们总是将权力与他们祖先的功绩联系在一起，即使委任他们官职，霍光

---

① 阎步克：《察举制度变迁史稿》，沈阳：辽宁大学出版社，1997，22～28 页；李孔怀：《汉代郎官述论》，158～172 页；严耕望：《秦汉郎吏制度考》，载《"中央研究院"历史语言研究所集刊》，第 23 本上，1951，89～143 页。

② 更多这方面的探讨见本书第一章。

③ 《史记》卷九十六《张丞相列传》，2685 页。

④ 《汉书》卷九十《酷吏传》，3664 页。

也无法让这些人对他产生特别的忠诚感。而且如果他真的这么做了，那就等于给这个本就有特权感的群体提供了夺权的良机，而置自己于险境。但这位新晋辅政大臣如何剪除潜在政敌的羽翼呢？他又何以能获得任意拥立皇帝的权力？他成功的因素有很多，但有两点至关重要：1)曾经维护那些权贵家族利益的体制有其固有的弱点；2)武帝统治末年的政治动荡在很短的时间内就毁灭了二十余个权贵家族，创造了霍光可以充分利用的政治真空。让我们先来探究一下西汉王朝前半期权贵家族的发展简史，然后回顾霍光辅政前不久发生的那场政治灾难。

汉初，两套既相对独立又紧密联系的政治体制被同时构建起来：中央集权的官僚体制与世袭贵族制。刘邦登基时，他手下的将领与谋臣们既获得了侯爵，同时也分到了最重要的政府职位。尽管官职无法传给子孙后代，爵位却是世袭的。如上所引用，高祖封爵之誓曰："使河如带，泰山若厉，国以永宁，爰及苗裔。"①遴选高官时，拥有侯爵的更受皇帝偏爱。从高祖到武帝，历任皇帝都在奉行这条不成文的规矩。当时的侯爵的持有者是人数有严格控制的特权阶级。高祖曾与功臣们歃血为盟："非刘氏不得王，非有功不得侯。不如约，天下共击之！"西汉的开国元勋们曾几次援引此盟誓以阻止外戚加入侯爵阶层的行列，侵夺他们享有的特权。②

尽管侯爵阶层们享受着种种政治优待，但侯爵制度固有的弱点却最终导致了在霍光辅政时的整个旧有侯爵阶层的覆灭。首先，这些侯爵们并不真的能和皇帝分享任何政治权力。相反，只有担负行政职责的高官

　　①　《史记》卷十八《高祖功臣侯者年表》，877页。
　　②　《史记》卷二十七《绛侯周勃世家》，2077页；卷九《吕太后本纪》，400页。鲁惟一对西汉贵族做过一些探讨。见 Loewe, *The Men Who Governed*, pp. 251~324。杨光辉曾有专著研究汉唐贵族。但是，该书只是提供了一个粗疏的大纲，而无详细的证据。见杨光辉：《汉唐封爵制度》，北京：学苑出版社，1999。

能够对朝廷施加影响。① 尽管在竞逐高层职位时，侯爵持有者与其他人相比享有极大的优势，但皇帝一贯掌控着官职的分配。其次，侯爵及其采邑都在地方政府的管辖范围内。朝廷发布的许多规定让侯爵们债台高筑，地方政府也被赋予了执行这些法规的权力。曾辅佐高祖建汉的周勃在诛灭吕后一族时发挥了关键作用，又力保文帝顺利即位。周勃曾长期身居要职，几十年来执掌大权，无人能及。但当他致仕返回封邑后，却终日生活在对地方官吏的恐惧中。②《史记》记载道："岁余，每河东守尉行县至绛，绛侯勃自畏恐诛，常被甲，令家人持兵以见之。"

历史文献记载了很多因为行为不端被褫夺爵位的例子。尽管一些案子也确实涉及犯罪，但很多人都是因为微小的过错受到惩处。例如，公元前112年就有106位列侯因为献祭的酎金未达到规定的标准而被废。③此类事件说明，西汉的侯爵拥有的独立的自主权力非常有限。相关数据研究也进一步证明西汉侯爵在政治上相对软弱无力。李开元的研究表明，在高祖时代，所有的朝中重臣都是建汉的功臣元勋；在惠帝与吕后统治时期，相关数字略有下降（90％）。文景之治时，元勋功臣在要员中所占比例进一步下降，分别为62％与46％。④

到了武帝54年的统治期内，高祖时代的功臣后代在高官中的比重约为20％。⑤ 很明显，尽管在霍光改组朝廷权力结构之前，权力顶端一直不乏这一阶层有影响力的代表性人物，但其政治权力却在持续衰落。本

---

① 在西汉王朝始创阶段，所有的封侯都住在京师或其附近区域；他们与朝中高官之间的人脉关系使得他们可以发挥一定的政治影响力。从文帝开始，要求所有的侯爵都回到远离政治中心的封邑。在此之后，除非这些侯爵担任官职，否则他们很难对朝政施加影响力。《汉书》卷四《文帝纪》，115页。参见李开元：《汉帝国的建立与刘邦集团：军功受益阶层研究》，212~215页。

② 《汉书》卷四十《张陈王周传》，2056页。

③ 《汉书》卷六《武帝纪》，187页。

④ 李开元：《汉帝国的建立与刘邦集团：军功受益阶层研究》，63~73页。

⑤ 李开元：《汉帝国的建立与刘邦集团：军功受益阶层研究》，63~73页。笔者自己统计的数值（见表4.2）比李开元的略高：77名高官中有19人（即25％）都是辅佐汉高祖的开国元勋后代。

属于他们的官职逐渐被新生政治集团占据。这些新生的政治力量包括外戚、军功卓著者和政绩突出者。霍光辅政后，将官僚系统的高层职位与高祖时代的功臣家族彻底分割开来，使后者的子孙后代在谋取官职时无法再享有曾经的特权。汉代的政治制度使得霍光可以将这些权贵家族边缘化，而爆发于武帝统治末年的内乱也已将大部分权贵家族摧折殆尽。命运之神站在了霍光这边。

公元前 91 年 2 月，此前 10 年一直担任太仆的公孙敬声因挪用原属北军的巨额资金被投入狱中。其父丞相公孙贺想方设法捉住了全国头号通缉要犯游侠朱安世，希望以此赎敬声之罪。但狱中的朱安世却上书控告公孙敬声与阳石公主私通，且公孙家族指使巫师对武帝施祝诅，又在通向武帝避暑夏宫甘泉的驰道下埋了用于巫蛊术的偶人。有司审案，指控被一一坐实，武帝马上诛灭了公孙贺全族。[1] 阳石、诸邑公主皆以巫蛊之罪处死。[2] 这次小规模的杀戮只是序曲，随后席卷整个朝廷的政治风暴更加血腥暴戾。

公元前 91 年夏，武帝按照惯例到甘泉宫避暑。然这里优美如画的风景并不能缓解年迈皇帝的病痛。朝堂上冉冉升起的政治新星江充说服武帝，让他相信他之所以生病乃有人施巫术所致。忧心忡忡的老皇帝于是命江充穷治其事。江氏任用可能来自中亚的胡巫搜寻用于祝诅的人偶以及徘徊此间作祟的亡灵。受到指控的蛊者与夜祠者被逮捕，打入地牢。班固写道，那里弥漫着疑犯们的呼喊哀号声与烙铁烫在皮肉上的焦煳味儿。京城一时间人心惶惶。巫蛊的指控满天飞。据《汉书》记载，因此案株连而死者多达万人。[3]

江充指控巫蛊邪气已经传入宫中，这一场腥风血雨由此达到了高潮。一旦他越过后宫宫门，第一批受害者就是那些皇帝不再宠幸的夫人们。

① 《汉书》卷六十六《公孙刘田王杨蔡陈郑传》，2878 页。
② 《汉书》卷六《武帝纪》，208 页。
③ 《汉书》卷四十五《蒯伍江息夫传》，2175～2179 页。

江充一步步将矛头指向卫皇后，并放肆地指责太子刘据也参与了巫蛊之事：在太子宫中发现了刻有诅咒受害者形象的木偶。武帝身在甘泉宫不通音信，而自己的两位姐姐以及公孙家族惨死的下场犹在眼前，于是刘据听从少傅石德之议，矫诏将江充等人全部逮捕。协同江充办案的按道侯韩说质疑诏书真伪，当即被太子手下杀死。另一名忠于江充的官员章赣拼命逃出，奔向甘泉宫告变。形势愈发严峻，太子将情况向母亲卫皇后和盘托出，取皇家武库兵器分发给长乐宫卫队，然后昭告百官，称武帝在甘泉宫身染沉疴，很可能已经薨逝，江充及其党羽欲趁乱夺权。刘据将江充处死，又在上林苑活活烧死了胡巫。① 随后他率众前往丞相刘屈氂府邸欲将其杀死，但后者则已逃跑。都城长安一片混乱。镇守京城的将领们无法相信皇帝支持太子这样做，于是都在观望。② 武帝一听到太子谋反的风声，马上起驾返回长安，令丞相率兵平叛，同时紧闭城门防止刘据逃逸。在随后的混战中有数万人死去，其中包括卫皇后、刘据及其部属，还有他们的整个家族。

巫蛊恐慌在公元前 90 年 5 月又一次重现，这次被指控施行祝诅的人换成了接替公孙贺登上相位并刚刚镇压了刘据叛乱的刘屈氂。其妻被控用巫术诅咒武帝。据说，她还和贰师将军李广利一起祷告上天，让昌邑王刘髆成为新的帝位继承人。刘屈氂与其妻自然难逃一死。李广利当时正率领军队在遥远的西部地区作战，听到消息后很快向匈奴投降，而李广利的全族被灭。③

下一场猎巫的目标是新任御史大夫商丘成、太常郦终根、大鸿胪戴仁、京兆尹建以及前任将军公孙敖与赵破奴。这些人都被指控行巫蛊之

① 《汉书》卷六十三《武五子传》，2743 页。
② 《汉书》卷六十三《武五子传》，2743 页；卷六十六《公孙刘田王杨蔡陈郑传》，2880～2881 页。
③ 《汉书》卷六十六《公孙刘田王杨蔡陈郑传》，2883 页。

术，在前 89 年至前 87 年被相继处死。① 在同一时期内，还有 11 位不在朝任职的侯爵被控犯下了巫蛊之罪，被定罪处死。② 在武帝朝最后 5 年间，长久以来一直掌控朝局的最有名望和权势的家族几乎被屠戮殆尽。这是一场精心策划的政治阴谋吗？为何导致所有这些杀戮的罪名都是巫蛊呢？

汉语中的"巫蛊"通常被英译为"Witchcraft"。传统上可以将"巫"理解为"萨满"（Shamans），巫早在商代便已存在，且频见于甲骨文中。尽管《国语·楚语》说"巫"特指女性萨满，用"觋"来指男性萨满，但在早期文献中这个字并未明显指代特定的性别。人们相信，巫具有特殊的本领，可以和神明及另外一个世界的魂灵相互沟通。祭祀与占卜仪式都要由他们主持。因为他们能够利用非人力所能掌控的力量，所以巫常常被视为具有治愈疾病的能力，这种能力经常通过祝由之法表现。祭祀与战争一度被视为国家最主要的两件大事（"国之大事，在祀与戎"），所以巫在商周时代的统治体制中占据着重要的地位。一些学者推测，商代的统治者本人就扮演着巫的角色。现在已知进入国家统治集团的巫履行着下列职能：释梦、祈雨、占卜以及在葬礼上驱鬼。

平民巫师大概出现于战国时代或更早，因为几部记载他们活动的相关文献都完成于这个时期。他们以替人祈福和医治疾病为生，也担任献祭河神之类的宗教仪式上的主祭。撰写于公元 1 世纪的《盐铁论》中说："是以街巷有巫，闾里有祝。"③按照《国语》中的说法，上古时代的巫具有极高的智慧，对于神明之事了如指掌，顺应天道游刃有余。瞽、史等职位也应该参与祭祀与神灵交流，《国语·周语》记载单子回答鲁侯时说："吾非瞽、史，焉知天道？"

---

① 《汉书》卷十九《百官公卿表》，788～790 页；卷五十五《卫青霍去病传》，2491～2493 页。

② 《汉书》卷十六《高惠高后文功臣表》，579、606、629；卷十七《景武昭宣元成功臣表》，639～640、644、652、655～657 页；卷十九《百官公卿表》，790 页。

③ 王利器：《盐铁论校注》，352 页。

然而，自春秋以来，许多怀疑论者都对巫术攘灾祈福的神效提出了质疑。先秦与秦代的思想家几乎无人不攻击巫术。有学者，诸如墨子，主张用巫术为世俗目的服务，而其他人，如荀子与韩非子，提出对这些潜在的危险人物实行严格的管控。

秦汉时代，皇室任用巫祭祀各种神灵。巫的社会地位低下：司马迁曾将自己卑微的地位等同于朝廷里专管占卜、祭祀之巫，说道："文史星历近乎卜祝之间，固主上所戏弄，倡优畜之，流俗之所轻也。"他们的地位类似于乐师和弄臣，不过费尽心力讨皇帝的欢心罢了，且为主流社会所鄙夷。① 巫及其后代似乎也一直被禁止担任行政职务。东汉学者高凤为了不出仕就曾声言自己出身巫家，不应为吏。②

如果说巫似乎通常和出于善意的法术（White Magic）相连的话，那么蛊往往与使用毒物、召唤恶灵相联系，以之帮助人获取权力与财富，或是向某人复仇。大概从汉字的诞生时期就有"蛊"这个字了。在甲骨文中，"蛊"字写作一个器皿中的两只昆虫。这个符号可能反映了制作蛊毒的特殊流程：将各种不同的毒蛇与毒虫放在一个容器中，任其自相啖食。蛊毒便源自这最后幸存的毒物。以前代法典为基础的《汉律》规定："敢蛊人及教令者弃市。"③"蛊"也指可以侵入身体致病致死的毒气或恶灵。④ 人

---

① 《汉书》卷六十二《司马迁传》，2732 页。

② 《后汉书》卷八十三《逸民列传》，2768～2769 页。另见王子今：《西汉长安的"胡巫"》，载《民族研究》，1997 年第 5 期，64～69 页；王子今：《两汉的"越巫"》，载《南都学坛》，2005 年第 1 期，1～5 页；马新：《论两汉民间的巫与巫术》，载《文史哲》，2001 年第 3 期，119～128 页；Fu-shih Lin, "The Image and Status of Shamans in Ancient China,"in *Early Chinese Religion*，*Part One*：*Shang through Han*，pp. 397-458。

③ 郑玄在《周礼》的注疏中曾引《汉律》云："敢蛊人及教令者，弃市。"参见《周礼注疏》，见《十三经注疏》上册，888 页。

④ 同样，"蛊"可以用来指过度沉溺于女色而导致的疾病，见于《左传·昭公元年》。详见《春秋左传注》第四册，杨伯峻注，北京：中华书局，1990，1222～1223 页。另见 H. Y. Feng, J. K. Shryock, "The Black Magic in China Known as Ku," *Journal of the American Oriental Society* 55，no. 1（March 1935），pp. 1-30。

们相信可以通过祝由之术控制自然形成的毒气，以狗或草药御蛊。①

巫蛊是引导邪灵害人之术。发生在武帝朝的巫蛊恐慌包括祝诅，夜祠，埋偶人与祠道中。这些巫术可能在汉代社会屡见不鲜，《汉律》中也专门提及。然而，皇帝的态度对执法却有着莫大的影响。虽然传统上会对祝诅君主的人处以极刑，但文帝却看到了事情更复杂的一面，显得对此比较包容。他曾下诏说：

> 民或祝诅上以相约结而后相谩，吏以为大逆……此细民之愚无知抵死，朕甚不取。自今以来，有犯此者勿听治。②

这位皇帝似乎承认，要想证明一个人没有诅咒过君主是非常困难的，而这样的律法规定很可能会诱使一些人诬告他们的仇家。文帝废除"秘祝之官"也反映了这种开明理性的态度。在秦汉两代，朝廷都有专司"移过"之官——每当出现不祥之兆或似乎灾祸临头之际，秘祝之官便祠祭祈祷，将罪责转移给群臣及百姓。③ 文帝下诏说：

> 盖闻天道祸自怨起而福繇德兴，百官之非，宜由朕躬，今秘祝之官移过于下，以彰吾之不德，朕甚不取。其除之。④

然而这位理性君主的孙子武帝并不相信一个人的美德可以让他获得上天源源不断的赐福。相反，他素来以挥金如土寻找长生不死药而闻名。这位杰出的君主成就了引人瞩目的世俗功绩。他相信，神灵可以靠祭祀收买，可以靠符咒操控。这可能就是汉代第一起有明确记载的巫蛊案就发

---

① 《史记》载秦德公曾磔狗邑四门以御蛊，《周礼》记载有专门的官署负责以咒语和草药驱蛊。见《史记》卷二十八《封禅书》，1360 页；《周礼注疏》，见《十三经注疏》上册，888 页。

② 《史记》卷十《孝文本纪》，424 页。

③ 原文："祝官有秘祝，即有菑祥，辄祝祠移过于下。"《史记》卷二十八《封禅书》，1377 页。

④ 《史记》卷十《孝文本纪》，427 页。

生在武帝朝的原因。

公元前 130 年，已经失宠的陈皇后被控犯下了媚道之罪。皇帝下令彻查，结果发现皇后曾安排一个名叫楚服的女人伙同他人"巫蛊祠祭祝诅"。三百余人受此案株连被处死，楚服被斩首示众。尽管陈皇后的同谋们一个个都身首异处，皇后本人却没有受皮肉之苦。她失去了皇后的尊号，被迫移居长门宫。①

武帝对妻子的宽宏大量与 40 年后他所表现出的残酷无情形成了鲜明的反差：巫蛊恐慌驱使他杀死了自己的继承人、女儿、皇后以及许许多多高官。有可能是明显的死亡征兆让这位年迈而易怒的君主相信，自己身体的病痛都是由自己最信赖的亲人制造并操控的"蛊毒"导致的。早在公元前 99 年，他便开始怀疑有人在他平常出行的道路上暗行祝诅，于是派人大肆搜巫。② 7 年之后，他又命三辅骑士搜查上林苑。这片皇室游憩之地水路纵横，布满了供奉众多神明的神祠，最显眼的位置还有一大块猎场。班固记载道，这次搜查行动就是巫蛊大恐慌的开端：为阻止所谓"异人"逃逸，长安城门紧闭了 11 天。③

甚至在武帝把矛头对准皇族和亲近官员之前，他的疑神疑鬼和大肆搜巫已经在都城地区制造了恐慌与不详的空气。在将自己的身边人几乎斩尽杀绝后，他依然继续执拗地搜捕着蛊，其中一些搜捕行动是靠新设的司隶校尉完成的。后者手下有一千二百余中都官徒隶所组成的武装队伍查捕行巫蛊者。④ 同年（公元前 89 年），新任丞相田千秋欲安抚被大肆搜巫和伴随的血腥杀戮弄得提心吊胆的百姓。他上疏给武帝祝寿，赞颂武帝之德，劝其宽仁为怀，广施恩惠，减缓刑罚。但根据班固的记载，武帝是这样回应他的：

---

① 《汉书》卷九十七《外戚传》，3948 页。
② 《汉书》卷六《武帝纪》，203 页。
③ 《汉书》卷六《武帝纪》，208 页。
④ "从中都官徒千二百人，捕巫蛊，督大奸猾。"《汉书》卷十九《百官公卿表》，737 页。

> 朕之不德，自左丞相与贰师阴谋逆乱，巫蛊之祸流及士大夫。朕日一食者累月……痛士大夫常在心，既事不咎。虽然，巫蛊始发，诏丞相、御史督二千石求捕，廷尉治，未闻九卿廷尉有所鞫也。曩者，江充先治甘泉宫人，转至未央椒房，以及敬声之畴、李禹之属谋入匈奴，有司无所发，今丞相亲掘兰台蛊验，所明知也。至今余巫颇脱不止，阴贼侵身，远近为蛊，朕愧之甚，何寿之有？①

武帝对疾病和死亡的恐惧是长达 5 年的巫蛊案及其血腥杀戮的直接原因，但是这大肆屠杀的背后一定隐藏着一系列的政治阴谋。事实上，只要仔细审视一下巫蛊受害者的名单，就不难发现他们明显是由两大利益集团构成的。

公孙贺与石德领导的集团依附于卫皇后，他们是太子刘据的支持者，即所谓卫氏集团。公孙贺妻子是卫皇后的姐姐，太子刘据的姨妈。自公元前 125 年起，他便一直身居高位。其子公孙敬声在公元前 102 年开始在朝廷中担任重要角色。石德从前 102 年至前 99 年担任太常。其父为前丞相石庆，石氏家族自从汉朝建立就开始在朝廷担任要职。这个小集团中还包括卫皇后的弟弟大将军卫青和卫皇后的外甥骠骑大将军霍去病，这两人都曾在朝中担任要职，但都英年早逝。日渐没落的卫氏集团在巫蛊大恐慌中几乎被斩尽杀绝。报复性的杀戮始于公孙贺父子之死，这是对卫家势力的沉重一击。尽管乍看起来公孙家族的覆没只是独立事件，是由朱安世和公孙家族之间的仇隙所致，但后面局势的发展不得不让人猜疑，巫蛊的指控是精心设计的陷阱。

几个月之后，卫皇后的女儿阳石、诸邑公主连同侄子卫伉都以巫蛊之罪被诛杀。当然，导致太子、卫皇后及其集团势力土崩瓦解的直接责任人是江充。班固评说江充此举的动机是因为先前曾冒犯过太子，于是担心如果太子登基他必然前途黯淡。但为何武帝要信任此人，允许他"入

---

① 《汉书》卷六十六《公孙刘田王杨蔡陈郑传》，2885 页。

宫至省中，坏御座掘地"呢？为什么武帝连太子和皇后当面陈情的机会都不给？更别说给机会让他们谢罪了。这些问题促使有些学者提出，武帝本就有意消灭太子一党，巫蛊不过是一个方便的借口而已。①

很难理解武帝为何想要杀死自己 30 年前挑选的继承人。现存的史料中也没有父子不和的直接记载。唯一的线索就是卫皇后久已失宠。一些学者提出，太子偏好的保守政策与武帝一生任用酷吏，严刑峻法，频繁大肆征战的国策格格不入。这些观点富有启发性，但仍基于读者的推测：不论是与武帝同时代的史家司马迁还是详细记录了刘据覆亡的班固都没有提及此事。②

有可能是武帝感到了成年太子对自己的威胁，于是打算瓦解太子日益增长的势力。这就解释了为何武帝会在朝廷动荡之际将所有与卫氏集团有牵连的人全部处死。以公孙敖与赵破奴为例，前者曾是卫青属下，后者曾是霍去病的属下。虽然两人在巫蛊大恐慌发生前很久就已经失掉了爵位，但还是以巫蛊之罪连同族人一起被处决。这场大屠杀的受害者中还包括前东胡王卢贺、东粤繇王居股、东粤建城侯的后人禄——这些人因为降汉都被封为侯爵。卢贺和居股被杀是因为刘据试图在长安城集结军队时曾联络过他们。卢贺被指控收留一个曾受刘据宠幸的女子，且祝诅皇帝。曾做过卫青舍人的任安与田仁由于卫青的举荐在都城长安担任要职。田仁被处死是因为他让刘据逃出长安。虽然任安对太子想调动自己麾下军队的命令充耳不闻，但仍难逃一死。御史大夫暴胜之因为阻

---

① 参见蒲慕州：《巫蛊之祸的政治意义》，载《"中央研究院"历史语言研究所集刊》，第 57 本第 3 分，1986，511～537 页；劳干：《对于"巫蛊之祸政治意义"的看法》，载《"中央研究院"历史语言研究所集刊》，第 57 本第 3 分，1986，539～552 页；孟祥才：《析戾太子之狱》，载《齐鲁学刊》，2001(5)，11～17 页；张小锋：《卫太子冤狱昭雪与西汉武、昭、宣时期的政治》，载《南都学坛》，2006(3)，12～17 页。

② 这种观点首先由司马光在《资治通鉴》中提出。田余庆、鲁惟一等现代学者又进一步阐发此论。见田余庆：《论轮台诏》，载《历史研究》，1984 年第 2 期，9 页；Michael Loewe, *Crisis and Conflict in Han China*, *104 BC to AD 9*, p. 77。

拦处决田仁受到皇帝严厉申斥，也被逼自杀。①

但是卫氏集团的竞争对手也被彻底诛灭。这时武帝的动机和目的未免难以解释。巫蛊大恐慌的受害者中还有李广利、刘屈氂与商丘成。这些人控制的官僚集团支持武帝宠妃李夫人之子刘髆。李夫人的长兄李广利从前 104 年起就一直担任将军。他与武帝庶兄之子刘屈氂结为姻亲。② 商丘成是李广利的部属。这个所谓李氏集团从刘据一党的垮台中受益匪浅，后者在中央政府中留下的空缺很快就被他们填补上了。李广利成为卫青与霍去病去世后朝中最有权势的军事将领。公孙贺瘐死狱中而刘屈氂则升任丞相。暴胜之自杀而死商丘成却成为御史大夫。不足为奇的是，刘屈氂与商丘成正是镇压刘据叛乱的主力。然而，武帝并无意支持李氏集团。在铲除卫氏集团后，李广利和刘屈氂暗示武帝应立李夫人之子刘髆为皇位继承人。这本来相当合理的建议倒触怒了武帝。他指责他们对自己行祝诅之术，将他们诛杀。李广利带兵征伐在外，听到消息后只能逃叛于匈奴，最后死于匈奴之手。③ 而刘髆则在武帝选定了新继承人后便神秘死去。④

在卫氏、李氏两大集团相继覆没后，下一批要面临刽子手利刃的便是那些曾与前太子刘据为敌的人。他们中包括苏文、韩兴、李寿、张富昌、莽通、景健。苏文与韩说曾协助江充查办巫蛊案，这三人都曾指控太子行巫蛊之术。江充和韩说虽然在刘据叛乱时业已伏诛，前 89 年武帝又下令诛杀江充、苏文两人全族。⑤ 韩说之子韩兴于前 89 年坐巫蛊诛。⑥ 新安令史李寿与山阳卒张富昌此前因捉拿刘据有功被双双赐爵。

---

① 《汉书》卷六十六《公孙刘田王杨蔡陈郑传》，2881 页。

② 《汉书》卷六十一《张骞李广利传》，2699 页；卷六十六《公孙刘田王杨蔡陈郑传》，2883 页。

③ 《汉书》卷六十一《张骞李广利传》，2704 页。

④ 《汉书》卷六十三《武五子传》，2764 页。

⑤ 《汉书》卷六十三《武五子传》，2747 页。

⑥ 《汉书》卷十六《高惠高后文功臣表》，629 页。

但很快李寿就因未经许可离开长安被处决①,张富昌也死于一场刺客不明的神秘暗杀。② 曾在泉鸠里对太子兵刃相加者,曾为北地太守,后来也被族灭。③ 李广利的部下莽通与长安大夫景健在刘据叛乱时曾助剿卫氏集团,此后都被封侯。但当看到之前的功臣被一一诛杀后,莽通伙同自己的兄长莽何罗及景健欲图刺杀武帝,结果事败被诛。

班固指出,武帝杀死这些曾与刘据为敌的人是出于负疚感:如果刘据本来没有过错,那么为他的死报仇自然势在必行。

很难把这场灾难中剩下的牺牲品归入任何一个利益集团。但大体上可以说,他们都曾在帝国的朝堂上举足轻重或数十年安享爵位。以郦终根为例,他是高祖建汉的元勋郦商之后,于前115年承袭爵位。这些人在武帝朝职守清闲,薪俸优渥,理应在武帝继任者那里继续发挥重要作用。但由于受巫蛊之祸的牵连,这一切统统成了泡影。

如果真有一位核心人物掌控着整个事件的走向,那这个人只能是武帝本人。很有可能武帝在下了更换储君的决心后,便以巫蛊为借口清除势力稳固的卫氏和李氏两派。④ 尽管一些证据似乎指向了这一结论,但仍有谜团未解。如果武帝想立自己最小的儿子为继承人,为什么他非要多此一举地先提拔李氏集团成员,而不在刘据死后马上确立未来的昭帝为储君呢?霍光等人既和五岁的未来天子毫无关系,又没有什么了不起的功绩。为何武帝要处死昭帝之母,将辅政大权托付给这几位政坛新贵呢?

所有的疑问暗示着另外一种可能性:这场持续五年的腥风血雨本就没有什么幕后主谋。各派势力都把搜捕巫蛊看作一出大戏,想利用这个

---

① 《汉书》卷十九下《百官公卿表》,789页。

② 《汉书》卷十七下《景武昭宣元成功臣表》,664页。

③ 《汉书》原文是:"而族灭江充家,焚苏文于横桥上,及泉鸠里加兵刃于太子者,初为北地太守,后族。"原文似乎有脱落,见《汉书》卷六十三《武五子传》,2747页。

④ 参见蒲慕州:《巫蛊之祸的政治意义》,531~537页。

机会清除敌对势力获得权力。他们掀起的政治风暴最后失去了控制，整个政坛的权势人物都几乎被杀戮一空。一位最出人意料的赢家从权力的真空中崛起：霍光趁机攫取了权柄，让完全效忠自己的人占据了朝堂。①

---

① 武帝统治末年发生的巫蛊之祸可能是西汉一朝最触目惊心的政治悲剧。这场引发轰动的祸乱很快吸引了史家的注意。尽管班固没有在《汉书》中为此事件另辟专章，但他在此次事件受害者的传记中做了详细的记述。在《汉书》中"巫蛊"一词几乎变成了围绕这场政治大屠杀的诸多事件的同义词。20 世纪 70 年代，鲁惟一采取顺时记述的方式详细记录了这些事件。由于深受儒生在武帝朝大获成功这一观点的影响，鲁惟一将这场政治迫害看作儒家学说破产的明证。蒲慕州在 20 世纪 80 年代对这一事件重新做了研究，他认为武帝大谈特谈巫蛊是为未来的昭帝清除政治对手。虽然包括班固在内的学者都明显看出这场悲剧为以后的霍光专权铺平了道路，但没有人想到要研究此次事件的后果：旧统治阶层几乎被斩尽杀绝，儒生官僚集团随之构建。参见 Michael Loewe, *Crisis and Conflict in Han China*, *104BC to AD9*, pp. 37-90，esp. pp. 37-38；蒲慕州：《巫蛊之祸的政治意义》；劳幹：《对于"巫蛊之祸"政治意义的看法》；田余庆：《论轮台诏》，载《历史研究》1984 年第 2 期。

第五章　中道崛起：谁将政治权力托付儒家？

　　儒学被提升为帝国意识形态常与大帝国的创立联系起来，因为按传统观点，将分立的地区整合成一个统一的政治实体需要借助一套大家共同认同的话语系统。很少有人会想到，汉朝政治中枢对儒家教义的接受与巫蛊之祸后的皇位继承危机直接相关。

霍光专权与儒家话语

　　虽然霍光在汉朝政治史上占据一席之地，但此人在现代儒学史中鲜有提及。然而，正是在其摄政期间，大量经过儒家保留并改造过的历史掌故首次充分发挥政治作用，为其主导的政治变革提供合法依据。

　　据说，公元前89年，戾太子刘据死后，武帝曾赐给霍光一幅画。画中诸侯们正恭候周公，而后者则背负着年幼的周成王。两年后，武帝病势沉重之时，霍光流着眼泪问谁可继承大统。武帝回答："君未谕前画意邪？立少子，君行周公之事。"[1]

　　周公是西周王朝开国之君武王姬发的弟弟，享有宽厚仁慈且深谋远虑的名声。武王去世后，周公摄政辅佐幼主直至其成年。这个故事在西汉建立前后都广为流传。该故事最早见于《书经》（司马迁认为此书为孔子所撰）。《左传》记载晋国的范宣子杀死了羊舌虎，又囚禁了其兄叔向。已

---

　　① 《汉书》卷六十八《霍光金日磾传》，2932页。另见《史记》卷四十九《外戚世家》，1985页。

经告老在家的祁奚向范宣子进言，曾援引这则掌故，说"管、蔡为戮，周公右王"，认为虽然管叔、蔡叔犯上作乱，但其兄周公却忠心耿耿辅佐幼主，不应因羊舌虎行为不端株连其无辜亲属叔向。①《孟子》在讨论王位承袭究竟是该依据个人功绩还是血统时也曾复述过这个故事。西汉初年，汉高祖刘邦之子，也是汉文帝刘恒的异母弟弟淮南王刘长骄纵跋扈，文帝命将军薄昭写信劝诫。信中言及周公平定叛乱，杀死管叔，放逐蔡叔，使周王朝安定。（"昔者，周公诛管叔，放蔡叔，以安周。"②）武帝时代，司马迁搜集相关散碎史料，在《史记·鲁周公世家》中系统讲述了周公故事。

武帝是否真如班固所言，受到周公辅成王故事的启发，将幼子托付给了霍光？抑或那些戏剧化的故事情节不过是霍光的编造，旨在让摄政显得名正言顺？霍光的骤然拔擢不免让不少人对此疑窦丛生。限于相关史料的稀缺，历史真相恐怕永远无可稽考。但可以明确的是，这是历史上首次从纯政治角度审视周公与成王之间的关系，而这则故事也由此成为某种古已有之的历史先例，便于民众接受大臣辅佐幼主这种政治异数。③

在霍光时代，这种宣传策略得到了广泛的认可。官员们即使在指责这位权臣时，对把他比附为周公这一点也不存异议。儒生萧望之在谒见霍光前，受到霍光卫兵屈辱的搜身检查，于是愤怒地抗议如此对待文士违背了周公成例。萧望之说道："今士见者皆先露索挟持，恐非周公相成王躬吐握之礼，致白屋之意。"④汉昭帝崩，无嗣，霍光欲拥立昌邑王刘贺。昌邑中尉王吉上疏谏刘贺，说道："大将军抱持幼君襁褓之中，布政施教，海内晏然，虽周公、伊尹亡以加也。……臣愿大王事之敬之，政事壹听之。"王吉将霍光与周公并举，规劝刘贺对霍光言听计从。⑤ 百年

---

① 参见杨伯峻：《春秋左传注》第四册，1061 页。
② 《汉书》卷四十四《淮南衡山济北王传》，2139 页。
③ 鲁惟一辑录了秦汉时代关于周公的文献。见 Michael Loewe，*The Men Who Governed*，pp. 340-356。
④ 《汉书》卷七十八《萧望之传》，3272 页。
⑤ 《汉书》卷七十二《王贡两龚鲍传》，3061 页。

后班固撰写《汉书·昭帝纪》的赞词时，亦将霍光和周公等同视之，写道："昔周成以孺子继统，而有管、蔡四国流言之变。孝昭幼年即位，亦有燕、盖（盖）、上官逆乱之谋。成王不疑周公，孝昭委任霍光，各因其时以成名，大矣哉！"①

终西汉一朝，其他人摄政专权操纵帝王一共发生了四次。霍光以前，高祖之妻、惠帝之母吕后把持朝政。惠帝薨逝后，吕后为永保摄政之位先后拥立两位幼帝。她执政近16年，为巩固一己私利，全力安插吕姓外戚出任军政要职。然而，无论是吕后还是她的兄弟们都未曾借助周公故事来增加其地位的合法性。最后吕后在历史上变得臭名昭著，她的滥权谋私总被拿来为皇室敲响警钟。②

霍光比他的前辈更加聪明。将自己比作周公是一种成功的宣传策略，不仅防止了大家将其把持国政与在汉代声名狼藉的吕后摄政联系起来，更将其辅政岁月变成了周王朝的历史延续，而周王朝是怀古的读书人眼中的盛世。

霍光后，王凤与王莽分别在成帝与哀帝朝也做过辅佐大臣。③ 他们都像霍光一样自比周公，这恐怕也不是历史巧合。事实上，霍光为后代那些野心勃勃的篡权者们，如曹操、司马昭还有明代的永乐帝，开创了历史先例，后者每每打着周公辅政的幌子行政变或僭越之实。④

---

① 《汉书》卷七《昭帝纪》，233 页。

② Hans van Ess, "Praise and Slander: The Evocation of Empress Lü in the Shiji and the Hanshu," *Nan Nu: Men, Women and Gender in Early and Imperial China* 8, no. 2 (2006): pp. 221-254.

③ 《汉书》卷十二《平帝纪》，49 页；卷三十六《楚元王传》，1960 页；卷八十四《翟方进传》，3428 页。

④ 如东汉末年的曹操与曹魏末年的司马昭都自比周公。见曹操：《短歌行》，见刘殿爵、陈方正、何志华主编：《曹操集逐字索引》，香港：中文大学出版社，2000，1 页。另见陈寿：《三国志》卷一，北京：中华书局，1982，38 页；《晋书》卷二，北京：中华书局，1974，40 页。有关后世利用周公与成王典故，参见 Benjamin Elman, "'Where is King Ch'eng?' Civil Examinations of Confucian Ideology during the Early Ming, 1368—1415," *T'oung Pao* 79, no. 1-3 (1993): pp. 23-68。

除了周公故事之外，霍氏毫不迟疑地从儒家经典中援引古史上的成例来为自己的铁腕统治辩护。[1] 前74年刘贺继位前，朝廷中对新君人选一直争论不休。大多数朝臣都主张推举武帝当时唯一还健在的儿子——广陵王刘胥为帝。而霍光为了证明自己选择刘贺合乎情理，特将一位郎官的奏疏传示众臣。其中言道：

> 周太王废太伯立王季，文王舍伯邑考立武王，唯在所宜，虽废长立少可也。广陵王不可以承宗庙。[2]

在儒生圈子里，太伯与伯邑考的掌故是众所周知的。孔子曾提到太伯，称赞其将帝位让给弟弟的德行。《礼记》中，春秋时鲁国贵族伯子援引周文王弃长子立武王的故事为公仪仲子惹人非议的继位人选做辩解。[3] 如果古代贤王们也并非严格遵循长子继承制度，那么霍光当然就有权放弃武帝唯一还健在的儿子而选择自己认为合适的皇位继承人了。

刘贺即位27天后，霍光便决定将其废黜，他问他的心腹大臣："今欲如是，于古尝有此否？"历史先例总可以给赤裸的权力和血腥的斗争穿上一层华丽的外衣。田延年告诉他："伊尹相殷，废太甲以安宗庙，后世称其忠。将军若能行此，亦汉之伊尹也。"[4] 这番类比让霍光不再犹豫不决，很快他就和车骑将军张安世开始图谋废黜之事。

此后又有事发生。新君刘贺耽于离宫游乐。一日，光禄大夫儒生夏侯胜拦住了刘贺车驾劝谏道："天久阴而不雨，臣下有谋上者。陛下出欲

---

[1]　本章中"儒家经典"等同于"五经"。在西汉王朝，特别是昭、宣、元以来，人们通常将"五经"与儒生的专业学识联系在一起。如《汉书》言："然敞本治《春秋》，以经术自辅，其政颇杂儒雅。"又言："三人皆儒者……以经术润饰吏事。"《汉书》卷七十六《赵尹韩张两王传》，3222页；卷八十九《循吏传》，3623页。

[2]　《汉书》卷六十八《霍光金日磾传》，2937页。

[3]　伯子引用这则故事为其兄在长子死后不立长孙而立幼子的决定辩护。见刘殿爵、陈方正、何志华主编：《礼记逐字索引》，香港：中文大学出版社，1992，10页。

[4]　《汉书》卷六十八《霍光金日磾传》，2937页。

何之?"这番话激怒了刘贺,于是将夏侯胜逮捕治罪。① 获悉此事后,霍光认为有人已经听到了废黜刘贺的风声。他责备张安世泄露机密,但并没有找到张氏泄密的证据。于是他召集夏侯胜前来询问。当被问及何以口出"谋上"之言时,夏侯胜回答:"在《洪范传》曰:'皇之不极,厥罚常阴,时则有下人伐上者。'恶察察言,故云'臣下有谋'。"据说夏侯胜的先见之明让霍光与张安世大吃一惊,从此重视儒士。②

有意思的是,夏侯胜未因发觉并泄露霍光的图谋而受到惩处,反而获得了升迁。是他的聪明才智真的打动了霍光,赢得了他的尊崇吗?尽管这个故事似乎向读者传递了这种信息,但我们可以推测真实的历史也许并没有这么简单清晰。

尽管公开给出的废黜刘贺的理由是其放纵荒淫,但更加可信的解释是,这位新君除了自己的旧部外谁也不信任,来自刘贺之前封国的官员纷纷充任高官。霍光集团与这些新贵之间的冲突在史料中有很充分的反映。比如,霍光的心腹杜延年手下的太仆丞张敞曾上书劝谏刘贺,称忽视拥立刘贺的国辅大臣乃是严重过失。③ 昌邑国郎中令龚遂也多次警告刘贺继续任用私党只会招致灾祸。④ 霍光的外孙女上官太后宣布废黜刘贺后,霍光做的第一件事就是将刘贺从昌邑国带来的两百多位官员几乎全部处决。班固记载,当街开刀问斩之际,这些人都哭泣呼喊,后悔没有早下手除掉霍光。⑤ 刘贺的下属中只有王吉、龚遂和王式免死,因为他们曾劝谏废帝刘贺。但即使是他们仍免不了服刑做苦役。⑥

相反,夏侯胜不是刘贺集团的成员,而是在霍光辅政时入仕的。夏

---

① 《汉书》卷七十五《眭两夏侯京翼李传》,3155页。

② 这个故事在《汉书》中出现了两次,分别载于《眭两夏侯京翼李传》与《五行志》。见《汉书》卷七十五《眭两夏侯京翼李传》,3155页;卷二十七《五行志》,1459页。

③ 刘贺被霍光废黜后,张敞升任豫州刺史。见《汉书》卷七十六《赵尹韩张两王传》,3216页。

④ 《汉书》卷六十三《武五子传》,2766页。

⑤ 《汉书》卷六十八《霍光金日磾传》,2946页。

⑥ 《汉书》卷七十二《王贡两龚鲍传》,3062页;卷八十八《儒林传》,3610页。

侯氏还曾与众大臣联名上书弹劾新君刘贺，因此被封为关内侯。将上述所有这些线索拼接在一起，现代读者会忍不住怀疑所谓夏侯胜劝谏皇帝的故事有可能只是霍光集团杜撰出来的。这种猜测也有史实支撑：在敦促刘贺退位的奏疏中，刘贺不听夏侯胜的劝谏并将其逮捕问罪也被列为这位新君的过失之一。

在这道为废黜刘贺提供合法性的奏疏中，儒家伦理得到了充分的利用。指控刘贺的大罪就是其对先皇不孝。刘贺和昭帝并没有直接的父子血缘关系。但《春秋公羊传》言："为人后者为之子也。"因此，刘贺继承皇位之后就理所当然被当作昭帝的后代。① 昭帝去世，他不仅无悲哀之心，反而在居丧期间不素食。昭帝等的祖宗庙祠未举，他却派遣使者以三太牢祭其生父昌邑哀王。这就违背了儒家的礼法。奏疏接着又指控他生活奢靡淫乱。奏疏上说，刘贺其行"失帝王礼谊，乱汉制度"②。

众臣如何处置这位失德的皇帝呢？奏疏接着陈奏了历史上的先例以及剥夺其权力的礼法依据。奏疏解释说，这是丞相杨敞等官员与诸位博士合议后的结果。与会众人都认为皇帝已经成年，应该对自己的行为负责。"五辟之属，莫大不孝。"他们还引用了周襄王的例子。《春秋》载："天王出居于郑。"《公羊》解释说，"出居"一词表达了圣人对襄王不以孝道事母的批评。奏疏采纳了《公羊》的解释，称襄王事母不孝招致自己被流放。官员们暗示，刘贺也应该遭受同样的命运。他们援引礼法制度，指出刘贺未见命高庙，尚未完成皇位继承的仪程，故而可以被废黜。

儒家伦理提供了废黜刘贺的理论合法性，而霍光能够成功废黜刘贺主要应该归功于他掌控的军事力量与政治权力。他肆无忌惮地行使权力，

---

① 尽管奏疏上说这句话引自《礼记》，但这句话现存于《春秋公羊传》，而现有版本的《礼记》中并无此语。参见刘殿爵、陈方正、何志华主编：《公羊传逐字索引》，香港：中文大学出版社，1995，94 页。

② 《汉书》卷六十八《霍光金日磾传》，2944 页。另见 Chaihark Hahm, "Ritual and Constitutionalism: Disputing the Ruler's Legitimacy in a Confucian Polity," *American Journal of Comparative Law* 57, no. 1 (2009): pp. 135-203。

随心所欲地废立君主，已经引起了一部分朝臣的不满。当他最后提出废黜皇帝这个话题的时候，朝中重臣皆惊愕失色，沉默不语。直到田延年威胁要将迟疑不肯附议的人斩首，众人方才表示赞同。在这样的情势下，使用儒家话语不仅有助于压制反对的声音，也能够赢得不清楚朝廷内部权力斗争的公众的支持。

霍光已经清晰地意识到，儒学思想可以作为强有力的武器在政治中加以利用。公元前82年，一个男子身着黄衣，乘黄犊车来到未央宫北阙，自称前太子刘据。主管章奏的公车官上报朝廷，昭帝使侯爵、公卿、将军等共同前往辨认。右将军领兵在阙下守卫。到现场的丞相、御史大夫以及所有其他高官都不敢说话。京兆尹隽不疑到后，叱令属吏将此人拿下。一些人提出，此人是不是真正的太子尚不清楚，建议谨慎起见暂缓收缚此人。隽不疑答道："诸君何患于卫太子！昔蒯聩建命出奔，辄距（拒）而不纳，《春秋》是之。卫太子得罪先帝，亡不即死，今来自诣，此罪人也。"隽不疑首先质疑诸君为什么要害怕前太子，然后引用《春秋》里的故事为自己的判断提供理性根据。古时卫太子蒯聩得罪了卫灵公逃到了晋国。后卫灵公死后，蒯聩试图回国，但已经继承王位的蒯辄拒而不纳。《春秋》肯定了蒯辄的行为。前太子得罪了先帝，被迫出逃，即便是不死，今天他亲自出现在这里，也是罪人。① 霍光和昭帝听说隽不疑处理这件棘手难题的经过后，称许道："大臣当用经术士。方明于大义。"根据班固的记载，从此后隽不疑名声重于朝廷，高官们都自认为无法和他相比。②

据史料记载，霍光认为上官太后主持朝政，宜知经术，于是还曾请夏侯胜为太后教授《书经》。③

利用儒家经典中记载的历史事件做出司法裁决或是支撑奏疏中的论

---

① 见《汉书》卷七十一《隽疏于薛平彭传》，3037 页。
② 《汉书》卷七十一《隽疏于薛平彭传》，3037～3038 页。
③ 《汉书》卷七十五《眭两夏侯京翼李传》，3155 页。

点也都有过先例。武帝时代的董仲舒与终军据说都因此闻名。然而，霍光将儒家话语作为平息皇位继承争议的主要理据。频繁使用周代掌故使得霍光专权超越了一时的政治纷争和汉代的历史，在政治上和一个被理想化了的古王朝连为一体。霍光由此也就从政治暴发户变成了周文化的传承人与孔子之教的执行者。儒学与这些重大政治事件的联姻宣告了一个新时代的开始，霍光很快就会利用儒生及儒学教义让皇室血统含混不清的人名正言顺地继承帝位。

经术与继承皇位的合法性

在正式宣布刘贺的统治终结之前，霍光和他的盟友已经计划好让刘病已，即后来的汉宣帝继承皇位。① 但刘病已是何许人也？辅政大臣霍光又是如何使群臣相信被选中的继任者能够告慰列祖列宗之灵，将国家治理得井井有条呢？

史料记载，刘病已是武帝前太子刘据之孙，以孤儿身份流落民间时，受霍光部属抚养庇护。其祖父卷入巫蛊案中时，他才只有几个月大，也被投入监狱。他的境遇比族中其他人略好一点。时任廷尉监的丙吉负责管理监狱，他同情这个孩子，还挑选了两名女囚照顾他。

接下来发生了一件富有戏剧性的事件。班固的《汉书》载前 87 年，望气者说长安狱中有天子气，武帝于是派遣使者，命令将狱中所有人犯一律处死。使者郭穰到了丙吉监管的监狱，却发现大门紧闭。丙吉拒不开门，说："皇曾孙在。他人亡辜死者犹不可，况亲曾孙乎？"使者始终无法进入监狱，只好返回向武帝报告此事，并参劾丙吉。令人吃惊的是，此

---

① 宣帝本名病已，这也带来了避讳上的问题。"病"和"已"都是很常见的字，许多人在上疏时忘记了避讳，犯下了不敬之罪应受惩罚。宣帝悯之，故改名为"询"。这个字相对罕用，可以避免官员不小心犯下忘记避讳的罪过。原文为："又曰：'闻古天子之名，难知而易讳也。今百姓多上书触讳以犯罪者，朕甚怜之。其更讳询。诸触讳在令前者，赦之。'"见《汉书》卷八《宣帝纪》，256 页。

时的武帝却突然恢复了理智，意识到这大概都是天命使然，因此大赦天下。① 这则故事暗示了至少两层意思：一是命运非凡的婴儿奇迹般幸免于难；再有就是一位官员挺身而出，他对王室和道义的忠诚替代了对君主的忠诚。

据说，获释后的刘病已被送到祖母史良娣家中抚养。② 后掖庭将这孩子收养，他的名字被列入宗室属籍中。③《汉书》中有五处分别提到了这位未来帝王所经历的磨难。这些记载尽管大体相似，但一些重要细节却有差异。丙吉的传中提到武帝在遗诏中命掖庭养育刘病已。④ 而《霍光传》中记载了霍光与朝中众臣拥立刘病已的奏疏。其中指出，确定由谁来养育刘病已的诏书颁布于武帝统治期间。⑤ 同一份奏疏在《宣帝纪》中也有引用。有趣的是，尽管这一版奏疏与《霍光传》中的引文几乎一模一样，但"武帝时"这几个字却被省去了，只有些含混地说："有诏掖庭养视"。武帝究竟是什么时候注意到了这个孩子并决定承认其皇室身份？是他头脑尚机敏清醒时还是在他临终前？这些记载很明显互相抵牾。刘病已曾入狱五年。《汉书》说，获释时，他无处可以投奔。丙吉最初想把他送到京兆尹那里，却遭到后者拒绝。最后丙吉把他送到了其祖母哥哥家，由其年迈的太祖母贞君抚养。⑥ 这段记载说明，很长时间以来武帝一直都对他这位皇曾孙的境况不闻不问。在武帝生命的最后时刻，是他突然想起了这位孤儿？抑或是这一切都是霍光及其同党在操纵编撰？救过未来天子性命的丙吉正是霍光的政治盟友，这恐怕并非巧合。刘病已的皇室血统是由武帝确认的还是由霍光确认的？这对于刘病已未来继承皇位的

---

① 《汉书》卷七十四《魏相丙吉传》，3142 页。

② 太子的妾室分为三个等级：妃、良娣与孺子。见《汉书》卷九十七《外戚传》，3961 页。

③ 掖庭指宫中旁舍，有罪宫人拘押于此，生病者也在这里受到照顾。见 Charles O. Hucker, *A Dictionary of Official Titles in Imperial China*, entry 3010。

④ 《汉书》卷七十四《魏相丙吉传》，3142～3143 页。

⑤ 《汉书》卷六十八《霍光金日磾传》，2947 页。

⑥ 《汉书》卷九十七《外戚传》，3961 页；卷七十四《魏相丙吉传》，3149 页。

合法性有重大影响。在这一关键问题上，史料记载上的相互矛盾让读者不得不怀疑历史记录曾经遭到过蓄意修改。

掖庭养育刘病已的张贺是张安世之兄，而后者正是霍光的铁杆盟友。张贺与前太子刘据是多年的密友。刘据身陷巫蛊之祸后，几乎他所有的属下都被处死了。张安世向武帝上书恳求武帝对自己的哥哥从轻发落。张贺因而逃过一死，却被处以腐刑，后被任命为掖庭令。他对少时的刘病已悉心照料，在其成年后，又教其读书认字。张贺甚至曾打算把自己的女儿嫁给刘病已，后被张安世阻止。不过后来他还是为其物色了妻子，即后来的许皇后。

允许刘病已居掖庭实质上就承认了其皇室血统，但他几乎享受不到皇家的其他特权，而是以庶人身份在此生活。毕竟他的祖父是反叛武帝的罪人。① 事实上少内啬夫就曾对丙吉抱怨说没有得到皇上的诏令，不能供给皇曾孙饮食。于是丙吉就供给米肉。② 而出钱供刘病已求学研习儒学经典，又张罗帮他娶妻的则是张贺。

昭帝无嗣而崩，武帝一脉尚有四房儿孙。第一房的代表就是刘髆之子武帝之孙刘贺。前文已述，刘贺被霍光在一个月之内先立后废。第二房由刘胥掌管，他也是当时武帝唯一还健在的儿子。刘胥本来最有希望继承皇位，从前 117 年开始他就一直做广陵王，而且还有好几位成年儿子。第三房包括武帝与李姬之子刘旦的后人。刘旦曾图谋篡逆，事败被迫自杀。他所有的儿子都被贬为庶人。第四房只剩下了刘病已一人。从血缘关系论，刘病已和武帝隔得最远。从社会地位上讲，刘病已从未像他的叔叔与叔祖们那样享受过皇族的特权，也未跟皇位建立过某种关联。霍光需要非常有说服力的理由证明这个年轻人登上帝位合情合理。

霍光虽然无法更改传统的即位顺序，但大权独揽赋予了他评判各位

---

① 张安世曾对张贺说，刘病已身为刘据后代，能被朝廷视为普通人乃是其幸运。之前曾提到，刘病已同样谴责刘据为罪人。见《汉书》卷九十七《外戚传》，3964 页。

② 《汉书》卷七十四《魏相丙吉传》，3149 页。

皇位竞争者才德的权威。他提出的评价标准是什么呢？是儒家经典方面的学识。丙吉是首位公开建言刘病已继位的大臣。他在霍光面前赞扬刘病已，称其"通经术，有美材，行安而节和"。正式提请迈出这关键一步的奏疏上说：

> 《礼》，人道亲亲故尊祖，尊祖故敬宗。大宗毋嗣，择支子孙贤者为嗣。孝武皇帝曾孙病已，有诏掖庭养视，至今年十八，师受《诗》、《论语》、《孝经》，操行节俭，慈仁爱人，可以嗣孝昭皇帝后，奉承祖宗，子万姓。①

"择贤"是汉代涉及官员任用的御诏中经常出现的字眼。而在这里该词被用于皇位继承人的挑选上。对我们的研究目的更有意义的是，这是御诏中第一次将一位皇帝的合法性等同于他在儒学经典上的学识。这种修辞让我们想起了儒家宣扬的圣王模式：既然根据儒家学说最贤德者应为君王，那么刘病已含混不清的皇室出身也就无关紧要了。② 选择"躬行节俭，慈仁爱人"并授习儒家经典的人继承皇位，这种道德与权力相匹配的话语有助于平息群臣对霍光专权擅政的非议。而且，这也令宣帝即位比起秦汉世袭继承皇位更显优势，成为一个新纪元的开端。③ 在娴熟运用儒学话语的背后是一大批儒生官员。他们作为有竞争力的政治新势力，恰在庶人刘病已成为西汉天子之际崛起于政治舞台中央。

---

① 《汉书》卷六十八《霍光金日磾传》，2947 页；又见卷八《宣帝纪》，238 页。

② Sarah Allan, *The Heir and the Sage：Dynastic Legend in Early China* (San Francisco：Chinese Materials Center，1981). "Abdication and Utopian Vision in the Bamboo Slip Manuscript, Rongchengshi," *Journal of Chinese Philosophy* 37. s1 (2010)：pp. 67-84.

③ 参见 Yuri Pines, "Subversion Unearthed：Criticism of Hereditary Succession in the Newly Discovered Manuscripts,"*Oriens Extremus* 45（2005—2006）：pp. 159-178.

霍光辅政与宣帝时代的儒生官员

在皇位交接时为霍光擂鼓助威的儒生们得到了奖赏。光禄大夫宋畸与博士后仓都因为联名奏请废黜刘贺直接迁至九卿，夏侯胜也被封爵。宣帝即位后，两位儒生被任命为丞相。儒生官员新获得的显赫地位不仅是因为他们参与构建的政治新话语对霍光来说具有特殊价值，而且也因为他们能够对霍氏的批评者们起到安抚作用。长期以来，一直有人指责霍光只提拔重用自己的亲信。公元前80年左右，他的政敌们上书指出苏武被扣留20年而始终坚韧不屈，回朝后只不过得了个典属国的官职；而霍光的下属杨敞并无功劳，却被任命为搜粟都尉。① 霍光之子霍禹原先的长史任宣称霍光掌握着汉朝官员们的生杀大权。因为得罪了霍光，好几位朝中重臣都被收监下狱或被定为死罪，而便乐成只因为是霍光的心腹便被封爵且位列九卿。②

为了修补自己的声誉，霍光遴选两位儒生蔡义与韦贤出任高官。蔡义曾在覆盎城门候任上做了很久。直到昭帝下旨访求熟知《韩诗》者，蔡义才被提拔为光禄大夫，进授昭帝。七十多岁时他被摆在了汉朝政治舞台的中央，并于前78年被任命为少府。三年后升任御史大夫。霍光的心腹杨敞在丞相任上去世后，蔡义便继任为相。当时蔡义已经八十多岁了，虚弱无力，走路都需要两个人搀扶。但让一位耄耋老人平步青云并不能压制人们对霍光行事手段的反感。有人宣称，他只会提升那些他能够掌控的人。霍光反驳说："以为人主师当为宰相，何谓云云？"③儒学关注古代圣王之道，认为这才是治国的基本原则。但这样的学识可以掩盖一位官员身体虚弱、年近死亡，不适宜做出重大决策的弱点。

---

① 《汉书》卷六十八《霍光金日磾传》，2935页。
② 《汉书》卷六十八《霍光金日磾传》，2953页。
③ 《汉书》卷六十六《公孙刘田王杨蔡陈郑传》，2898～2899页。

韦贤在蔡义去世后继任丞相，他的仕途模式与后者相似。身为邹鲁大儒的韦贤初征为博士，为昭帝讲授《诗经》。前76年，他在快七十岁时升任大鸿胪。前71年迁至丞相。有人说在他统领百官的五年间，他对政务一窍不通。①

尽管韦贤可能并未真正掌握实权，他获得的高位还是帮助他的后代成为政治精英，获得权力金字塔的顶端职位。在他辞去丞相之位大约三十年后，其子韦玄成又在元帝朝出任丞相。虽然这父子二人的仕途成功都是凭借错综复杂，有时甚至是偶然意外的政治因素，但班固在史书中记载，他们功成名就的故事在其家乡成就了一段传奇。当地人将他们的仕途辉煌完全归结为他们在儒学经典上的造诣，"遗子黄金满籝，不如教子一经"成为当地广为流传的民谣。

自公元前5世纪孔子的时代以来，儒者们一直努力宣扬自己才是担任官职的理想人选。孟子言孔子明天子之事。荀子认为，小国任用小儒可以摆脱险境，中等国家用大儒便可以统一天下。儒生们对自身形象颇为自信，而且不断地自我宣传，于是他们便成了霍光用来修复自己声誉的最佳人选。儒生官员也不仅是充当门面，遮掩霍氏专权擅政。他们中有些人作为能员干吏升到了宣帝一朝官僚集团的上层。

刘病已前74年即位后，霍光假意要放弃自己多年来累积起来的权力，还政于宣帝。汲取了刘贺的前车之鉴，宣帝不仅将所有政务统统交给霍光处置，还扩大了他的封邑面积，又给他的亲信们加官晋爵。② 直到前68年霍光去世，宣帝才掌控了国家大权。从宣帝正式掌控实权到其薨逝，现在已知共有41人担任朝中要职——他们中有25人的身份是明确的。其中有8人是皇亲国戚或高官后代，而剩下的17人，占可以确认的高层官员人数的68%，出身都相当卑微。一般说来，这批人有三个共同特征：第一，他们在帮助宣帝掌权的关键时刻发挥了重要作用；第二，

---

① 《史记》卷二十《建元以来侯者年表》，1062页。
② 《汉书》卷八《宣帝纪》，239～240页。

他们复杂的关系网中囊括了朝中其他重臣；第三，他们都有卓著的政绩。

刘病已曾经的保护人和恩主丙吉注定要成为宣帝朝公卿大臣中的核心成员之一。张敞和于定国都曾上书切谏刘贺，他们因此蒙宣帝特旨拔擢。① 霍光死后，魏相、张敞与萧望之都上奏疏攻击其专权擅政，请求天子不再倚重霍氏家族乾纲独断。② 长久以来，这些人一直经营维护与朝中高官们的关系，这对他们的仕途大有裨益。魏相是丙吉的好友，他在任扬州刺史时，丙吉曾给他写信称："朝廷已深知弱翁治行，方且大用矣。愿少慎事自重，臧器于身。"③因弹劾废帝刘贺有功而获高位的夏侯胜与宋畸举荐了黄霸，后者后来成为宣帝朝第四位丞相。丙吉向霍光举荐了萧望之。萧望之曾是御史大夫魏相的下属，蒙后者举荐，萧望之做过大行治礼丞。④ 张敞与尹翁归在他们仕宦生涯的早期都得到过霍光小圈子的认可。⑤ 张敞在做胶东相时曾给当时任大司农的朱邑写信，称成就伟业的才俊在事业开始阶段常会得到其他人的举荐。他希望当时身居高位的朱邑能为天子举荐人才。史料载朱邑对此论深以为然，许多后来身居中枢的官员都是通过他的举荐而升迁的。⑥

尽管人际关系网的确有助于这些人升上高位，但他们个人的卓越政绩也同样关键。《汉书》记载，早年艰难生活的回忆促使宣帝一直勤于政务。在他统治期间，恪尽职守的官员普遍得到升迁。对于政绩突出的中层官员，皇帝会给他们写信鼓励，提高俸禄，赐金乃至封爵。当三公九

---

① 《汉书》卷七十六《赵尹韩张两王传》，3223 页。

② 《汉书》卷七十四《魏相丙吉传》，3135 页；卷七十六《赵尹韩张两王传》，3217～3218 页；卷七十八《萧望之传》，3273 页。

③ 魏相字弱翁。见《汉书》卷七十四《魏相丙吉传》，3134 页。

④ 《汉书》卷七十八《萧望之传》，3273 页。

⑤ 张敞得到了杜延年的提携，而杜是霍光圈子的核心人物之一。张敞在霍光废昌邑王刘贺的时也立下了功劳。尹翁归得到了田延年的提携，而田也是霍光集团的人物之一。见《汉书》卷七十六《赵尹韩张两王传》，3216、3206 页。

⑥ 《汉书》卷八十九《循吏传》，3635～3636 页。

卿的职位出现空缺时，皇帝会着意任用贤能、正直、勤勉的官员补缺。①
这些关于宣帝的形象描述也有证据支撑。宣帝朝大概有十位朝中重臣都
有丰富的主政地方的经验：他们是凭借自己的政绩逐渐升到官僚集团上
层的。② 朱邑、魏相、尹翁归、陈万年、张敞都是从底层小吏做起。朱
邑初为桐乡啬夫，尹翁归曾经做过市吏，其余三人一开始也都是郡吏。
他们受益于察举制度，升职成为县令或九卿的助理，之后在做了几个郡
的太守后开始在朝廷中任要职。③ 例如，朱邑是在北海太守任上被提拔
为大司农的，黄霸在颍川太守任上被任命为京兆尹。这两个人都因政绩
突出获得了高度评价。④ 同样是由于其卓越的治理能力，尹翁归和陈万
年相继在前65年和前61年担任右扶风。⑤

渤海郡旱灾连年，盗贼四起，朝廷无力弹压。苦寻能臣良吏的宣帝
最后选择了龚遂出任渤海太守，后者在废黜刘贺时险些送命。龚遂将渤
海治理得井井有条，宣帝后又命其担任水衡都尉之职。重视官员的行政
能力是宣帝朝有别于汉代其他皇帝统治的标志性特征。宣帝在任命刺史、
郡守和诸侯国相的时候经常亲自考核候选人，意在弄清这些官员希望实
现的行政目标。在官员上任后，宣帝还会监督他们的表现，细究其所作
所为与之前的表态是否一致。⑥ 宣帝对自己的治国之策有过一番清楚的
表述：

> 庶民所以安其田里而亡叹息愁恨之心者，政平讼理也。与我共

---

① 《汉书》卷八十九《循吏传》，3624 页。

② 他们是魏相(67)、黄霸(55)、朱邑(66)、龚遂(66)、尹翁归(65)、陈万年
(61)、张敞(61)、韩延寿(59)、解延年(49)、于定国(51)。见表 4.1。

③ 朱邑任大司农丞，魏相为茂陵令，陈万年为县令，张敞为甘泉仓长，后迁
太仆丞。

④ 《汉书》卷八十九《循吏传》，3635 页；卷七十六《赵尹韩张两王传》，3221 页。

⑤ 《汉书》卷六十七《赵尹韩张两王传》，3208 页；卷六十六《公孙刘田王杨蔡陈
郑传》，2899 页。

⑥ 《汉书》卷八十九《循吏传》，3624 页。

此者，其唯良二千石乎！①

史载，萧望之娴于儒学经典，兼有论辩之才，宣帝认为他有当丞相的素质，但仍打算考察一下他的行政能力，于是就将时任少府的萧望之左迁为左冯翊。感觉自己被贬了官的萧望之提出辞职。宣帝为了安抚他，派成都侯金安上传口谕说："所用皆更治民以考功。君前为平原太守日浅，故复试之于三辅，非有所闻也。"②

为了提高官员素质预防腐败，宣帝在前59年下诏提高了下层吏员们的俸禄。诏书中说：

> 吏不廉平则治道衰. 今小吏皆勤事，而奉禄薄，欲其毋侵渔百姓，难矣。其益吏百石以下奉十五。③

终汉之世，提高下级官吏生活待遇的诏书似仅见于此。宣帝朝发生的另一件在西汉绝无仅有的事件是因王成、黄霸两人治理地方政绩突出而被授予爵位。宣帝关心勤勉的官员，只要我们留心观察他是如何厚待尹翁归和朱邑两家人的，就会巩固这种印象。尹翁归曾为左冯翊，朱邑做过大司农。在这两位贤臣去世后，他们的儿子都得到了百金之赏（约合25公斤黄金）以供奉先祖。

因宣帝重视官员的行政能力，所以他一直被描述为一个喜用文法吏而反感儒生的皇帝。宣帝提拔的25位重臣中，有10人（包括四位丞相）仕宦之初都是小吏。他们能升到官僚集团的顶层靠的是积累资历和由财政与律法学识衡量的政绩。虽然我们很容易将这些官员归为文法吏，但在他们中还有三位儒生，这三人都以在执行公务时善饰以儒术而闻名。这些官员的双重身份表明，文法吏与儒生之间并没有很明确的界限。这一点也可以从另外一个角度得到证实。在宣帝提拔的8名儒生官员中，

① 《汉书》卷八十九《循吏传》，3624页。
② 《汉书》卷七十八《萧望之传》，3274页。
③ 《汉书》卷八《宣帝纪》，263页。

有五人的仕途都是走文法吏的路子，因为行政能力突出得到升迁。25 人中剩下的 17 人在进入官场前没有受过儒家经典方面的教育，但他们中有 4 人在官僚生涯的不同阶段都研习过儒学。而依据传统观点，这 4 人中有 3 人都是典型的文法吏。（见表 4.1 与表 4.5）

简言之，在霍光辅政及宣帝统治时期，儒生或以政治投机或凭行政能力崭露头角。一方面儒生为自身塑造的道德形象有助于在霍光专政时维护精英政治的门面，另一方面，他们也通过行政能力在官僚层级系统中优胜而出。而一旦身居要职，他们就开始传播其儒家学说，并尽力为其他儒生提供政治便利。

道德化的宇宙观与宣帝

虽然霍光团体一再强调宣帝是武帝的重孙，卫太子刘据的孙子，但是卫太子在反叛中死亡，宣帝从婴儿时期就成长在宫廷之外，这让宣帝血统和继承帝位的合法性受到质疑。而儒生天人感应的宇宙观为宣帝提供了证明统治合法性同时巩固君权的机会。元凤三年（公元前 78 年）一月，有人观察到在莱芜山南发生了一系列超自然现象。先是"匈匈有数千人声"。后又有一块"大四十八围"的巨石自立，有白鸟数千集其旁。昌邑国一棵久立社庙旁的死树又长出了新叶。而在上林苑，一棵原已断枯卧地的大柳树竟自己立了起来，重获生机。长出的树叶被虫子咬出了很像文字的图案：公孙病已立。儒生眭弘认为，根据《春秋》，所有这些特异的现象都是在暗示某个平民会成为天子。他因此上书恳请昭帝遵从神启，让贤退位。被奏折激怒的霍光将其处死。

我们可以对这些征兆做多种解读。眭弘相信，未来的天子将从公孙家族中产生。有趣的是，宣帝似乎相信这些征兆所指示的正是自己的前途，因为他本人就名病已，而且是前太子之孙（神启中的"公孙"二字也可以解释为公爵之孙），起自微寒。

谶纬术凭借不同寻常的自然现象预测未来。宣帝去世 50 年之后相继发生王莽篡汉与光武中兴，谶纬术在这两段时期都极为流行。而宣帝可以算是最早接受这套新话语的人之一。①

宣帝不仅需要小心翼翼地捍卫自己帝位的合法性，而且还要从扶植他即位的霍光那里收回权力。通过诉诸天意，儒生的天人感应理论正可以为这种政治斗争提供合理依据。山阳太守张敞在切责霍氏家族的奏疏中用到了自己的《春秋》学识。在引述了一连串孔子时代的事件后，他指出，毫无疑问如果一个家族长时间掌握权力就会对君主构成威胁。张敞说孔子作《春秋》，讥世卿最甚。然后他亮出了这道奏疏的要点，认为虽然霍光有安宗庙拥立宣帝之功，但他专权二十年。所以招致天灾不断，怪异的不祥之兆频出。为今之计，只有褫夺霍氏亲族的爵位。霍光在张敞上这道奏疏之前已经故去，宣帝也已经开始削弱这位前辅政大臣家族的势力。通过诉诸天人感应说，张敞既配合了皇帝削弱霍光家族的计划，同时又为权力争斗披上了一层冠冕堂皇的道德宇宙论的外衣。

治《诗经》的儒生萧望之在攻击霍氏家族时，使用了相同的话语，这很难说是巧合。霍氏家族成员在霍光去世后仍然在朝中占据高位。当前66年一场雹灾席卷京城时，萧望之看到了发挥天人感应说的良机。据《春秋》记载，鲁昭公三年，鲁国遭受了雪雹之灾。当时正是季氏专权，没过多久他们就放逐了鲁昭公。萧望之称，如果当时的鲁国国君认识到了自然灾害的重要性，就能避免后来他在政治上的厄运了。如果宣帝孜孜以求国家大治却没有遇到天降吉兆，那一定是霍氏家族擅政招致了阴阳不调。望从此后皇帝只倚重贤臣。萧望之上疏之后，宣帝马上将他迁为谒者。

事实上，在宣帝统治期间，朝中重臣在许多场合都曾积极宣扬这套天人感应学说。治《易经》的魏相初为郡吏，靠着自己的行政能力和与丙

① 参见赵伯雄：《春秋学史》，202～210 页；Jack L. Dull, "A Historical Introduction to the Apocryphal(Ch'an-Wei)Texts of the Han Dynasty,"PhD diss. , University of Washington，1966。

吉的密切关系迅速得到升迁。魏相在宣帝朝做了 4 年的御史大夫和 8 年的丞相，最后就病逝于丞相任上，可谓仕途辉煌。在他任丞相期间，宣帝开始从霍氏家族收回权力，掌控其帝国的政务。魏相与丙吉配合，负责监管多个政府部门，他的表现让宣帝甚为满意。[①]

在任地方官期间，魏相以严格守法而著称。任丞相时，他辅佐以"练群臣，核名实"而闻名的宣帝。虽然被认定为"文法吏"[②]，但魏相也是儒学的倡导者。他翻检前朝档案，发掘整理出贾谊、晁错、董仲舒等名臣的奏章。贾、董二人都是多产的儒者，而晁错也曾研习过儒家经典。虽然贾谊曾是受文帝信赖的臣子，晁错在景帝朝做过御史大夫，但都好景不长。而董仲舒受同为儒生的公孙弘排挤，再也没担任过重要官职。很明显，这三位儒生官员在当时的政坛并没有留下什么深远的影响，但魏相却将他们在前朝从未得到批准的奏疏整理出来，称颂他们是贤辅良臣，赞美他们见解深刻。[③]

魏相也是最早倡导在国家的大政方针中应用儒家天人感应学说的人之一：他相信乾坤变化与现实政治关系密切。天地运转有其自身的基本模式，而这一模式又以阴阳为基础，通过四季体现。圣明的君主会尽力理解天地变化的模式，制定相应的政策。若国策顺应天道，则风调雨顺，五谷丰登，国泰民安；若国政违背天道，则人人皆罹其祸。君主的基本使命便是取法天地，奉顺阴阳。又言如今君主虽恩泽深厚，但天灾仍时有发生，这一定是某些诏令与天地时令不合所致。解决办法便是选明经通知阴阳者四人，分别掌管一个季节的国事。[④]

无论从属于哪一个哲学流派，只要在政府中任职一段时间，学者都

---

① 《汉书》卷七十四《魏相丙吉传》，3135 页。

② 韩非提出了一套"循名实而定是非，因参验而审言辞"的官僚集团管理方法。参见王先慎：《韩非子集解》，北京：中华书局，1998，100 页。另见 A. C. Graham，*Disputers of the Tao：Philosophical Argument in Ancient China* (La Salle，IL：Open Court，1989)，pp. 282~285。

③ 《汉书》卷七十四《魏相丙吉传》，3137 页。

④ 《汉书》卷七十四《魏相丙吉传》，3140 页。

可能熟悉行政事务，成为称职的官员。但是不经过系统的训练，一般官员很难熟练运用天人感应学说和历史事件来解释灾异，批判朝政。而儒生所接受的学术训练让他们能够用阴阳理论解释自然灾害、当下政治与历史先例之间的关联。魏相努力说服宣帝相信乾坤变化与人间大政方针之间是有联系的，他对一个新时代的出现助力良多。从此接受过儒学教育的人可以在政府中发挥重要作用。

魏相任丞相期间，他的下属掾史因为公事走访各地，回来后就向他禀报这些地方发生的异闻奇事。如果当地太守未将这些灾异上报，魏相就会及时向皇帝奏明。① 魏相之后，从前 59 年至前 55 年，丞相之职一直由丙吉担任。在他任内发生了一小事，后来成了史上著名的掌故。

一次丙吉外出经过某地，看到当地人在街上斗殴，死伤横道，但丙吉却没有让车子停下过问此事。过了一会儿，他遇到一个农夫，见其耕牛气喘吁吁，疲惫不堪，伸出了舌头。丙吉于是命停下车子，询问此人牛在路上走了多久。此举让他的部属们讥笑，大家感觉丞相重视一些无足轻重的事情。丙吉答道：

> 民斗相杀伤，长安令、京兆尹职所当禁备逐捕，岁竟丞相课其殿最，奏行赏罚而已。宰相不亲小事，非所当于道路问也。方春少阳用事，未可大热，恐牛近行用暑故喘，此时气失节，恐有所伤害也。三公典调和阴阳，职当忧，是以问之。②

丙吉本为狱法小吏，班固说他后来才开始研习《诗》《礼》。令人吃惊的是，在他升到官僚集团顶端时，人们没有将他形容为精明的司法官员，而是一名儒学的真诚信徒，这说明儒生的天人感应话语在宣帝朝的高官中必然享有一定的普及度。

而宣帝自己也接受了儒学话语，当出现大地震、极端恶劣天气和日

---

① 《汉书》卷七十四《魏相丙吉传》，3141 页。
② 《汉书》卷七十四《魏相丙吉传》，3147 页。

食时他会发布特殊的诏谕。① 其中包含的逻辑前提和魏相、张敞、萧望之等人的论述一致：自然灾害是由政府过失触发的。皇帝号召朝中高官和各郡举荐贤人解读这些凶兆，并提出应对之道。② 在他的十几年的统治中一共有五道这样的诏谕，其中公元前 70 年的诏书上说：

> 盖灾异者，天地之戒也。朕承洪业，奉宗庙，托于士民之上，未能和群生。乃者地震北海、琅邪，坏祖宗庙，朕甚惧焉。丞相、御史其与列侯、中二千石博问经学之士，有以应变，辅朕之不逮，毋有所讳。令三辅、太常、内郡国举贤良方正各一人。律令有可蠲除以安百姓，条奏。③

在这道诏书中，宣帝将儒生当作了灾害发生时的权威顾问。五年后，宣帝又下诏自责未能领悟儒学经典，昧于天道以致阴阳失和。诏书曰：

> 朕不明六艺，郁于大道，是以阴阳风雨未时。其博举吏民，厥身修正，通文学，明于先王之术，宣究其意者，各二人，中二千石各一人。④

这种天人合一的思想将自然界与社会领域视作一个有机整体，将自然现象看成上天对人间事务的反应。这套思想体系有着悠久的历史，可以追溯到战国时代。一些关于邹衍（活跃于公元前 4 世纪）的残篇断章表明，他将阴阳观念和五行学说结合在一起来解释朝代更迭。这一创举让他在有生之年得到了好几个战国诸侯国丰厚的资助。⑤ 根据新近发现的文献

---

① 《汉书》卷八《宣帝纪》，241、245、249、255、268、269 页。

② 《汉书》卷八《宣帝纪》，268 页。

③ 《汉书》卷八《宣帝纪》，245 页。

④ 《汉书》卷八《宣帝纪》，255 页。

⑤ 《史记》卷二十六《历书》，1259 页；Loewe, The Men Who Governed, pp. 455-468；Donald Harper, "Warring States: Natural Philosophy and Occult Thought,"in *The Cambridge History of China: From the Origins of Civilization to 221 B. C.*, eds. Michael Loewe and Edward L. Shaughnessy (Cambridge: Cambridge University Press, 1999), pp. 813-884.

（如银雀山汉简与马王堆汉简），我们现在可以清楚地知道，在公元前4—前3世纪，阴阳学说得到了普遍的应用，有时还会和五行学说相结合解释各种症状，构建医学理论，编制历书。①

汉代创立伊始，儒生陆贾宣扬一套泛道德化的宇宙观，称自然变化，特别是灾异现象，都是上天发出的预警征兆。君主的言行既然直接影响自然各种现象，所以应该对天地秩序负责。② 在公元前2世纪的前半段，刘邦之孙武帝的叔叔刘安主持编纂了《淮南子》一书。此书提出了一套有关宇宙与人类社会关系的复杂理论。其基本的术语与理论框架和魏相向宣帝表达的核心思想大体相当。③ 无论是陆贾还是刘安，他们的学说都没有被当时的朝廷接受。

曾为江都相的董仲舒"以《春秋》灾异之变推阴阳所以错行"而闻名。④班固将董氏描述为以阴阳释经学的创始人，在其《汉书·五行志》中也经常援引其著作来解释灾异现象。⑤

但是，在宣帝之前，天人合一的道德宇宙论都没有得到过朝廷的公开认可。根据现有资料，汉文帝是西汉第一个提及自然灾害及其政治暗示的君主。前178年，连续两个月发生了日食，文帝下诏，称这种不同寻常的现象是上天示警，要求举荐敢于直言劝谏天子的贤良。⑥ 15年后，文帝又颁下一道涉及歉收、饥荒、干旱与瘟疫的诏书。他表示自己对发生这些灾祸深感困惑，怀疑是不是由于自己的政策或言行有失触发了天

---

① Robin Yates，"The Yin-Yang Texts from Yinqueshan: An Introduction and Partial Reconstruction，with Notes on Their Significance in Relation to Huang-Lao Daoism," *Early China* 19 (1994); Harper，"Warring States Natural Philosophy," pp. 860-866. 另见 A. C. Graham，*Yin-Yang and the Nature of Correlative Thinking* (Singapore: Institute of East Asian Philosophies，1986)，p. 76。

② Aihe Wang，*Cosmology and Political Culture in Early China*，pp. 177-180.

③ Aihe Wang，*Cosmology and Political Culture in Early China*，pp. 183-195.

④ 《史记》卷一百二十一《儒林列传》，3128 页。

⑤ 《汉书》卷二十七《五行志》，1317 页。

⑥ 《史记》卷十《孝文本纪》，422 页。

灾。他要求官员们就此向他提出建议。①

虽然在这两道诏书中，皇帝都将天灾视为政治道德的晴雨表，但在文帝之后这种观念就从皇帝的诏书中几乎彻底消失了。在景帝、武帝和昭帝时代，虽然对地震、饥馑和日食都有详细的记录，但笔者并未发现在这一阶段有诏书专门提及这些灾祸，更别说将其与现实政治联系在一起了。

武帝曾经将自己的德行未纯与灾祸联系在一起。② 在另一道诏书中，武帝表示，自己登基之后，德未能绥民，民或有饥寒。所以自己要"巡祭后土以祈丰年"。③ 乍一看，武帝的这番表述似乎和文帝、宣帝表达的理念大体相当。但武帝强调的是自己的私德与天地秩序之间直接的交互作用（所谓"天命"观念），而文帝与宣帝强调的是现实政治与天地之间的直接共鸣。尽管文帝与宣帝责备自己德行有所欠缺，但他们强调政策失当或行为越界是造成自然灾害的主因。所以当面对灾祸时，他们不会像武帝那样祭祀神明，而是听取人的建议。这样的政治姿态给他们的臣属提供了一个发表意见的机会。

与他们形成对照的是，武帝认为要对天地秩序负责的是自己的私德。当儒生们直接将具体的灾祸和现实政治联系在一起时，武帝便会勃然大怒。武帝时辽东高庙、长陵高园大火后不久董仲舒撰写了《灾异之纪》，探究这些灾异的政治意义。武帝对董氏对灾祸的解释并不认同，召集当时的儒生进行讨论，据说董仲舒的弟子吕步舒并不知道是自己老师撰写的，认为书中的讨论"大愚"。武帝于是将董仲舒下狱。尽管最后董氏侥幸免死，但从此后不敢复言灾异。④

与此形成鲜明对比的是，从宣帝朝开始，帝王对灾祸与政治关联的认同成了一种重要的传统，一直延续了两百多年直到东汉王朝覆灭。在发生灾祸之后，皇帝通常会下旨令朝中重臣讨论政策的过失，提出一些

---

① 《汉书》卷四《文帝纪》，128 页。
② 《汉书》卷六十四《严朱吾丘主父徐严终王贾传》，2786 页。
③ 《汉书》卷六《武帝纪》，185 页。
④ 《汉书》卷五十六《董仲舒传》，2524 页。

建议。① 宣帝朝是天人感应说在政治领域被充分接受的历史转折点，这一点可以通过两组数据进一步得到证明。

　　第一组数据是阴阳概念在御诏中的应用情况。虽然哲学著作、医学著作甚至西汉前半期一些官员的奏疏中都一直广为使用阴阳的观念，但直至宣帝朝此术语才首次出现在了御诏中。② 此后，涉及天人感应的西汉政府文告中频频使用这一术语。③ 第二组数据是天人感应说在日常政务中的应用。如前所述，尽管董仲舒已经将这套涉及政治与泛道德化宇宙观的学说做了充分阐发，但他自己并不敢对当时发生的灾异进行评论。事实上，最早利用天人感应说改变朝廷权力结构的例子是：(1)夏侯胜以阴霾天气劝谏最后只当了 27 天皇帝的刘贺④；(2)宣帝时，儒生利用自然灾害攻击霍光家族⑤。从那时起，以灾异为辞批评政治对手甚至皇帝本人成了西汉政治的一个突出特征。其中著名的例子包括：宣帝认为杨恽"骄奢不悔过"引发了日食，下令将其处死⑥；元帝朝重要的儒生官员萧望之因为地震被其政敌投入监狱并最终自杀⑦；成帝宠妃被人指责触发了灾异⑧；王凤以日食为理由要求定陶王离开京城回到封国⑨；成帝朝因出现自然

---

　　① 陈叶新编辑详表，列出了两汉时代与灾害相关的诏书。遗憾的是，尽管他的表格清晰地显示出是宣帝首创了这种解决灾变的策略(后来此法成为固定传统)，但他并未指出这一点。参见陈叶新：《灾害与两汉社会研究》，上海：上海人民出版社，2003，224～228 页；王爱和：《五行观滥觞的历史过程》，见《中国哲学与文化》第九辑，桂林：漓江出版社，2011，181～218 页。

　　② 晁错与董仲舒的奏疏中提及了阴阳观念。见《汉书》卷四十九《袁盎晁错传》，2293 页；卷五十六《董仲舒传》，2500 页。关于第一道提及此概念的诏书，见《汉书》卷八《宣帝纪》，255 页。

　　③ 鲁惟一指出，在元帝朝之前，没有高层官员提及五行观念。这表示官方接受天人感应学说发生在武帝之后。见 Loewe, *The Men Who Governed*, p.515。

　　④ 见本章第一部分的讨论。

　　⑤ 《汉书》卷七十六《赵尹韩张两王传》，3217 页。

　　⑥ 《汉书》卷六十六《公孙刘田王杨蔡陈郑传》，2898 页。

　　⑦ 《汉书》卷三十六《楚元王传》，1929～1930 页。

　　⑧ 《汉书》卷六十《杜周传》，2671 页。

　　⑨ 《汉书》卷九十八《元后传》，4019 页。

灾害罢黜三位丞相①。

不难理解为何天人感应说在宣帝一朝成功渗透进了政治领域。一方面身居高位的儒生们极力宣扬这套政治哲学，而另一方面是宣帝本人发现这套理论在维护他继承帝位合法性与君主权威方面颇为有用。宣帝曾流落民间，登基之前以一介平民身份居于宫外。他能即位完全仰仗权臣霍光的扶持。但为了收回权力，在霍光死后他诛灭了霍氏家族及其党羽。儒生们对各种灾异的政治解读从天道角度为他的登基与消灭前恩主家族做了辩护，同时也转移了世人对上述事件的注意力。既然神启表明宣帝是赫赫上苍做出的选择，那么霍光辅助宣帝即位之功也就无足轻重了，宣帝本应心怀对霍氏家族的感恩之情也就没有必要了。天命的遥远回响使宣帝登基超越了秦汉两代父死子继的继位模式，成为选贤为君的上古乌托邦的历史延续。②

很少有学者论及宣帝对天人感应说的弘扬。笔者认为，这种情况是由两个原因造成的。第一，不少学者仍然支持历史学界有关儒学在西汉全面复兴的主流叙事。尽管存在一些不同的声音，但他们还是坚持认为董仲舒的学说在武帝朝就被确立为王朝正统观念。③ 第二，不少现代学者受了班固对于宣帝评论的误导，称宣帝不用儒生。而宣帝之子元帝则享有奖掖儒生之名。班固在《汉书·元帝纪》中说其"少而好儒，及即位，

①　他们是王商、薛宣、翟方进；见《汉书》卷二十六《天文志》，1309 页；卷八十二《王商史丹傅喜传》，3372 页；卷八十三《薛宣朱博传》，3393 页；卷八十四《翟方进传》，3423 页。关于灾异说和政治权力的关系，见蔡亮：《政治权力绑架下的天人感应灾异说（公元前 206 年—公元 8 年）》，载《中国史研究》，2017(2)，63～80 页。

②　另见 Michael Loewe, "'Confucian' Values and Practices in Han China," *T'oug Pao* 98, no. 1-3 (2012)：pp. 1-30.

③　有关董仲舒的学说并未在武帝朝发挥重要影响力，参见福井重雅：《漢代儒教の史的研究》，261～404 页；Nicolas Zufferey, *To the Origins*, pp. 304～319；Michael Loewe, *Dong Zhongshu, A Confucian Heritage and the Chunqiu Fanlu*, Chapter 2。关于董仲舒的思想，见 Sarah A. Queen, *From Chronicle to Canon*。

征用儒生，委之以政"①。

但仔细审阅史料，我们就会发现宣帝既支持儒学同时也任用儒生。后者在宣帝朝形成了一个颇具实力的高官集团。元帝朝儒学的繁盛是羽翼已丰的儒生集团与宦官外戚集团激烈竞争的结果。这一历史进程错综复杂。在本章下一小节，笔者将对此进行详述。

谁将政治权力交给了儒生？

除了那些曾为霍光专权提供过合理化依据以及政绩突出的儒生外，还有几名儒生受到过宣帝的优待。梁丘贺是《易》学大家京房的弟子。因为京房的声望，他的这位学生也被宣帝选为郎官，而且很快就因其在预测事件方面的才能受到皇帝的青睐。通常宣帝会非常重视行政能力，但是梁丘贺却在完全没有行政经验的情况下位列九卿。②

前文曾提及的萧望之也得到了宣帝的提拔。皇帝征求臣下建议，开始收到大量奏疏时，就委派萧望之将这些建议分成三类。宣帝对萧望之的工作表现非常满意，一年之内三次升迁其官职。

萧望之原本期望能在朝廷中枢任职，后却被任命为平原太守。于是，他向宣帝上疏说：

> 陛下哀愍百姓，恐德化之不究，悉出谏官以补郡吏，所谓忧其末而忘其本者也。朝无争臣则不知过，国无达士则不闻善。愿陛下选明经术，温故知新，通于几微谋虑之士以为内臣，与参政事。诸侯闻之，则知国家纳谏忧政，亡有阙遗。若此不怠：成康之道其庶几乎！外郡不治，岂足忧哉？③

① 《汉书》卷九《元帝纪》，298～299 页。
② 《汉书》卷八十八《儒林传》，3600 页。
③ 《汉书》卷七十八《萧望之传》，3274 页

宣帝强调官员的行政管理能力，并以此作为提拔官员的重要标准。萧望之那句大胆的反问"外郡不治，岂足忧哉？"和宣帝有关帝国治理的基本理念直接冲突，但萧望之却没有受到惩罚。班固记载道，接到奏疏，宣帝马上将萧望之召回朝廷，任命他为少府。① 宣帝对萧望之的信任未尝稍减。在做了六年九卿后，前59年他被任命为在官僚集团里仅次于丞相的御史大夫。三年后，他因为对当时的丞相丙吉简傲无礼以及滥权被弹劾。尽管宣帝之前曾处决过一些高官，但他却表示自己不忍将萧氏下狱：他只是将萧望之贬为太子太傅。

这次贬官并没有让萧望之在政界边缘化。他仍然在朝中极有影响力，还积极参与廷辩。前51年，匈奴首领归降汉廷。宣帝命宫廷画师在麒麟阁作11位名臣肖像画，萧望之也在其中。太子太傅的官位远在三公九卿之下，但宣帝还是坚持让萧望之的画像入麒麟阁，而当时的丞相与御史大夫却无缘入选。②

细查《名臣之图》中这11位官员，我们可以看到其中有8人是在霍光主政时升至高位，拥立宣帝即位的有功之臣。而其他3人是被宣帝本人提拔的。有趣的是，这3人（韦贤、梁丘贺和萧望之）都是儒生官员。宣帝对儒生官员的高度重视还可以通过其他证据得到证实。在7位宣帝选的太子太傅中，有5人都是儒生。③ 而之前朝廷任用儒生为太子太傅只是个案。宣帝又一次打破了西汉朝的惯例。

笔者提出的所有这些证据都清晰地表明，宣帝在人们心目中的传统形象是不准确的：他不仅任用儒生，还对他们相当重视。而且，在宣帝统治行将结束之时，他发起召开了石渠阁会议，并提拔两位儒生，受遗

---

① 《汉书》卷七十八《萧望之传》，3274 页。

② 《汉书》卷五十四《李广苏建传》，2468～2469 页。

③ 他们是丙吉、黄霸、疏广、疏受、夏侯胜、萧望之、周堪。后五人为儒生官员。见《汉书》卷七十一《隽疏于薛平彭传》，3039 页；卷十九《百官公卿表》，803、807、809 页；卷七十八《萧望之传》，3281 页；卷八十八《儒林传》，3604 页。

诏辅佐新君。这两件事都深刻影响了后来的政治格局。

宣帝在统治之初听闻祖父刘据好《穀梁春秋》，于是便极力推崇。宣帝选派郎官就学于当时的《穀梁》学大家蔡千秋，这些人中就有宗室之后刘向（原名刘更生）。后刘向终成一代鸿儒，从元帝朝直到西汉王朝终结，一直活跃于朝堂之上。根据班固的记载，在学习了大概十年之后，这些郎官们都熟稔《春秋》。于是宣帝于前53年命以萧望之为首的一些著名五经学者在朝堂之上广泛研讨《公羊》与《穀梁》之间的区别。在这次会议上一共提出了三十多个议题，每一位学者们都引经据典阐发其观点。① 两年后（公元前51年），宣帝又召集儒生们在石渠阁讨论五经异同：这就是著名的石渠阁会议。根据《汉书·艺文志》的记载，这次会议产生的文献就存于石渠阁：其中42篇关于《书经》，38篇关于《礼记》，38篇关于《春秋》，18篇关于《论语》，还有18篇五经杂记。② 萧望之似乎推动了这次会议的召开，他还负责对讨论结果进行辨析明白然后上奏，宣帝则将萧望之的奏疏转化为诏书。③

石渠阁会议是第一次在皇帝倡导下召开的儒生学术会议。皇帝本人亲自出席使得此次会议成为重要国是，美国汉学家德效骞将其比作公元325年在尼西亚城召开的首次基督教大公会议。④ 不少现代学者认定《公羊》学在武帝时代即成为国家思想正统，他们通常认为这次会议标志着《穀梁》学派对《公羊》学派的胜利。这些学者将自己的研究完全局限在了

---

① "乃召《五经》名儒太子太傅萧望之等大议殿中，平《公羊》、《穀梁》同异，各以经处是非……议三十余事。"《汉书》卷八十八《儒林传》，3618页。

② 《汉书》卷三十《艺文志》，1705、1710、1714、1716、1718页。

③ 《汉书》卷八《宣帝纪》，272页。

④ Pan Ku, *The History of the Former Han Dynasty*, trans. Homer Dubs (Baltimore：Waverly Press，1938)，2：273.

思想领域，基本忽视了这次会议的政治意义。①

《汉书》上记载了 14 位参加这次会议者的名字。他们的传记表明，其中有 6 人在元帝朝升任三公或九卿。而下一代儒生官员——这些参加石渠阁会议的儒生们的弟子——在西汉王朝最后 40 年里显赫一时：2 人当上了丞相，8 人位列九卿。②

从另一个角度审视这次会议，笔者发现，在 12 位身份明确的元帝朝升至高位的儒生官员中，有 7 人都参加了公元前 51 年的石渠阁会议或公元前 53 年的儒生廷议（见表 5.1）。这些儒生的升迁时间表明，在宣帝朝他们已经是一股不容忽视的势力。而儒生们与以宦官石显及外戚史高为首的敌对政治集团之间的斗争让他们进入了元帝朝政治舞台的中心。这一点笔者将在后文加以论证。反思石渠阁会议，我们可以看出，这次会议宣告了儒生业已成为政坛里的一股力量。在下文中，笔者将通过分析元帝一朝官僚集团上层来证明这一点。

宣帝生命走向终结之时，拜祖母史良娣的兄弟之子史高为大司马车骑将军，前太子太傅萧望之为前将军，前太子少傅周堪为光禄大夫。宣帝指定这三人受遗诏辅佐自己的继承人刘奭。③

周堪与萧望之同是夏侯胜的弟子，夏侯胜和萧望之在刘贺与宣帝之间的权力过渡期内开始荣显。在宣帝时期，周堪以译官令的身份参加了石渠阁会议。在会上，他在儒家经典方面无与伦比的学识得到了普遍的

---

① 另见 Gary Arbuckle, "Inevitable Treason: Dong Zhongshu's Theory of Historical Cycles and Early Attempts to Invalidate the Han Mandate," *Journal of the American Oriental Society* 115, no. 4 (Oct.—Dec. 1995): pp. 585-597. Martin Kern, "Shiqu ge huiyi (The Conference in the Stone Canal Pavilion)," in *Routledge Curzon Encyclopedia of Confucianism*, ed. Yao Xinzhong (London and New York: RoutledgeCurzon, 2003), p. 559. 夏长普：《论汉代学术会议与汉代学术发展的关系：以石渠阁会议的召开为例》，见《第三届汉代文学与思想学术研讨会论文集》，台北：文史哲出版社，2000，87～108 页。

② 见表 5.1《前 53 年儒生廷议参加者与前 51 年石渠阁会议参加者名单》。

③ 《汉书》卷七十八《萧望之传》，3283 页。

表 5.1　前 53 年儒生廷议参加者与前 51 年石渠阁会议参加者名单

组1：石渠阁会议

序号	与会者姓名	学术专长	人脉	升迁类型	参加会议时的职位
1	萧望之《汉书》卷九十八《萧望之传》，3271～3291页	治《齐诗》	事同县后仓且且十年。以令诣太常受业。又从夏侯胜问《论语》《礼服》	以射策甲科为郎，署小苑东门候。署小苑东门属，蔡廉为大行治礼丞。对奏，天子拜望之为谒者。累迁谏大夫、丞相司直，岁中三迁。官至二千石。平原太守。前64年少府萧望之为左冯翊，三年迁。前61年为大鸿胪，三年贬为太子太傅。前59年为御史大夫，一年迁为太子太傅。前49年为前将军，一年免。二年免为光禄勋	太子太傅萧望之及五经诸儒杂论于石渠阁，条奏其对
2	周堪《汉书》卷八十八《儒林传》3604页	夏侯胜从始昌受《尚书》及《洪范五行传》，说灾异……善说《礼服》	与孔霸俱事大夏侯胜	译官令，太子少傅。元帝：光禄大夫。译官令，太子少傅，光禄勋	堪译官令，论于石渠，经为最高
3	韦玄成《汉书》卷七十三《韦贤传》，3108～3115页	治《诗》，又治《礼》	故丞相韦贤之子	以父任为郎，常侍骑……以明经擢为大夫，迁大河都尉。前58年河内太守。前56年为太常，二年免。前48年淮阳中尉韦玄成为少府。前46年为太子太傅。前43年为御史大夫。前36年丞相玄成薨	以淮阳中尉韦玄成论石渠，经为最高

续表

序号	与会者姓名	学术专长	人脉	升迁类型	参加会议时的职位
4	刘向（更生）《汉书》卷三十六《楚元王传》，1929页	《穀梁春秋》	会初立《穀梁春秋》，征更生受《穀梁》，讲论五经于石渠	复拜为郎中给事黄门，迁散骑谏大夫给事中。……为宗正，二年免	
5	薛广德《汉书》卷七十一《隽疏于薛平彭传》，3046页	鲁《诗》	薛广德亦事王式。龚胜、舍事德焉。萧望之为御史大夫，除广德为属，数与论议、器之。荐广德经行官充本朝	迁谏大夫，代贡禹为长信少府、御史大夫	为博士，论石渠
6	施雠《汉书》卷八十一《儒林传》，3598页	《易》	从田王孙受《易》……与孟喜、梁丘贺并为门人……及梁丘贺为少府，事多，乃遣子临分将门人张禹等从雠问。……琅邪鲁伯、伯为会稽太守，禹至丞相。禹授淮阳彭宣，宣为大司空	于是贺荐雠："结发事师数十年，贺不能及。"诏拜雠为博士	甘露中与五经诸儒杂论同异于石渠阁
7	梁丘临《汉书》卷八十一《儒林传》，3600页	专行京房法	梁丘贺之子 琅邪王吉通五经，闻临说，善之。时宣帝选高材郎十人从临受《易》	临代五鹿充宗君孟为少府，骏御史大夫	为黄门郎，甘露中，奉使同诸儒于石渠
8	欧阳地余《汉书》卷八十一《儒林传》，3603页	《尚书》	欧阳高之孙	以太子中庶子授太子侍中，至少府	后为博士，论石渠

续表

序号	与会者姓名	学术专长	人脉	升迁类型	参加会议时的职位
9	林尊《汉书》卷八十八《儒林传》，3604页	《尚书》	事欧阳高……授平陵平当、梁陈翁生。当至丞相，自有传。翁生信都太傅，家世传业	博士、少府、太子太傅	为博士，论石渠
10	张山拊《汉书》卷八十八《儒林传》，3605页	《尚书》	事小夏侯建……授同县李寻、郑宽中少君，山阳张无故子儒，信都秦恭延君，陈留假仓子骄。宽中有俊材，以博士授太子，成帝即位，赐爵关内侯，食邑八百户，迁光禄大夫，领尚书事，甚尊重	至少府	为博士，论石渠
11	假仓子骄《汉书》卷八十八《儒林传》，3605页	《尚书》	张山拊授假仓子骄。	至胶东相	仓以谒者论石渠
12	张长安幼君《汉书》卷八十八《儒林传》，3610页	鲁《诗》	事王式	至淮阳中尉	张生论石渠
13	戴圣次君《汉书》卷八十八《儒林传》，3615页	《礼》	后仓门人	至九江太守	以博士论石渠
14	通汉子方《汉书》卷八十八《儒林传》，3615页	《礼》	后仓门人	至中山中尉	通汉以太子舍人论石渠

组2：儒生廷议

序号	与会者姓名	学术专长	人脉	升迁类型	参加会议时的职位
1	萧望之	见上			
2	严彭祖《汉书》卷八十《儒林传》，3616页	《公羊春秋》	与颜安乐俱事眭孟……授琅邪王中，为元帝少府，家世传业。中授同郡公孙文、东门云	公羊博士至河南、东郡太守……以高第入为左冯翊，迁太子太傅	公羊博士
3	申挽《汉书》卷八十《儒林传》，3618页	《公羊》	不详		侍郎
4	伊推《汉书》卷八十《儒林传》，3618页	《公羊》	不详		侍郎
5	宋显《汉书》卷八十《儒林传》，3618页	《公羊》	不详		侍郎
6	尹更始《汉书》卷八十《儒林传》，3618页	《穀梁春秋》	授清河张禹长子。禹与萧望之同时为御史……后望之为太子太傅，荐禹于宣帝，征禹待诏，未及问，会疾死。授尹更始，更始传子咸及翟方进，方进至丞相	谏大夫、长乐户将	穀梁议郎
7	刘向	见上			

续表

序号	与会者姓名	学术专长	人脉	升迁类型	参加会议时的职位
8	周庆《汉书》卷八十《儒林传》，3618页	《穀梁》	不详		博士	
9	丁姓《汉书》卷八十《儒林传》，3618页	《穀梁》	不详		博士，中山太傅	
10	许广《汉书》卷八十《儒林传》，3618页	《公羊》	不详			内侍郎
11	王亥《汉书》卷八十《儒林传》，3618页	《穀梁》	不详			中郎

注：参加过石渠阁会议，后在元帝朝升为三公九卿的大臣包括萧望之、周堪、韦玄成、薛广德、刘向［更生］、欧阳地余、严彭祖。

认可。① 元帝即位后，周堪与萧望之等人皆"劝道上以古制"。② 他们举荐宗室之后刘向（刘更生）。后者对于《穀梁春秋》的研究曾得到过宣帝的称赞，在散骑谏大夫给事中任上参加过石渠阁会议。会后刘向很快就迁为宗正，位列九卿。③

萧望之与周堪"数荐名儒茂才以备谏官"。④ 我们知道当时薛广德与贡禹都升为了谏大夫。薛广德治《鲁诗经》。萧望之在宣帝朝任御史大夫时任用薛氏做属吏部，并向宣帝举荐此人，称其"经行宜充本朝"。薛氏以博士身份参加了石渠阁会议。⑤ 在元帝朝，他最终被提拔为御史大夫。贡禹以明经洁行征为博士。在宣帝朝做了一段时间中层行政官员后，他辞去了官职。⑥ 他最终被吸纳进石显集团，这让他在元帝朝身居要职。

萧望之不遗余力地为同侪安排重要职位，而他的政治对手们为了和他在朝中竞争也在提拔儒生。尽管史高和元帝有血缘关系，而且也是被宣帝选中领受遗诏的辅政大臣之一，但在元帝统治初期他对自己的影响力并不满意：史载他与萧、周二人同列，不过充数而已。史高与萧望之关系并不融洽。后者为当时硕儒，享有盛名，因为曾为太傅，也颇受元帝信任。无论是从皇帝的信任还是从百官的尊重方面讲，史高都在政治角逐中稍逊一筹。他听取了长安令杨兴的建议，开始营造一个不用私党转而提拔贤才的形象。他将时任平原文学卒史的匡衡招致麾下，不久即向元帝举荐了匡衡。⑦

匡衡曾在都城长安拜博士研习《诗经》。关于其教育背景，史料中说法不一。《史记》记载他八次参加太学的射策考试都以失败告终，第九次

---

① 《汉书》卷八十八《儒林传》，3604 页。

② 《汉书》卷七十八《萧望之传》，3283 页。

③ 《后汉书·刘向传》中，他的官职误作"散骑宗正给事中"。见《汉书》卷三十六《楚元王传》，1929 页；卷七十八《萧望之传》，3283～3284 页。

④ 《汉书》卷七十八《萧望之传》，3284 页。

⑤ 《汉书》卷七十一《隽疏于薛平彭传》，3047 页。

⑥ 《汉书》卷七十二《王贡两龚鲍传》，3069 页。

⑦ 《汉书》卷八十一《匡张孔马传》，3332 页。

才中了丙科；而《汉书》则说匡衡中了甲科。更加有趣的是，辑补《史记》的褚少孙说"其经以不中科故明习"，还说匡衡任平原文学卒史时，郡中人士并不尊敬他。① 而《汉书》载匡衡任职平原时，许多学者都上奏疏称许匡衡的经学学识，请皇帝将其调任京师。②

上述儒生的弟子在西汉最后 50 年内进入官僚集团高层者包括：孔光（丞相）、张禹（丞相）、翟方进（丞相）、尹咸（大司农）、许商（少府）、林子高（王莽时位列九卿）、王吉［少音］（王莽时位列九卿）、桥仁（大鸿胪）、王骏（御史大夫）、彭宣（御史大夫）、崇子平（位列九卿）。

尽管两部史书上关于匡衡教育及仕宦情况的记载颇为不同甚至是截然相反，但有一点却是一致的：匡衡在受到举荐后，仕途顺风顺水，最后在元帝朝当上了丞相。史高并非萧望之的主要政治对手。在元帝统治期间，朝堂上最有权势者是石显。此人在宣帝朝做过仆射。元帝即位后，石显迁为中书官。他长期掌控朝中要害部门，极有可能深谙朝廷律令。③在史高与萧望之发生争执时，他往往站在史高一边。④

萧望之的反击显得简单粗暴——他直接攻击石显的宦官身份：

> 尚书百官之本，国家枢机，宜以通明公正处之。武帝游宴后庭，故用宦者，非古制也。宜罢中书宦官，应古不近刑人。⑤

然而元帝对萧望之的建议置若罔闻，石显一如既往受到重用。萧望之与石显及其党羽结下了仇隙，于是这些人开始迅速弹劾萧望之。石显弹劾萧望之的主要罪状是擅结朋党，谮诉大臣，诽谤离间皇亲。引人注意的

---

① 《史记》卷九十六《张丞相列传》，2688～2689 页。

② 《汉书》卷八十一《匡张孔马传》，3332 页。

③ 关于尚书与中书在官僚集团发挥的重要作用，参见徐复观：《两汉思想史》第一卷，上海：华东师范大学出版社，2001，137～149 页。劳幹：《论汉代的内朝与外朝》，载《中央研究院历史语言研究所集刊》，第 13 本，1948，227～267 页。

④ 《汉书》卷七十八《萧望之传》，3284 页。

⑤ 《汉书》卷九十三《佞幸传》，3727 页；卷七十八《萧望之传》，3284 页。

是，石显本人在政争中也极善于使用儒家道德宇宙论的话语。萧望之受此弹劾，失去了官位，他的同僚周堪与刘向也被捕入狱。在当年春天发生了地震，伴随而来的还有一些奇异的天象。元帝将此看作上天对自己的警告，责怪他不该如此对待自己的老师。所以他给萧望之赐爵，加封为给事中。周堪与刘向很快也回到了朝中。但当年冬天又发生了地震。班固记载，当消息传到朝中时，石显及其同党全都对萧望之集团的人侧目而视。刘向因为恐慌，于是策划了向元帝上书，解释说发生地震不是因为萧望之重返朝廷，而是石显集团的首脑人物宦官弘恭图谋不轨所致。①在这两派势力政治斗争达到了最高峰之际，萧望之被逼自杀了。②

石显集团中也有儒生，这一点不应该让人感到吃惊。萧望之为当时名儒。班固记载，在萧望之死后，石显害怕所有的文人才士们都会与自己为敌，于是，他开始结交前文提到的谏大夫贡禹。他对贡禹不吝赞美之词，于是后者在八十多岁时当上了御史大夫。《汉书》提到，他们两人之间的关系甚至使得元帝更加信任石显。③ 石显集团中另一位儒生是《易》学专家五鹿充宗。凭借其梁丘派《易》学专长，五鹿充宗得到了快速提拔，连升数级，前38年出任少府。元帝命其与其他《易经》学派的儒生们进行辩论。辩论的结果是公认能言善辩的五鹿充宗大获全胜。④

在萧望之与石显两大阵营的政争中，汉元帝扮演了怎样的角色呢？元帝偏袒石显，这与他的崇儒之名完全相悖。石显两次弹劾萧望之，而元帝两次都批准了。事实上，班固几次提到元帝身体羸弱，所以政务都托付给了石显，事无巨细任其决断。⑤

许多趣闻逸事都能反映石显在元帝朝所拥有的巨大权力。当他第一

---

① 《汉书》卷三十六《楚元王传》，1930～1931 页。

② 《汉书》卷七十八《萧望之传》，3286～3288 页；卷九十三《佞幸传》，3726～3727 页。

③ 《汉书》卷九十三《佞幸传》，3729 页。

④ 《汉书》卷六十七《赵尹韩张两王传》，2913 页。

⑤ 《汉书》卷九十三《佞幸传》，3726 页。

次弹劾萧望之等人时，他提出了下列请求："请谒者召致廷尉。"元帝批准了他的奏疏，却并不知道这句话指的就是逮捕入狱。直到他打算召见刘向与周堪时才知道这二人已在狱中了。石显举荐谒者冯逡（其父为朝中重臣，其妹为内宫昭仪）侍从天子。而冯逡在任职后却在皇帝面前说了他的恩主石显的坏话，盛怒之下的元帝竟将其免职。冯逡兄冯野王是位出色的学者，且行政能力卓著。后御史大夫的职位空缺，不少朝中大臣都举荐冯野王。元帝征询石显的意见。石氏答，尽管九卿之中没有人比冯野王更优秀，但他乃后宫昭仪之兄。若他担任高位必然被视为任人唯亲。于是元帝只是下诏表彰了冯野王的德行和政绩，对其人却废而不用。① 班固提到，石显结成的这个利益集团（包括儒生少府五鹿充宗、中书仆射牢梁在内）把持着元帝朝朝政。归附者皆享高官厚禄。当时有民谣描述这些人充斥朝堂权倾一时的景象："牢邪石邪，五鹿客邪！印何累累，绶若若邪。"②

简言之，如果我们对元帝时身居要职的 12 位儒生官员做一番仔细研究，便会发现其中有 6 人或与萧望之相交或党附石显，都希望这种联盟关系对其仕途有所助益。其余的 6 人中，欧阳地余、严彭祖、韦玄成都参加过石渠阁会议或是前 53 年儒生廷议③，郑弘与召信成在太守任上就颇有能臣之名，而韦玄成在宣帝朝就曾位列九卿。④ 换句话说，除了冯野王之外，这些人或凭儒学学识或凭政绩，在宣帝朝就已经出类拔萃了。⑤ 因此，尽管元帝朝重臣中儒生官员与非儒生官员之比高过西汉其他各朝，但这不能简单归结为元帝好儒。我们必须承认，宣帝朝才是儒学发展史上的转折点，不仅官方正式接纳了儒学思想，而且在官僚集团的最高层形成了一个极具影响力的儒生集团。

---

① "乃下诏嘉美野王，废而不用。"《汉书》卷九十三《佞幸传》，3728 页。

② 《汉书》卷九十三《佞幸传》，3727 页。

③ 见表 5.1《前 53 年儒生廷议参加者与前 51 年石渠阁会议参加者名单》。

④ 《汉书》卷十九《百官公卿表下》，814 页；卷二十八《地理志》，1654 页；卷十九《百官公卿表下》，808 页。

⑤ 他们是欧阳地余、郑弘、严彭祖、召信成、冯野王、韦玄成。

结　论

儒生帝国兴起之前的儒生

　　武帝统治期间发生的巫蛊之祸是历史上一次臭名昭著的事件，曾被视为儒学神圣地位式微及儒家伦理破产的象征。[①] 而本书恰恰表明，长达五年的巫蛊案为历史上第一个儒生帝国的兴起创造了良机。正是在搜巫搜蛊行动席卷整个官僚集团上层之后，儒生官员得以由弱小的边缘群体成为在政界举足轻重的官位候选人。从此，儒学话语开始在未来的数百年间彻底改变朝廷的话语修辞与帝国的国策。

　　仔细梳理儒生逐渐掌握国家权力的历史，我们发现，他们并非是为帝国提供宏伟蓝图的正义道德家，也不会像他们在著述中想让我们相信的那样，有能力不断在道义上劝谏君主。儒生在政治上的成功，大致归于他们的理论能在政治危机的时候为野心勃勃的辅政大臣或继承权受到怀疑的皇帝提供道德宇宙论上的合法性，并为残酷的政治斗争提供一些理论的支持。还有另一些儒生，他们是精明能干的行政官员。他们靠着政绩一步步爬上官僚集团的顶点，这和他们公开鄙视的文法吏们的晋升之路一模一样。

---

　　① 　鲁惟一对巫蛊之祸评论道："无论君王的谕诏与官方的声明如何推崇那些符合儒家价值观的高尚美德，国家的决策通常都受到野心、嫉妒心理与恐惧感的驱使。"见 Michael Loewe, *Crisis and Conflict in Han China*, 104 B. C. to A. D. 9, p. 38。

　　这段儒生们获得政治权力，成为汉帝国一股举足轻重的政治力量的历史是令人吃惊的新发现。但这种对儒生帝国形成的新叙事也引出了很多饶有兴趣的问题：儒生究竟来自何方？本书表明，儒学能为统治的合法性提供有力的理论支持。但政坛新贵们为何会选择儒家话语，不同的政治派别为何又会将其作为皇权统治或政治阴谋的合法理由？① 儒学获得权威地位的社会背景、制度背景与思想背景又是什么？在本书结论中，笔者将首先提出一些假说，用以重构促使儒家话语在政治领域取得胜利的历史条件。随后，笔者将综合有关官员任用体制的新研究成果对儒生进入权力核心的制度基础进行分析。

　　本书一开始对武帝一朝高官做了定量分析。结果表明，当时的儒生只是帝国官僚系统中无足轻重的少数群体。这个结论与最近关于西汉制度与思想史的研究可相互印证。事实上，所有的研究都指向一个方向：那些武帝重用儒生弘扬儒学的传统观点并非史实，而是传统历史叙事建构出的神话。②

　　要瓦解儒学在武帝时代大获成功的宏大叙事还牵涉到推翻另外一个重要观点：儒生和儒家话语在秦代与西汉初年受到了压制。如果武帝对儒生的提携奖掖只是一种历史的虚构，那么我们又如何解析秦代与汉初

---

　　①　这些问题表明，儒家观念作为一种潜在的意识形态，并不可以独立自主地掌握权力。见 Pierre Bourdieu, "The Social Conditions for the Effectiveness of Ritual Discourse,"in *Language and Symbolic Power*, ed. John B. Thompson, trans. Gino Raymond and Matthew Adamson (Cambridge, MA: Harvard University Press, 1991), p. 107。

　　②　挑战儒生在武帝朝大获成功传统观念的著作包括，平井正士：《董仲舒の賢良対策の年次に就くて》，载《史潮》，11 卷 2 期，1941，79～116 页；福井重雅：《六經六藝と五經：漢代における五經の成立》，载《中国史学》，1994(4)，139～164 页；福井重雅：《漢代儒教の史的研究》；渡邊義浩：《後漢国家の支配と儒教》，前言；Mark Edward Lewis, "The Feng and Shan Sacrifices of Emperor Wu of the Han," in *State and Court Ritual in China*, pp. 50-80；Martin Kern, "Ritual, Text, and the Formation of the Canon: Historical Transitions of Wen in Early Modern China"*T'oung Pao* 87, no. 1-3 (2001): pp. 43-91, esp. p. 67。

的政治史呢？在儒生们成为政治明星之前，他们拥有怎样的社会地位与政治权力？秦代与汉初的朝廷推崇何种意识形态以维护其统治合法性并构建公开的自我形象？

柯马丁在他关于秦始皇石刻的专著中指出，这些石刻中所传达的道德价值可以与五经中的话语相对应，而后者是保留周代文化的经典文本。基于此发现，柯马丁认为，秦朝并不是像人们通常指责的那样，摒弃并压制传统周文化，恰恰相反，秦文化延续了东周时代的传统思想与仪礼。① 通过研究秦代碑铭与考古资料，尤锐（Yuri Pines）证实在秦代的统治精英中存在崇周情结，而且秦廷与周王室之间也不乏友好的互动。尤锐还进一步指出，秦国并非传统观点描绘的那种形象：摧毁有着深厚文化传统的周王室的超级恶棍。恰恰相反，秦国是业已终结的周王一脉的潜在继承者，忠实地践行着周文化价值观。② 他们的观点有望修正早期中华帝国史的面貌，但新的问题依然在涌现。

如果秦朝如柯马丁与尤锐所言，延续了周文化的传统，那么为什么在武帝统治期间这样的传统中断了？从秦灭到西汉创立究竟发生了什么改变？王爱和（Aihe Wang）与李开元都对辅佐刘邦建汉的政治集团做了分析。与来自秦国旧贵族的秦朝统治阶层不同，西汉的开国之君连同他的大臣们都是从社会底层跃升到了权力的塔尖。这些开国元勋们通过家族声望和世袭的侯位确保子孙后代在官僚集团中的地位。因为起自微寒，所以这些人普遍没有受过多少教育，对于周朝的精英文化更无共鸣可言。因为刘邦集团低微的社会出身，西汉（而非秦朝）统治阶层出现了周文化习俗的严重断层。

---

① 　Martin Kern, *The Stele Inscriptions of Ch'in Shih-Huang: Text and Ritual in Early Chinese Imperial Representation* (New Haven, CT: American Oriental Society, 2000), esp. pp. 163-182.

② 　Yuri Pines, "The Question of Interpretation: Qin History in Light of New Epigraphic Sources," *Early China* 29 (2004): pp. 1-44; "Biases and Their Sources: Qin History in the Shiji," *Oriens Extremus* 45 (2005-2006): pp. 10-34.

　　然而倘若秦朝的上层统治阶层是周文化精英的一支，继续传承着传统文化与道德观念，我们能否由此推导出儒者是活跃于朝堂之上的政治家或者秦朝官员都熟读五经？答案是否定的。因此我们必须重新审视汉代之前儒生集团与当时政界的性质，毕竟，不论其与孔子之间有没有联系，儒生首先都是以学术团体的身份出现，而非一派政治势力。儒生们雄心勃勃地期望占据政治舞台，而后来的儒生官员们仕途又大获成功，这就很容易误导我们将思想领域与政治领域混为一谈，并且忽视一些广为人知的基本事实的历史意义。

　　儒者出现的春秋战国时代发生了许多巨变。首先就是周文化的衰落，孔子对此的表述"礼崩乐坏"最为经典。其次，这一时期不同学派的思想家们提出了新的哲学思想与政治议题，冀以此取代传统价值观与旧政治体制。在此背景下，各诸侯国的统治者们对周文化越来越轻视：篡夺世袭封号与僭越礼仪规范的事在精英阶层中普遍存在。为在列强竞争中占据优势，许多国家开始推行变法，包括引进新的军事机构和税制，任用职业将领和长于财政、律法事务的行政官吏。这些变法举措为统一的秦帝国崛起做好了铺垫，与此同时也使得各国的政治价值观离古老的周制越来越远。

　　在这一时期，改革由精英阶层自己推行，而非由自下而上的革命引发。精英阶层成员的延续性解释了为什么一方面周文化依然在祭祀仪式和行政文献中得到了保存与体现；而另一方面，我们也观察到贵族生活中出现了新的特征，包括新的丧葬习俗，新的礼器，以及直接挑战传统习俗的新思想。① 可以做一个简单的类比：正如美国的政治家们普遍都了解美国的历史，但不能因此被称为美国历史学家一样。东周和秦代的

---

　　① Lothar von Falkenhausen, "Mortuary Behavior in Pre-Imperial Qin: A Religious Interpretation," in *Religion and Chinese Society*, *vol. 1: Ancient and Medieval China*, ed. John Lagerwey (Hong Kong: Chinese University of Hong Kong, 2004), pp. 109-172. Yuri Pines and Gideon Shelach, "Power, Identity and Ideology: Reflections on the Formation of the State of Qin (770-221 BC)," in *An Archaeology of Asia*, ed., Miriam Stark (Malden, MA: Blackwell, 2005): pp. 202-230.

官员阶层也许在青年时代学习过《诗》《书》，心中也许还会泛起对周代的传统价值与礼俗的怀旧之情，但他们却远非这种传统方面的专家。

而儒生集团以他们在周文化方面的精通而立足。他们以捍卫传统的姿态将其学说和政治理想与其他思想家和学派区别开来。儒生们并不只是上过一两节有关周文化的课，或是能够背几句五经中的话，这些他们同时代的那些官员们可能也可以做到。儒之所以为儒，乃是因为他们就靠着在旧传统上面的专长，以教书或专司仪礼谋生。儒者的典范孔子被鲁人视为精通不同祭祀礼仪的专家。根据一则著名的掌故，一位鲁国的贵族要求他的儿子师从孔子学习礼仪。从孔子到孟子、荀子再到后世的孔门弟子，所有的名儒全都招收门徒。中国的民间故事与主流教科书都把孔子贴上了万世师表的标签。儒者也凭借其礼仪方面的专业知识受雇于人。墨子曾嘲笑儒者："富人有丧，乃大说喜，曰：'此衣食之端也。'"儒者的身份一直都是由其专业知识而确定的，在汉代的文献中有非常丰富的例子可以说明这一点。在汉初少数几名儒生官员中，叔孙通凭借为新建立的西汉朝廷制定皇家礼仪建立了自己的声望。① 司马迁在《史记·儒林列传》中将与他同时代的儒生按照其所治经典的不同进行分类。② 在西汉后半期，史载萧望之曾随后仓研习《齐诗》十年，后入太学在儒家经典领域继续深造。③ 一个人若要成为治某一经典的专家，十年的学习期可能是比较标准的时长。宣帝曾派十位郎官学习日渐衰微的《穀梁春秋》，这些人中包括后来成为名儒的刘向。在学习了十多年之后，他们才熟知该经典，并能与同样治《春秋》的对立的学术派别开展公开辩论。④ 随着五经之学的传播，熟识每一经典要求花费数十年的时间。正如班固所批评的那样："故幼童而守一艺，白首而后能言。"⑤成为一部经

① 《汉书》卷二十二《礼乐志》，1030、1043 页。
② 更多有关司马迁对待同时代儒生的方式，参见第二章。
③ 《汉书》卷七十八《萧望之传》，3271 页。
④ 《汉书》卷三十六《楚元王传》，1967 页；卷八十八《儒林传》，3618 页。
⑤ 《汉书》卷三十《艺文志》，1723 页。

典的专家需要学术才华与坚持不懈的韧性。这也解释了为何儒生的儿子
成为儒生的情况并不多见。相反，大多数的儒生之间都是通过师徒或同
门关系联系在一起的。①

　　儒生通过强调"师法"来捍卫其专业知识。② 自学五经的行为并不受
欢迎。于定国决定研习《春秋》时，不得不专门举行仪式以明确师承，尽
管当时他已经位列九卿。③ 薛宣曾身居丞相之位，而且他的奏疏也经常以
儒家思想润色。但后来他还是遭政敌攻击，说他没有受过经学大师之教。④

　　儒生凭借他们在古老的周代传统方面的专长立足。但著名的儒者都
有强烈的政治抱负。孔子称如果得到某位国君的重用，自己就能复兴周
代文化；孟子称自己也可以开国称王；荀子孜孜不倦地倡导儒生是理想
的大臣人选。然而，在巫蛊之祸发生之前，没有顺畅的仕途之路等待着
儒生，在官场上出众的儒生更是凤毛麟角。这种现象并不难理解。传统
学术赞美东周时代的社会流动性，而且我们也的确看到一些贵族家族在
当时没落了，而一些出身卑微者获得了成功。但是并没有发生自下而上
彻底的革命，最重要的官职依然操控在新旧权贵家族手中。⑤ 尽管有一
些职位向贤才们敞开了大门，但统治集团上层真正需要的是赢得战争胜

---

　　① 史多关于显赫儒生官员在掌权后编织关系网的讨论，见第三章与第四章。
　　② 更多关于师法的探讨见第三章。
　　③ 《汉书》卷七十一《隽疏于薛平彭传》，3042～3043 页。
　　④ 《汉书》卷八十四《翟方进传》，3413 页。
　　⑤ 受到社会流动性理论的影响，传统学界往往将士阶层（世袭贵族中最低的一
级，他们受过良好教育却没有显赫的家族背景）的出现理想化，认为他们是官位的主
要后备人选。这种观念可能使戴梅可错误地宣称汉代所有的官员都接受五经教育，
都可以被称为"儒"。参见余英时：《士与中国文化》，上海：上海人民出版社，1987，
1～11、84～113 页。另见许倬云：《秦汉知识分子》，见《"中央研究院"国际汉学会议
论文集：历史考古组》，台北："中央研究院"，1981，495～496 页；Cho-Yu Hsu,
Ancient China in Transition: An Analysis of Social Mobility, 722—222 B. C.
(Stanford, CA: Stanford University Press, 1965); Michael Nylan, "A Problematic
Mode," pp. 17-56; Michael Nylan, *Five "Confucian" Classics*, pp. 18-19。

利的将军和维持社会秩序的行政人员。① 而儒生们的政治主张无助于实现这些目标。这些强调理想化礼制和旧道德观的道德家们被讥为不通政务。汉朝建立后，儒生的仕途也没有多顺畅。新的上层集团崛起于社会底层，他们对周代文化并不熟悉。他们不像战国和秦朝的社会精英那样对旧价值观依然怀有留恋之情。儒生在当时甚至可能更加边缘化了。据史料记载，汉朝的建立者刘邦甚至在儒冠里撒尿，以显示他对学者的轻蔑。② 皇帝和诸侯王任用了少数儒生咨询祭祀和仪礼问题，但大部分儒生都默默无闻，和他们在战国时代那些前辈一样，或充任教师，或专司典礼，甚至在地方政府中当蕞尔小吏。本书中列出的数据也支持这种推断：从武帝朝至宣帝朝，89％的高层儒生官员家族史上没有族人为官的记载。③ 那么是什么因素促使儒生们在机会来临时成功进入了官僚集团上层呢？要回答这个问题，我们必须考察察举制度。

汉帝国察举制度再考察

流行的史学观点将儒生官员崛起归功于察举制度与太学，但这种简单的叙述是对儒生进入权力中心与汉帝国察举制度的误读。事实上，虽然秦汉的制度史非常重要，但并未引起西方学界多少关注。④ 在过去的二十年间，中日两国学者运用新发现的考古文献，已经极大地修正了我

① 现代叙事倾向于将战国时代各国描绘成中央集权的官僚体制国家，运行体制的官员因其能力而非因血统而取得其职位。这种描述对历史有所理想化。参见 Yuri Pines and Gideon Shelach, "Using the Past to Serve the Present: Comparative Perspectives on Chinese and Western Theories of the Origins of the State,"in *Genesis and Regeneration: Essays on Conceptions of Origins*, ed., Shaul Shaked(Jerusalem: The Israel Academy of Science and Humanities, 2005), pp. 127-163, esp. pp. 128-129。

② 《汉书》卷四十三《郦陆朱刘叔孙传》，2105～2106 页。

③ 19 位杰出的儒生官员崛起于此时，他们中只有王臧与韦玄成出身权贵家族。见表 4.5。

④ 鲁惟一是近年来少数出版汉代制度史英文著作的学者之一。参见 Michael Loewe, *The Men Who Governed*, esp. Chapters 2 and 4。

们对汉帝国察举制度的认识。

要了解这项汉朝任用官员的重要机制，我们必须首先清楚地认识一条重要却容易被忽视的史实：汉朝官员通常通过三种渠道获得官位，即世袭爵位，在宫中任郎官，或出任小吏。西汉大部分的儒生官员都来自非官宦的家族，所以他们在仕途开始阶段往往或是任小吏，或是任郎官。①

在汉朝，被授予侯爵头衔者包括辅佐高祖建立汉朝的元勋、皇帝宠妃的家族成员、军功卓著的将领、尚无贵族头衔的丞相，以及杀死叛逆首领的功臣。②

郎官在官僚系统内形成了一个相对独立的小集团。因为主要服侍帝王和皇室，他们有时会被视为君主的私人。③ 严耕望的数据研究显示，有案可查的郎官中大约四分之一都来自权贵家族，通过荫任制（即高级官员可以保举其子弟为官）方式入选。④ 郎官的第二大主要来源是察举制与太学，但依靠这条渠道成为郎官基本上是武帝之后才开始出现的现象。其他成为郎官的途径还包括买官、累积军功⑤、皇帝直接任命与朝中重臣举荐等。

几十年来，郎官的任用制度一直吸引着学者们的注意。与之形成鲜明反差的是，传统史学界对吏这一集团的研究显得零星分散。在借助考古发掘出的政府档案之前，学者们一直没有在该领域取得突破。作为官僚集团中一个相对复杂的组成部分，吏（包括文吏）这个集团在整个汉代

---

① 从武帝朝至王莽时代的 63 位著名儒生官员中，有 52 人（超过总人数 80％）出身寒微。见表 4.5 和表 4.7。

② 卜宪群：《秦汉官僚制度》，第 4、5 章。

③ 严耕望有关郎吏的著述可以算作这一领域的经典。见严耕望：《秦汉郎吏制度考》，载《"中央研究院"历史语言研究所集刊》，第 23 本上，1951，89～143 页。

④ 另见张兆凯：《任子制新探》，载《中国史研究》，1996 年第 1 期，62～72 页。

⑤ 蒋非非：《汉代功次制度研究》，载《中国史研究》，1997(1)，62～72 页。

一直都是候选官员的主要来源。①

吏或文吏有两个主要特征，使其与官员有所区别：第一，作为官员的助手他们直接由官员提拔任用，无须得到官员上司或皇帝的批准；第二，他们的官秩因此都在两百石以下，不佩官印，外出时也没有仪仗卫队。从小县的县令到最有权势的官僚都有自己任用的属吏。根据《汉官旧仪》记载，丞相官署聘用了 162 名官秩一百石的属吏。② 吏员们直接处理日常政务，他们是错综复杂的帝国官僚系统实际上的运行者。

吏的人选大体上可以分为四类。第一类是退伍老兵，特别是那些曾被授予过低等爵位和服役期超过十年的老兵。他们通常会担任狱吏、求盗或邮人。第二类是那些熟悉行政法规、法律体系与判例以及机构程序的人。他们中的大部分人通过学徒制或在名为"学室"的专门培训学校里接受培训以掌握上述技能。第三类人是武艺超群者。为了维护地方上的安全，需要这一类人充任小吏进行执法。第四类是凭借精通儒学经典或自身的品行树立声望的人。

公孙弘与董仲舒都明言太学有培养官员后备人选之责。但完成学业成绩优异的太学生却首先被吸纳进郎官系统与属吏系统，成为郎官或重要官员的属吏，而那些成绩平平者则成为地方政府中的小吏。察举制度同样在属吏系统与郎官系统中运行。在我们可以考证的个案中，察举制的受益人或是小吏，或是从吏或郎提拔上来的官员。③ 如果被举荐者此

---

① 高敏：《论汉代"吏"的阶级地位和历史演变》，见《秦汉史论集》，郑州：中州书画社，1982。赵世瑜：《吏与中国传统社会》，杭州：浙江人民出版社，1994，第 2 章。卜宪群：《秦汉官僚制度》，第 7 章与第 8 章。廖伯源：《汉初县吏之阶级及其任命》，载《社会科学战线》，2003(3)，100～107 页。

② 卜宪群：《吏与秦汉官僚行政管理》，载《中国史研究》，1996(2)，41～50页；《从简牍看秦代乡里的吏员设置与行政功能》，见《里耶古城秦简与秦文化研究》，北京：科学出版社，2009，103～113 页。

③ 劳幹：《汉代察举制度考》，载《中央研究院历史语言研究所集刊》，第 17本，1948，79～129 页。

前没有担任过官职，他们会先任郎官，在这个职位上等待后续的任命。①

退伍老兵也是候选官员的重要来源，但他们通常也会被上述三个系统吸纳。立下非凡军功者会被封侯爵，直接成为高层官员的后备人选。军功卓著者会被任命为郎官，而战功最小但服役时间足够长者则成为吏。②行政官员承担军事任务，或是军官转任行政职务（如县令）的例子也很常见。但在后一种情况下，该军官在军中效力前通常都有行政管理的经验。③

侯爵、郎官和属吏这三个系统提供了不同等级的官员后备人选。拥有侯爵的贵族享受着世袭的声望，是中高级官员的直接人选。我们知道，有辅佐高祖建汉的功臣之后继承了先祖的侯位，而被皇帝选为丞相。而有些县级的小吏在擒获叛军首领后被封为侯爵，因而直接被提拔为九卿。

在任职若干年后，郎官们成为中低级官员的后备人选，任职范围包括县令之类的行政官员，地方上的主吏，或是博士、谒者、黄门侍郎之类的皇帝侍从。④

吏有两个升迁的方向：（1）从低级官员的属吏升为高级官员的属吏，（2）从吏迁为官员。

吏、郎官和官员都遵从同样一套在官僚系统内已经体制化的升迁规范。第一种也是最典型的升迁方式是积累年资和政绩，因为官和吏的业绩都会逐月逐年得到记录和考核。⑤这种通常被称为"积功劳"的升迁方式长期以来受到忽略。但考古发掘出土的当时政府的行政档案显示，积

---

① 严耕望认为，察举制不能直接将平民提升到行政职位。被举荐的平民必须首先为郎吏，积累一些经验，然后方能任其他职位。见严耕望：《秦汉郎吏制度考》。

② 卜宪群：《尹湾汉墓简牍军吏以"十岁补"补证》，见《简帛研究2004》，234~242页。廖伯源：《简牍与制度：尹湾汉墓简牍官文书考证》，14、39页。

③ 例如，冯奉世的儿子冯逡以郎吏补谒者的空缺，后又从军，任复土校尉。随后通过察举制被任命为美阳令。见《汉书》卷七十九《冯奉世传》，3305页。

④ 郎吏直接成为高官的特例也有，如田千秋。更多关于田氏的探讨，见第一章。

⑤ 这种升迁规则也适用于军官与士兵。见蒋非非：《汉代功次制度研究》；卜宪群：《尹湾汉墓简牍军吏以"十岁补"补证》，见《简帛研究2004》，234~242页。

累年资与政绩远要比察举制度重要得多。① 有趣的是，从这种新的认识出发考察旧史料，可以发现许多以"积功劳"升迁的例子。比如，《汉书》记载鲁地的狱吏丙吉"积功劳"，被提拔为"廷尉右监"。② 司马迁记述了赵禹"以刀笔吏积劳"升为御史。③ 事实上，任职有年而无严重过失本身就被当成一种可以确保升迁的业绩。④

第二，官和吏都可通过察举制得到晋升，通过诸如"孝廉""茂才""贤良""察廉"之类的科目获取高位。⑤

官吏在官僚集团中升迁的第三条途径是个人举荐，通常这种已经体制化的做法被称为"保举"。⑥ 尽管学者们对这种晋升方式仍未给予足够的关注，但史料中记载的西汉朝保举个案有六十余件，这个数字超过了可以确认的受益于察举制的人数。通过个人举荐而获得的官位覆盖了官僚集团的各个等级，可以通过举荐获得属吏职位，也有人通过举荐获得三公职位。官员通常向上级或直接向皇帝提名自己的下属或同事。一些出类拔萃的候选人可以获得好几位朝中重臣的举荐，有时这样的举荐是集体做出的，

---

① ［日］大庭脩：《论汉代的论功升进》，见《简牍研究译丛》第二辑，323～338页；《秦汉法制史研究》，442～457页。蒋非非：《汉代功次制度研究》。廖伯源：《汉代仕进制度新考》，见《简牍与制度：尹湾汉墓简牍官文书考证》，3～55页。

② 《汉书》卷七十四《魏相丙吉传》，3142页。

③ 《史记》卷一百二十二《酷吏列传》，3136页。

④ 董仲舒批评这种考核方式，建议武帝"毋以日月为功"。见《汉书》卷五十六《董仲舒传》，2513页。

⑤ 传统汉代官员任用制度研究通常将察举制作为重点，可参见福井重雅：《漢代官吏登用制度の研究》；阎步克：《察举制度变迁史稿》；Loewe, *The Men Who Governed*, ch. 4。

⑥ 荐、进、举和世袭荫任特权不同。世袭荫任特权只适用于某人的亲属，受益者的职位限于郎官。而荐、进、举意味着提名举荐人认为贤能者，受举荐者的官位从小吏到丞相不一而足。所以笔者将"荫任"英译为"hereditary privilege"，而将"荐""进""举"英译为"sponsorship"。这样的译法与鲁惟一有所不同和，后者没有论及个人举荐的情况，将"荫任"译为"sponsorship"。参见 Loewe, *The Men Who Governed*, p. 133。

记载中提到了"诸儒荐"和"众人荐"。① 个人举荐可以是非正式地口头向上级推荐，或是像一些个案中那样，由大臣向皇帝上秘密奏疏正式举荐。②

例如，南阳太守义纵向张汤举荐自己的下属杜周，张汤任用后者为廷尉史。③ 史载武帝时的丞相田蚡曾权倾朝野，他向武帝举荐的一些人初入仕途官秩就高达两千石。④ 丞相丙吉重病，宣帝在探望时请他评价当时一些官员的品行能力。丙吉推荐了三人，最后这三人都位极人臣，出任丞相。⑤ 朝中重臣们的推荐举足轻重，因此史料中有大臣"更相荐誉，欲得大位"的记载。⑥

在绝大部分个案中，官员举荐的都是自己的心腹知己。我们也看到，张安世举荐的官员曾前来致谢，而他却与之绝交，称举贤达能与私谊无关。⑦ 孔光极力不让他举荐的官员知道自己是举荐人。⑧ 但无论如何，被举荐人与举荐者都会被视为构成了一个利益集团。史料中记载了几起因举荐人失势导致被举荐人也被罢黜的例子，还有被举荐人犯下过失或犯罪由举荐人承担法律责任的事例。⑨ 尽管举荐人会担一定的风险，但

---

① "诸儒荐"参见《汉书》卷七十五《眭两夏侯京翼李传》，3167 页；卷八十一《匡张孔马传》，3347 页。"众人荐"参见《汉书》卷八十八《儒林传》，3599；卷七十一《隽疏于薛平彭传》，3048 页。

② 参见《汉书》卷七十二《王贡两龚鲍传》，3066 页；卷八十九《循吏传》，3629 页；后者参见《汉书》卷七十九《冯奉世传》，3294 页；卷八十六《何武王嘉师丹传》，349 页；卷九十八《元后传》，4021 页。

③ 《汉书》卷六十《杜周传》，2659 页。

④ 《汉书》卷五十二《窦田灌韩传》，2380 页。

⑤ 《汉书》卷六十六《公孙刘田王杨蔡陈郑传》，2900 页。

⑥ 《汉书》卷六十四《严朱吾丘主父徐严终王贾传》，2836～2837 页。

⑦ 原文为："举贤达能，岂有私谢。"《汉书》卷五十九《张汤传》，2650 页。

⑧ 《汉书》卷八十一《匡张孔马传》，3354 页。

⑨ 大司农郑当时任用自己宾客运载粮食，多入少出，郑当时以此陷罪，见《汉书》卷五十《张冯汲郑传》，2324～2325 页；陈咸"坐为京兆尹王章所荐，章诛，咸免官"，见卷六十六《公孙刘田王杨蔡陈郑传》，2901 页；何武以推举他人为名，见卷八十六《何武王嘉师丹传》，3485 页；王嘉因为推举梁相而受弹劾，见卷八十六《何武王嘉师丹传》，3485～3501 页。

高官们还是乐于向皇帝推荐官员。助他人晋升者享有良好的社会声望，而不举荐他人的官员会受到公众的批评。①

官员升迁到官僚集团中高层的第四条渠道是由皇帝本人直接拔擢。显然，这条途径仅仅适合于那些身处朝廷，既有机会接触皇帝又有能力打动皇帝的人。

可以看到，察举制度仅仅是官员升迁的机制之一。这一制度本身不可能赋予儒生任何特别的竞争优势，更不要说确保他们身居高位了。第一，察举制主要针对的是当时的官吏，衡量其优劣的标准是他们的政绩而非他们对于经典的学识。第二，察举制仅仅有助于一个人在错综复杂的等级制度中向上前进一步（比如，由布衣平民升为郎官或由高级属吏晋升县令）。②

官员仕途成功通常需要积累数十年的官场经验，而且在很大程度上要归功于下列至少两个因素的结合：显赫的家族背景、卓著的军功、政绩、皇帝的认可以及人脉关系等。事实上，察举制和保举制都涉及人脉关系，也就是说显赫的家族背景或身为利益集团的成员对仕途成功助力良多。

在儒生崛起成为一股重要的政治力量之前，一些娴于律法及理财的儒生担任了地方政府或高官重臣的属吏，还有些儒生努力加入了郎官的行列。靠着行政业绩和人脉关系，他们才有机会升任地方政府中低级官员。少数几个颇有声望的儒生得到了博士或谏大夫一类的闲职，在礼仪、祭祀和礼法问题上接受皇帝的垂询。但既无显赫家世背景又非利益小集团成员的儒生们很难获得机会，升到官僚集团的顶端。

只有旧权贵、大的仕宦家族在巫蛊之祸中被消灭殆尽后，胸怀政治抱负的儒生们才开始有机会爬升到高层以填补权力真空。他们以出类拔萃的行政官员身份从官僚集团的底层小吏升到高位。随着儒生官员之间逐渐形成共同的身份认同与人脉关系网，他们充分利用现存的晋升体制对同侪施以援手。显赫的儒生官员任用自己的门徒为属吏，提名他们担

---

① 《汉书》卷九十三《佞幸传》，3723 页。

② 一些人可能会认为著名的儒生公孙弘的成功要归功于察举制。这是一种误读，因为公孙弘与众不同的宦海生涯主要得益于皇帝的直接提拔。更多探讨见第一章。

任重要职位，向皇帝举荐他们。本书第四、第五章表明，大多数巫蛊之祸后发迹的高级儒生官员之间关系密切，或是师徒，或是同门。

除了行政能力与共同身份认同之外，儒生们之所以能在帝国皇位继承危机中掌握权力，还得益于他们提供的历史先例与政治理念可以为各种政治危机提供合法性，因而被视作有用之才。辅政大臣霍光既无显赫的家族背景又没有任何政绩军功，十三年间拥立三位皇帝。尽管操纵皇位继承总有残酷无情的政治权力为后盾，但霍光也迫切需要一套政治话语以确保赢得民众支持。于是重用儒生就成为他最佳的选择：身为周代文化历史传承者的儒生可以用自己的专业知识提供来自历史的合适先例，用来证明霍光操纵政权的合情合理。年代久远且被理想化了的朝代里发生的掌故将政坛新贵现实的权力斗争渲染成对精英怀旧记忆中的盛世的历史传承。儒生们宣扬天人感应说，他们对预兆的解读从宇宙论的角度为废黜刘贺与宣帝即位提供了合法依据。宣帝生长在宫廷之外，身上的皇室血统受到质疑。而经过儒生们的一番阐释，他成为上天选定的皇位继承人。这种话语之下，血统的合法性就不再是继承皇位的关键因素了。而且儒家话语与天命遥相呼应，如果宣帝即位是天命使然的话，宣帝就突破了秦汉两代以血缘正统继承皇位的历史传统。① 儒生们利用道德劝诫，攻击刘贺放荡荒淫，又将宣帝描绘成文雅仁慈之君，这些都有助于平息反对霍光把持朝政的杂音。宫禁内事，外人罕知。唯有掌握政治权力者敢于居高临下对皇帝做出道德判断。儒生们将自己定位为精通圣王之道者，自孔子以来他们坚持不懈地宣扬自己的政治理念和政治抱负，自称是官员的最理想人选。这一切努力最终成功地打动了霍光与宣帝，他们不仅授之以高官厚禄，且颇为倚重。在帝国危机中儒生们抓住时机，大功告成，终于实现了儒者典范圣人孔子在几百年前就设想并为之奋斗过的政治梦想。

———————————

① 在秦代与西汉初年，曾经维护西周政治秩序的天命观一度失去了对统治阶级的吸引力。宣帝之后，天命观重新回归，成为一种被屡屡用来维护皇室合法性的观念。参见 Michael Loewe，*The Men Who Governed*，pp. 421-448。

参考文献

英文文献

Allan, Sarah. "Abdication and Utopian Vision in the Bamboo Slip Manuscript: Rongchengshi." *Journal of Chinese Philosophy* 37. s1 (2010): 67-84.

——. *The Heir and the Sage: Dynastic Legend in Early China*. Asian Libraries Series 24. San Francisco: Chinese Materials Center, 1981.

Arbuckle, Gary. "Five Divine Lords or One (Human) Emperor? A Problematic Passage in the Material on Dong Zhongshu." *Journal of the American Oriental Society* 113, no. 2 (1993): 277-280.

——. "Inevitable Treason: Dong Zhongshu's Theory of Historical Cycles and Early Attempts to Invalidate the Han Mandate." *Journal of the American Oriental Society* 115, no. 4 (1995): 585-597.

——. "Restoring Dong Zhongshu, BCE 195-115: An Experiment in Historical and Philosophical Reconstruction." Dissertation, University of British Columbia, 1991.

Asselin, Mark Laurent. "The Lu-School Reading of 'Guanju' as Preserved in an Eastern Han Fu." *Journal of the American Oriental Society* 117, no. 3 (1997): 427-443.

Balazs, Etienne. *Chinese Civilization and Bureaucracy: Varia-*

tions on a Theme. New Haven, CT: Yale University Press, 1964.

———. *Political Theory and Administrative Reality in Traditional China*. London: School of Oriental and African Studies, University of London, 1965.

Ban Gu. *The History of the Former Han Dynasty*. Translated by Homer H. Dubs. Baltimore: Waverly Press, 1938.

Beecroft, Alexander. *Authorship and Cultural Identity in Early Greece and China : Patterns of Literary Circulation*. Cambridge: Cambridge University Press, 2010.

Bielenstein, Hans. *The Bureaucracy of Han Times*. Cambridge and New York: Cambridge University Press, 1980.

———. *The Restoration of the Han Dynasty*. 2 vols. Stockholm; Göteborg: Elanders, 1953.

Blakeley, Barry B. "'On the Authenticity and Nature of the Zuo Zhuan' Revisited." *Early China* 29 (2004): 217-265.

Bokenkamp, Stephen. "Record of the Feng and Shan Sacrifices." In *Religions of China in Practice*. Edited by Donald S. Lopez Jr. Princeton, NJ: Princeton University Press, 1996.

Bourdieu, Pierre. *Language and Symbolic Power*. Translated by Gino Raymond and Matthew Adamson. Cambridge, MA: Harvard University Press, 1991.

Cai, Liang. "Excavating the Genealogy of Classical Studies in the Western Han Dynasty (206 BCE-8 CE)." *Journal of American Oriental Society* 131, no. 3 (2011): 371-394.

———. "Who Said, 'Confucius Composed the Chunqiu'? —The Genealogy of the 'Chunqiu' Canon in the Pre-Han and Han Periods." *Frontiers of History in China* 5. 3 (2010): 363-385.

Ch'ü, Tung-tsu. *Han Social Structure*, *Han Dynasty*, *China*, 1. Seattle: University of Washington Press, 1972.

Chang, Chun-sun. "The Chinese Family in Han Times: Some Review Notes." *Early China* 1 (1975): 65-70.

———. *The Rise of the Chinese Empire*. 2 vols. Ann Arbor: University of Michigan Press, 2007.

Chen, Ning. "The Etymology of Sheng (Sage) and its Confucian Conception in Early China." *Journal of Chinese Philosophy* 27, no. 4 (2000): 409-427.

Chen, Xunwu. "A Hermeneutical Reading of Confucianism." *Journal of Chinese Philosophy* 27, no. 1 (2000): 101-115.

Cheng, Anne. "Filial Piety with a Vengeance: The Tension between Rites and Law in the Han." In *Filial Piety in Chinese Thought and History*. by Alan K. L. Chan and Tan Sor-hoon. Londres and New York: RoutledgeCurzon, 2004, pp. 29-43.

———. "Virtue and Politics: Some Conceptions of Sovereignty in Ancient China." *Journal of Chinese Philosophy* 38. sl (2011): 133-145.

———. "What Did It Mean to Be a 'Ru' in Han Times?" *Asia Major* 14 (2001): 101-118.

Chu, Chi-yun. "A Confucian Magnate's Idea of Political Violence: Hsun Shuang's Interpretation of the Book of Changes." *T'oung Pao* 54, no. 2 (1960): 73-115.

Cikoski, John S. "Toward Canons of Philological Method for Analyzing Classical Chinese Texts." *Early China* 3 (1977): 18-30.

Clark, Anthony E. *Ban Gu's History of Early China*. Amherst, NY: Cambria, 2008.

Cook, Scott. "The Debate over Coercive Rulership and the 'Human Way' in Light of Recently Excavated Warring States Texts." *Har-

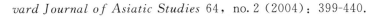vard Journal of Asiatic Studies 64, no. 2 (2004): 399-440.

——ed. *Hiding the World in the World : Uneven Discourses on the Zhuangzi.* Albany: State University of New York Press, 2003.

——. "The *Lüshi chunqiu* and the Resolution of Philosophical Dissonance." *Harvard Journal of Asiatic Studies* 62, no. 2 (2002): 307-345.

——. "The Use and Abuse of History in Early China from *Xun Zi to Lüshi chunqiu.*" *Asian Major* (third series) 18, no. 1 (2005): 45-78.

——. "Yue Ji—Record of Music: Introduction, Translation, Notes, and Commentary." *Asian Music* 26, no. 2 (1995): 1-96.

——. "Zhuang Zi and His Carving of the Confucian Ox." *Philosophy of East and West* 47, no. 4 (1997): 521-553.

Csikszentmihalyi, Mark. "Chia I's 'Techniques of the Tao' and the Han Confucian Appropriation of Technical Discourse." *Asian Major* (third series) 10, no. 1-2 (1997): 49-67.

——. "Fivefold Virtue: Reformulating Mencian Moral Psychology in Han Dynasty China." *Religion* 28, no. 1 (1998): 77-89.

——. *Material Virtue: Ethics and the Body in Early China.* Sinica Leidensia 66. Leiden: Brill, 2004.

——. Trans. *Readings in Han Chinese Thought.* Indianapolis and Cambridge, MA: Hackett, 2006.

——. "Severity and Lenience: Divination and Law in Early Imperial China." *Extrême-Orient, Extrême-Occident* 21 (1999): 111-130.

——, and Michael Nylan. "Constructing Lineages and Inventing Traditions through Exemplary Figures in Early China." *T'oung Pao* 89, no. 1-3 (2003): 59-99.

Cua, Antonio S. *Dimensions of Moral Creativity: Paradigms, Principles, and Ideals.* University Park: Pennsylvania State University Press, 1978.

Cullen, Christopher. "Some Further Points on the *Shih*." *Early China* 6 (1981): 31-46.

Denecke, Wiebke. *The Dynamics of Masters Literature: Early Chinese Thought from Confucius to Han Feizi*. Harvard-Yenching Institute Monograph Series 74. Cambridge, MA, and London, 2010.

Dien, Albert E. , ed. *State and Society in Early Medieval China*. Stanford, CA: Stanford University Press, 1991.

Dubs, Homer H. "The Attitude of Han Kao-Tsu to Confucianism." *Journal of the American Oriental Society* 57, no. 2 (1937): 172-180.

———. "The Victory of Han Confucianism." *Journal of the American Oriental Society* 58, no. 3 (1938): 435-449.

Dull, Jack L. "A Historical Introduction to the Apocryphal (Ch'an-Wei) Texts of the Han Dynasty." Dissertation, University of Washington, 1966.

Durrant, Stephen. *The Cloudy Mirror: Tension and Conflict in the Writings of Sima Qian*. Albany: State University of New York Press, 1995.

———. "Creating Tradition: Sima Qian Agonists?" In *Early China/ Ancient Greece: Thinking through Comparisons*. Edited by Steven Shankman and Stephen W. Durrant. Albany: State University of New York Press, 2002.

———. "Redeeming Sima Qian." *China Review International* 2, no. 4 (1997): 307-313.

———. "Ssu-Ma Ch'ien's Conception of Tso Chuan (in Brief Communication)." *Journal of the American Oriental Society* 112, no. 2 (1992): 295-301.

——. "Truth Claims in *Shiji.*" In *Historical Truth, Historical Criticism, and Ideology: Chinese Historiography and Historical Culture from a New Comparative Perspective.* Edited by Helwig Schmidt-Glintzer, Achim Mittag, and Jörn Rüsen. Leiden and Boston, MA: Brill, 2005.

Eberhard, Wolfram. "The Political Function of Astronomy and Astronomers in Han China." In *Chinese Thought and Intuitions.* Edited by John K. Fairbank. Chicago: The University of Chicago Press, 1957.

Ebray, Patricia. "Toward a Better Understanding of the Later Han Upper Class." In *State and Society in Early Medieval China.* Edited by Albert E. Dien. Stanford, CA: Stanford University Press, 1990.

Egan, Ronald C. "Narratives in Tso Chuan." *Harvard Journal of Asiatic Studies* 37, no. 2 (1977): 323-352.

Elman, Benjamin A. *A Cultural History of Civil Examinations in Late Imperial China.* Berkeley: University of California Press, 2000.

——. "Imperial Politics and Confucian Societies in Late Imperial China: The Hanlin and Donglin Academies." *Modern China* 15, no. 4 (1989): 379-418.

——. "Political, Social and Cultural Reproduction via Civil Service Examinations in Later Imperial China." *The Journal of Asian Studies* 50, no. 1 (1991): 7-28.

——, and Martin Kern, eds. *Statecraft and Classical Learning: The Rituals of Zhou in East Asian History.* Leiden: Brill, 2010.

Emmerich, Reinhard. "Wang Chong's Praises for the Han Dynasty." *Monumenta Serica, Journal of Oriental Studies* 56 (2008): 117-148.

Eno, Robert. *The Confucian Creation of Heaven: Philosophy and the Defense of Ritual Mastery.* Albany: State University of New York Press, 1990.

Farmer, J. Michael. "Art, Education, & Power: Illustrations in the Stone Chamber of Wen Weng." *T'oung pao* 86, no. 1-3 (2000): 100-135.

Feldherr, Andrew, and Grant Hardy, eds. *The Oxford History of Historical Writing*. Vol. 1, *Beginnings to AD 600*. Oxford: Oxford University Press, 2011.

Feng, H. Y., and J. K. Shryock. "The Black Magic in China Known as Ku." *Journal of the American Oriental Society* 55, no. 1 (1935): 1-30.

Fuehrer, Bernhard. "The Court Scribe's Eikon Psyches: A Note on Sima Qian and His Letter to Ren an [Literary Rhetoric]." *Asian and African Studies* 2, no. 6 (1997): 170-183.

Galambos, Imre. "The Myth of the Qin Unification of Writing in Han Sources." *Acta Orientalia* 2, no. 57 (2004): 181-203.

Gardner, Daniel K. "Confucian Commentary and Chinese Intellectual History." *Journal of Asian Studies* 57, no. 2 (1998): 397-422.

Gárlik, Marián. "Hebrew Deuteronomistic and Early Chinese Confucian Historiography: A Comparative Approach." *Frontiers of History in China* 5, no. 3 (2010): 343-362.

Gassmann, Robert H. "Through the Han-Glass Darkly on Han-Dynasty Knowledge of the Ancient Chinese Term Shi (Gentlemen)." *Monumenta Serica* 51 (2003): 527-542.

——. "Understanding Ancient Chinese Society: Approaches to Ren and Min." *Journal of the American Oriental Society* 120, no. 3 (2000): 348-359.

Goldin, Paul. *After Confucius: Studies in Early Chinese Philosophy*. Honolulu: University of Hawai'i Press, 2005.

——. *The Culture of Sex in Ancient China*. Honolulu: University of Hawai'i Press, 2002.

———. "Persistent Misconceptions about Chinese 'Legalism.'" *Journal of Chinese Philosophy* 38, no. 1 (2011): 88-104.

———. *Rituals of the Way: The Philosophy of Xunzi*. Chicago: Open Court, 1999.

———. "Sima Qian, 'Letter to Ren an'." In *Hawaii Reader in Traditional Chinese Culture*. Edited by Victor H. Steinhardt, Nancy S. Mair, and Paul R. Goldin. Honolulu: University of Hawai'i Press, 2005.

———. "Xunzi in the Light of the Guodian Manuscripts." *Early China* 25 (2000): 113-146.

Grafflin, Dennis. "The Great Family in Medieval South China." *Harvard Journal of Asiatic Studies* 41, no. 1 (1981): 65-74.

Hahm, Chaihark. "Ritual and Constitutionalism: Disputing the Ruler's Legitimacy in a Confucian Polity." *American Journal of Comparative Law* 57, no. 1 (2009): 135-203.

Hall, David L. , and Roger T. Ames. *Thinking from the Han: Self, Truth, and Transcendence in Chinese and Western Culture*. Albany: State University of New York Press, 1998.

Hardy, Grant. "His Honor the Grand Scribe Says" [Review Article on the Shiji of Sima Qian]. *Chinese Literature: Essays, Articles, Reviews* 18 (1996): 145-151.

———. *Worlds of Bronze and Bamboo: Sima Qian's Conquest of History*. New York: Columbia University Press, 1999.

Hechter, Michael. *Principles of Group Solidarity, California Series on Social Choice and Political Economy*. Berkeley: University of California Press, 1987.

Henderson, John. *The Development and Decline of Chinese Cosmology. Neo-Confucian Studies*. New York: Columbia University

Press, 1984. Reprint, Taipei and Hong Kong: Windstone, 2011.

——. "Divination and Confucian Exegesis." *Extrême-orient, extrême-occident* 21, no. 79-89 (1999).

Henry, Eric. "'Junzi Yue' Versus 'Zhongni Yue' in Zuozhuan." *Harvard Journal of Asiatic Studies* 59, no. 1 (1999): 125-161.

——. "The Motif of Recognition in Early China." *Harvard Journal of Asiatic Studies* 47, no. 1 (1987): 5-30.

Hightower, James Robert. "The 'Han-shih wai-chuan' and the 'San chia shih.'" *Harvard Journal of Asiatic Studies* 11, no. 3/4 (1948): 241-310.

Holcombe, Charles. *The Genesis of East Asia, 221 B. C.-A. D. 907: Asian Interactions and Comparisons*. Honolulu: Association for Asian Studies and University of Hawai'i Press, 2001.

——. *In the Shadow of the Han: Literati Thought and Society at the Beginning of the Southern Dynasties*. Honolulu: University of Hawai'i Press, 1994.

——. "Liberty in Early Medieval China." *The Historian: A Journal of History* 54, no. 4 (1992): 609-626.

Hsiao, Kung-chuan. *A History of Chinese Political Thought*, volume 1. Translated by Frederic Mote. Princeton: Princeton University, 1979.

Hsu, Cho-yun. *Ancient China in Transition: An Analysis of Social Mobility, 722-222 B. C.* Stanford, CA: Stanford University Press, 1965.

——. "The Changing Relationship between Local Society and the Central Political Power in Former Han: 206 B. C.-8 A. D." *Comparative Studies in Society and History* 7, no. 4 (1965): 358-370.

——, and Jack L. Dull. *Han Agriculture: The Formation of*

Early Chinese Agrarian Economy, 206 B. C.-A. D. 220, *Han Dynasty, China*. Seattle: University of Washington Press, 1980.

———, Katheryn M. Linduff. *Western Chou Civilization*. New Haven, CT: Yale University Press, 1988.

Hucker, Charles O. *A Dictionary of Official Titles in Imperial China*. Stanford, CA: Stanford University Press, 1985.

Ivanhoe, Philip J. *Confucian Moral Self-Cultivation*. 2nd ed. Indianapolis, IN: Hackett, 2000.

Jensen, Lionel M. *Manufacturing Confucianism: Chinese Traditions & Universal Civilization*. Durham: Duke University Press, 1997.

———. "Wise Man of the Wilds: Fatherlessness, Fertility, and the Mythic Exemplar, Kongzi." *Early China* 20 (1995): 407-437.

Jin, Xiao Chang. "Intellectuals and the State from Ancient China to the Han Dynasty." *Dialectical Anthropology* 14 (1989): 271-279.

Keller, Markus. "From ' Non-Action ' to ' Over-Action ': An Analysis of the Shift of Political Paradigms in the Second Century B. C. " Dissertation, Princeton University, 1993.

Kern, Martin. "Methodological Reflections on the Analysis of Textual Variants and the Modes of Manuscript Production in Early China. " *Journal of East Asian Archaeology* 1-4, no. 4 (2002): 141-183.

———. "A Note on the Authenticity and Ideology of *Shih-Chi* 24, 'T e Book on Music'. " *Journal of the American Oriental Society* 119, no. 4 (1999): 673-677.

———. "The Odes in Excavated Manuscripts [from the Late Warring States and Early Western Han Times]. " In *Text and Ritual in Early China*. Edited by Martin Kern. Seattle and London: University of Washington Press, 2005.

———. "Poetry and Religion: The Representation of 'Truth' in Early Chinese Historiography." In *Historical Truth, Historical Criticism, and Ideology: Chinese Historiography and Historical Culture from a New Comparative Perspective*. Edited by Helwig Schmidt-Glintzer, Achim Mittag, and Jörn Rüsen. Leiden and Boston, MA: Brill, 2005.

———. "Quotation and the Confucian Canon in Early Chinese Manuscripts: The Case of 'Zi Yi' (Black Robes)." *Asiatische Studien* 1, no. 59 (2005): 293-332.

———. "Ritual, Text, and the Formation of the Canon: Historical Transitions of Wen in Early Modern China." *T'oung Pao* 87, no. 1-3 (2001): 43-91.

———. "Shiqu Ge Huiyi (the Conference in the Stone Canal Pavilion)." In *RoutledgeCurzon Encyclopedia of Confucianism*. Edited by Xinzhong Yao. London and New York: RoutledgeCurzon, 2003.

———. *The Stele Inscriptions of Ch'in Shih-Huang: Text and Ritual in Early Chinese Imperial Representation*. New Haven, CT: American Oriental Society, 2000.

Kiser, Edgar, and Yong Cai. "War and Bureaucratization in Qin China: Exploring an Anomalous Case." *American Sociological Review* 68, no. 4 (2003): 511-539.

Knapp, Keith N. "The *Ru* Reinterpretation of Xiao." *Early China* 20 (1995): 195-222.

———. *Selfless Offspring: Filial Children and Social Order in Medieval China*. Honolulu: University of Hawai'i Press, 2005.

Knoblock, John. *Xunzi, A Translation and Study of the Complete Works*. 3 vols. Stanford, CA: Stanford University Press, 1994.

Kroll, J. L. "Disputation in Ancient Chinese Culture." *Early China* 11-12 (1985-1987): 118-145.

Lagerwey, John, and Marc Kalinowski, eds. *Early Chinese Religion*, *Part One: Shang through Han (1250 BC-220 AD)*. 2 vols. Handbuch der Orientalistik IV. 21. Leiden: Brill, 2009.

Lewis, Mark Edward. *The Construction of Space in Early China*. Albany: State University of New York Press, 2006.

——. *The Early Chinese Empires: Qin and Han, History of Imperial China*. Cambridge, MA: Belknap Press of Harvard University Press, 2007.

——. "The Feng and Shan Sacrifices of Emperor Wu of the Han." In *State and Court Ritual in China*. Edited by Joseph P. McDermott. New York: Cambridge University Press, 1998.

——. *The Flood Myths of Early China*. Albany: State University of New York Press, 2006.

——. *Sanctioned Violence in Early China*. Albany: State University of New York Press, 1990.

——. *Writing and Authority in Early China*. Albany: State University of New York Press, 1999.

Li Feng, and David Prager Branner, eds. *Writing and Literacy in Early China: Studies from the Columbia Early China Seminar*. Seattle and London: University of Washington Press, 2011.

Li, Wai-Yee. "The Idea of Authority in the Shih Chi (Records of the Historian)." *Harvard Journal of Asiatic Studies* 54, no. 2 (1994): 345-405.

——. *The Readability of the Past in Early Chinese Historiography*. Cambridge, MA: Harvard University Press, 2007.

Linduff , Katheryn M. *Metallurgy in Ancient Eastern Eurasia from the Urals to the Yellow River, Chinese Studies*, vol. 31. Lewiston, NY: Edwin Mellen Press, 2004.

——, and Yan Sun. *Gender and Chinese Archaeology*, *Gender and Archaeology Series*, vol. 8. Walnut Creek, CA, and Oxford: AltaMira Press, 2004.

Lippiello, Tiziana. "On the Secret Texts of the Feng and Shan Sacrifices." *Annali di Ca' Foscari: Rivista della Facolta di Linguee Letterature straniere dell' Universita di Venezia* 9, no. 35 (1996): 399-406.

Loewe, Michael. *A Biographical Dictionary of the Qin, Former Han and Xin Periods (221 BC-AD 24).* Leiden and Boston: Brill, 2000.

——. "The Case of Witchcraft in 91 B.C.: Its Historical Setting and Effect on Han Dynasty History." *Asia Major* (new series) 15 (1970): 159-196.

——. "'Confucian' Values and Practices in Han China." *T'oung Pao* 98, no. 1-3 (2012): 1-30.

——. *Crisis and Conflict in Han China, 104 B.C. to A.D. 9.* London: George Allen & Unwin, 1974.

——. *Divination, Mythology and Monarchy in Han China.* New York: Cambridge University Press, 1994.

——. "Dong Zhongshu as a Consultant." *Asia Major* (third series) 22, no. 1 (2009): 163-182.

——. *Early Chinese Texts: A Bibliographical Guide, Early China Special Monograph Series; No. 2.* Berkeley: Society for the Study of Early China: Institute of East Asian Studies University of California, Berkeley, 1993.

——. *Faith, Myth and Reason in Han China.* Indianapolis, IN: Hackett, 2005.

——. *The Government of the Qin and Han Empires: 221 BCE-220*

CE. Indianapolis, IN: Hackett, 2006.

——. *The Men Who Governed Han China: Companion to a Biographical Dictionary of the Qin, Former Han and Xin Periods.* Leiden and Boston: Brill, 2004.

——. "The Organs of Han Imperial Government: zhongdu guan, duguan, xianguan and xiandao guan." *The Bulletin of the School of Oriental and African Studies* 71, no. 3 (2008): 509-528.

——. *Records of Han Administration.* 2 vols. London and New York: RoutledgeCurzon, 2002.

——. *Ways to Paradise: The Chinese Quest for Immortality.* London and Boston: Allen & Unwin, 1979.

——. "The Western Han Army: Organization, Leadership, and Operation." In *Military Culture in Imperial China.* Edited by Nicola Di Cosmo (Cambridge, MA: Harvard University Press, 2011), 65-89.

——, and Edward L. Shaughnessy. *The Cambridge History of Ancient China: From the Origins of Civilization to 221 B.C.* Cambridge, UK, and New York: Cambridge University Press, 1999.

Lu, Zongli. "Problems Concerning the Authenticity of Shih Chi 123 Reconsidered." *Chinese Literature: Essays, Articles, Reviews (CLEAR)* 17 (1995): 51-68.

Maeder, Erik W. "Some Observations on the Composition of the Core Chapters of the Mozi." *Early China* 17, no. 27-82 (1992).

Makeham, John. "The Earliest Extant Commentary on Lunyu: Lunyu Zheng Xuan Zhu." *T'oung Pao* 83, no. 4-5 (1997): 260-299.

——. "The Formation of Lunyu as a Book." *Monumenta Serica* 44 (1996): 1-24.

Mao, Han-kuang. "The Evolution in the Nature of the Medieval Genteel Families." In *State and Society in Early Medieval China.* Edited by Albert E. Dien, 73-109. Stanford, CA: Stanford University Press, 1990.

Maspero, Henri. *China in Antiquity*. Translated by Frank A. Kierman Jr. Amherst: University of Massachusetts Press, 1978.

McDermott, Joseph Peter. *State and Court Ritual in China*. New York: Cambridge University Press, 1998.

McNeal, Robin. *Conquer and Govern: Early Chinese Military Texts from the Yi Zhou shu*. Honolulu: University of Hawai'i Press, 2012.

Metzger, Thomas A. "Some Ancient Roots of Modern Chinese Thought: This Worldliness, Epistemological Optimism, Doctrinality, and the Emergence of Reflexivity in the Eastern Chou." *Early China* 11-12 (1985-1987): 61-117.

Michael, Thomas. "Debating the Spirit in Early China." *Journal of Religion* 83, no. 3 (2003): 421-429.

Mollgaard, Eske J. "Confucian Enlightenment." *Early China* 19 (1994): 145-160.

Mu Nanke. "The Origin of the Confucian Classics and Methodology in its Historical Context." Translated by Niu Xiaomei and Richard Stichler. *Contemporary Chinese Thought* 39, no. 1 (2007): 57-62.

Nienhauser, William. "On Reading the 'Basic Annals of Gaozu': Liu Bang and Biography in Sima Qian's Eyes." In *China in Seinen Biographischen Dimensionen: Gedenkschrift Fur Helmut Martin = China and Her Biographical Dimensions: Commemorative Essays for Helmut Martin*. Edited by Christina Neder, Heiner Roetz, Ines-Susanne Schilling. Wiesbaden: Harrassowitz, 2001.

———. "A Reexamination of 'The Biographies of the Reasonable Officials' in the *Records of the Grand Historian*." *Early China* 16 (1991):

209-233.

Nivison, David S. "Royal 'Virtue' in Shang Oracle Inscriptions." *Early China* 2 (1978-1979): 52-55.

Nylan, Michael. "The Chin Wen / Ku Wen Controversy in Han Times." *T'oung Pao* 80, no. 1-3 (1994): 83-145.

——. "Confucian Piety and Individualism in Han China." *Journal of the American Oriental Society* 116, no. 1 (1996): 1-27.

——. *The Five "Confucian" Classics.* New Haven, CT: Yale University Press, 2001.

——. "Han Classicists Writing in Dialogue about Their Own Tradition." *Philosophy East and West* 47, no. 2 (1997): 133-188.

——. "The Ku Wen Documents in Han Times." *T'oung Pao* 81, no. 1-3 (1995): 25-50.

——. "A Problematic Model: The Han 'Orthodox Synthesis,' Then and Now." In *Imagining Boundaries: Changing Confucian Doctrines, Texts, and Hermeneutics.* Edited by Kai-wing Chow, On-cho Ng, and John B. Henderson, 17-56. Albany: State University of New York Press, 1999.

——. "Sima Qian: A True Historian?" *Early China* 23-24 (1998-1999): 203-246.

——. "Style, Patronage, and Confucian Ideals in Han Dynasty Art: Problems in Interpretation." *Early China* 18 (1993): 227-247.

——. "Toward an Archaeology of Writing: Text, Ritual, and the Culture of Public Display in the Classical Period (475 B.C.E.-220 C.E.)." In *Text and Ritual in Early China.* Edited by Martin Kern, Seattle and London: University of Washington Press, 2005.

——, and Michael Loewe, eds. *China's Early Empires: A Re-Appraisal.* University of Cambridge Oriental Publications 67. Cambridge: Cambridge University Press, 2010.

Olberding, Garrett P. S. *Dubious Facts: The Evidence of Early Chinese Historiography*. Albany: State University of New York Press, 2012.

Oldstone-Moore, Jennifer. *Confucianism: Origins, Beliefs, Practices, Holy Texts, Sacred Places*. Oxford and New York: Oxford University Press, 2002.

Pankenier, David W. "'The Scholar's Frustration' Reconsidered: Melancholia or Credo?" *Journal of the American Oriental Society* 110, no. 3 (1990): 434-459.

Pearce, Scott. "A Survey of Recent Research in Western Language on the History of Early Medieval China." *Early Medieval China* 1 (1994): 128-143.

Petersen, Jens Ostergard. "Which Books Did the First Emperor of Ch'in Burn? On the Meaning of 'Pai Chia' in Early Chinese Sources." *Monumenta Serica* 43 (1995): 1-52.

Pines, Yuri. "Beasts or Humans: Pre-Imperial Origins of the 'Sino-Barbarian' Dichotomy." In *Mongols, Turks, and Others: Eurasian Nomads and the Sedentary World*. Edited by Reuven Amitai and Michal Biran. Leiden and Boston, MA: Brill, 2005.

——. "Disputers of the Li: Breakthroughs in the Concept of Ritual in Pre-Imperial China." *Asia Major* 13, no. 1 (2000): 1-42.

——. *The Everlasting Empire: The Political Culture of Ancient China and Its Imperial Legacy*. Princeton and Oxford: Princeton University Press, 2012.

——. *Foundations of Confucian Thought: Intellectual Life in the Chunqiu Period, 722-453 B. C. E.* Honolulu: University of Hawai'i Press, 2002.

——. "Intellectual Change in the Chunqiu Period: The Reliability of the Speeches in the Zuo Zhuan as Sources of Chunqiu Intellectual History." *Early China* 22 (1997): 77-132.

——. "Political Mythology and Dynastic Legitimacy in the Rong Cheng Shi Manuscript," *Bulletin of the School of Oriental and Asian Studies* 73, no. 3 (2010): 503-529.

——. "The Question of Interpretation: Qin History in Light of New Epigraphic Sources." *Early China* 29 (2004): 1-44.

——. "Rethinking the Origins of Chinese Historiography: The *Zuo Zhuan* Revisited" (review article). *Journal of Chinese Studies* 49 (2009): 431-444.

Powers, Martin Joseph. *Art and Political Expression in Early China*. New Haven, CT: Yale University Press, 1991.

Proser, Adriana G. "Moral Characters: Calligraphy and Bureaucracy in Han China." Dissertation, Columbia University, 1995.

Puett, Michael. *The Ambivalence of Creation: Debates Concerning Innovation and Artifice in Early China*. Stanford: Stanford University Press, 2001.

——. "Determining the Position of Heaven and Earth: Debates over State Sacrifices in the Western Han Dynasty." In *Confucian Spirituality I*. Edited by Tu Weiming and Mary Evelyn Tucker, 318-334. New York: Herder and Herder, Crossroad, 2003-2004.

——. "Nature and Artifice: Debates in Late Warring States China Concerning the Creation of Culture." *Harvard Journal of Asiatic Studies* 57, no. 2 (1997): 471-518.

——. "Sages, Ministers, and Rebels: Narratives from Early China Concerning the Initial Creation of the State." *Harvard Journal of Asiatic Studies* 58, no. 2 (1998): 425-479.

——. *To Become a God: Cosmology, Sacrifice, and Self-Divinization in Early China*, Cambridge, MA: Harvard University Press, 2002.

Queen, Sarah A. *From Chronicle to Canon: The Hermeneutics of the Spring and Autumn, According to Tung Chung-Shu*. Cambridge and New York: Cambridge University Press, 1996.

——. "Inventories of the Past: Rethinking the 'School' Affiliation of the Huainanzi." *Asia Major* 14 (2001): 51-72.

Riegel, Jeffrey [K.] "Eros, Introversion, and the Beginnings of *Shijing* Commentary." *Harvard Journal of Asiatic Studies* 57.1 (1997): 143-177.

——. "A Passion for the Worthy." *Journal of American Oriental Society* 128, no. 4 (2008): 709-721.

Robins, Dan. "The Development of Xunzi's Theory of Xing, Reconstructed on the Basis of a Textual Analysis of Xunzi 23, 'Xing E' (Xing Is Bad)." *Early China* 26-27 (2001-2002): 99-158.

Sargent, Clyde B. "Subsidized History: Pan Ku and the *Historical Records of the Former Han Dynasty*." *The Far Eastern Quarterly* 3, no. 2 (1944): 119-143.

Saussy, Haun. "Classical Exegesis." In *The Columbia History of Chinese Literature*. Edited by Victor H. Mair. New York: Columbia University Press, 2001.

Savage, William E. "Archetypes, Model Emulation, and the Confucian Gentleman." *Early China* 17 (1992): 1-25.

Schaab-Hanke, Dorothee. "Did Chu Shaosun Contribute to a Tradition of the Scribe?" *Oriens Extremus* 44 (2003-2004): 11-26.

——. "The Power of an Alleged Tradition: A Prophecy Flattering Han Emperor Wu and Its Relation to the Sima Clan [Ideological Background of the Attitude towards Gongsun Qing Displayed by the Author of the Shiji in Fengshan Shu]. " *Journal Museum of Far Eastern Antiquities Bulletin* 74 (2002): 243-290.

Schaberg, David. *A Patterned Past: Form and Thought in Early Chinese Historiography*, *Harvard East Asian Monographs*; 205. Cambridge, MA: Harvard University Asia Center. Distributed by Harvard University Press, 2001.

——. "Playing at Critique: Indirect Remonstrance and the Formation of Shi Identity. " In *Text and Ritual in Early China*. Edited by Martin Kern, 194-225. Seattle and London: University of Washington Press, 2005.

——. "Remonstrance in Eastern Zhou Historiography. " *Early China* 22 (1997): 133-179.

——. "Song and the Historical Imagination in Early China. " *Harvard Journal of Asiatic Studies* 59, no. 2 (1999): 305-361.

Schmidt-Glintzer, Helwig. "The Scholar-Official and His Community: The Character of the Aristocracy in Medieval China. " *Early Medieval China* 1 (1994): 60-83.

SeNa, David. "Arraying the Ancestors in Ancient China: Narratives of Lineage History in the 'Scribe Qiang' and 'Qiu' Bronzes. " *Asia Major* (third series) 25, no. 1 (2012): 63-81.

Shankman, Steven, and Stephen W. Durrant. *Early China/Ancient Greece: Thinking through Comparisons*. Albany: State University of New York Press, 2002.

Shaughnessy, Edward L. *Before Confucius: Studies in the Creation of the Chinese Classics*. Albany: State University of New York Press, 1997.

——. "The Origin of a *Yijing* Line Statement. " *Early China* 20

(1995): 223-240.

Shelach, Gideon, and Yuri Pines. "Secondary State Formation and the Development of Local Identity: Change and Continuity in the State of Qin (770-221 B. C.)." In *Archaeology of Asia*. Edited by Miriam T. Stark. Malden, MA, and Oxford, England: Blackwell, 2006, pp. 202-230.

Sivin, Nathan. "The Myth of the Naturalists." In *Medicine, Philosophy and Religion in Ancient China: Research and Reflections*. Aldershot: Ashgate, 1995.

——. "State, Cosmos, and Body in the Last Three Centuries B. C. " *Harvard Journal of Asiatic Studies* 55, no. 1 (1995): 5-37.

Slupski, Zbigniew. "The Literary Structure of the Chunqiu and Zuo Zhuan. " *Archiv Orientalni* 69, no. 1 (2001): 51-60.

——. "On the Origins of Chinese Historiography. " *Archiv Orientalni* 66, no. 4 (1998): 295-302.

Smith, Kidder Jr. "Sima Tan and the Invention of Daoism, 'Legalism,' 'Et Cetera'. " *The Journal of Asian Studies* 62, no. 1 (2003): 129-156.

——. "*Zhouyi* Interpretation from Accounts in the Zuozhuan. " *Harvard Journal of Asiatic Studies* 49, no. 2 (1989): 421-463.

Stewart, Pamela J. , and Andrew Strathern. *Witchcraft, Sorcery, Rumors, and Gossip*. Cambridge, UK, and New York: Cambridge University Press, 2004.

Sun, Weimin. "Features of Chinese Cosmology. " *Journal of East-West Thought* 1, no. 2 (2012): 133-144.

Tanigawa, Michio. *Medieval Chinese Society and the Local "Community. "* Translated by Joshua A. Fogel. Berkeley: University of California Press, 1985.

ter Haar, B. J. *Telling Stories: Witchcraft and Scapegoating in Chinese History*. Leiden and Boston: Brill, 2006.

Thompson, E. P. (Edward Palmer). *The Making of the English Working Class*. New York: Vintage Books, a division of Random House, 1966.

Tillman, Hoyt Cleveland. "The Uses of Neo-Confucianism, Revisited: A Reply to Professor De Bary." *Philosophy East and West* 44, no. 1 (1994): 135-142.

Tu, Weiming. *Confucian Thought: Selfhood as Creative Transformation*. Albany: State University of New York Press, 1985.

——, and Mary Evelyn Tucker, eds. *Confucian Spirituality*. New York: Crossroad, 2003.

Turner, Karen. "War, Punishment, and the Law of Nature in Early Chinese Concepts of the State." *Harvard Journal of Asiatic Studies* 53, no. 2 (1993): 285-324.

van Ess, Hans. "The Apocryphal Texts of the Han Dynasty and the Old Text/New Text Controversy." *T'oung Pao* 85, no. 1-3 (1999): 29-64.

——. "The Meaning of Huang-Lao in *Shiji* and *Hanshu*." *Etudes chinoises* 12, no. 2 (1993): 161-177.

——. "Praise and Slander: The Evocation of Empress Lü in the *Shiji* and the *Hanshu*." *Nan Nu: Men, Women and Gender in Early and Imperial China* 8, no. 2 (2006): 221-254.

——. "Recent Studies on Sima Qian [Review Article]." *Monumenta Serica* 49 (2001): 517-528.

Van Gulik, Robert Hans, and Paul Rakita Goldin. *Sexual Life in Ancient China: A Preliminary Survey of Chinese Sex and Society from Ca. 1500 B. C. Till 1644 A. D, Sinica Leidensia, V. 57*. Leiden and

Boston: Brill, 2003.

von Falkenhausen, Lothar. *Chinese Society in the Age of Confucius (1000-250 BC): The Archaeological Evidence*. Los Angeles, CA: Cotsen Institute of Archaeology, 2006.

——. "Mortuary Behavior in Pre-Imperial Qin: A Religious Interpretation." *Religion and Chinese Society* Vol. 1, *Ancient and Medieval China*. Edited by John Lagerwey. Hong Kong: Chinese University of Hong Kong Press, 2004.

Wang, Aihe. *Cosmology and Political Culture in Early China*. Cambridge, UK, and New York: Cambridge University Press, 2000.

——. "Creators of an Emperor: The Political Group behind the Founding of the Han Empire." *Asia Major* 14 (2001): 19-50.

Wang, Robin R. *Yinyang: The Way of Heaven and Earth in Chinese Thought and Culture; New Approaches to Asian History*. Cambridge: Cambridge University Press, 2012.

Wang, Yu-ch'uan. "The Central Government of the Former Han Dynasty." In *The Making of China: Main Themes in Premodern Chinese History*. Edited by Chunshu Chang. Englewood Cliffs: Prentice-Hall, 1975.

——. "An Outline of the Central Government of the Former Han Dynasty." *Harvard Journal of Asiatic Studies* 12, no. 1/2 (1949): 134-187.

White, Hayden V. *Metahistory: The Historical Imagination in Nineteenth-Century Europe*. Baltimore: Johns Hopkins University Press, 1973.

Yang, Lien-sheng. "Great Family of East Han." In *The Making of China: Main Themes in Premodern Chinese History*. Edited by Chunshu Chang. Englewood Cliffs: Prentice-Hall, 1975.

Yates, Robin D. S. "Social Status in the Ch'in: Evidence from the Yün-meng Legal Documents. Part One: Commoners." *Harvard Journal of Asiatic Studies* 47, no. 1 (1987): 211-248.

——. "State Control of Bureaucracies under the Qin: Techniques and Procedures." *Early China* 20 (1995): 331-365.

——. "The Yin Yang Texts from Yinqueshan: An Introduction and Partial Reconstruction, with Notes on Their Significance in Relation to Huang-Lao Daoism." *Early China* 19 (1994): 74-144.

Yu, Anthony [C.] "History, Fiction, and the Reading of Chinese History." *Chinese Literature: Essays, Articles, Reviews* 10, no. 1-2 (1988): 1-19.

Yu, Weichao. "The Origins of the Cultures of the Eastern Zhou." *Early China* 9-10 (1983-1985): 307-314.

Yu, Ying-shih. "Life and Immortality in the Mind of Han China." *Harvard Journal of Asiatic Studies* 25 (1964): 80-122.

——. "'O Soul, Come Back!' A Study in the Changing Conceptions of the Soul and Afterlife in Pre-Buddhist China." *Harvard Journal of Asiatic Studies* 47, no. 2 (1987): 363-395.

Zhao, Dingxin. "Comment: Spurious Causation in a Historical Process: War and Bureaucratization in Early China." *American Sociological Review* 69, no. 4 (2004): 603-607.

Zufferey, Nicolas. *To the Origins of Confucianism: The Ru in Pre-Qin Times and During the Early Han Dynasty.* Bern and New York: Peter Lang, 2003.

中文与日文文献

白寿彝：《司马迁与班固》，见《中国史学史论集（一）》，上海：上海人民出版社，1980。

班固：《汉书》，北京：中华书局，1962。

卜宪群：《从简牍看秦代乡里的吏员设置与行政功能》，见《里耶古城·秦简与秦文化研究——中国里耶古城·秦简与秦文化国际学术研讨会论文集》，北京：科学出版社，2009，109～110 页。

卜宪群：《秦汉官僚制度》，北京：社会科学文献出版社，2002。

卜宪群：《尹湾汉墓简牍军吏以"十岁补"补证》，见《简帛研究2004》，桂林：广西师范大学出版社，2006，234～242 页。

陈长琦：《魏晋南北朝世族对于国家权力中心的作用》，载《华南师范大学学报》，1991(3)，21～45 页。

陈明：《中古士族现象研究：儒学的历史文化功能初探》，台北：文津出版社，1994。

陈槃：《战国秦汉间方士考论》，载《中央研究院历史语言研究所集刊》，第 17 本，1948，7～57 页。

陈启云：《中国中古"士族政治"考论之一（渊源论）》，载《新亚学报》，12 卷，1977，143～182 页。

陈苏镇：《汉代政治与春秋学》，北京：中国广播电视出版社，2001。

陈业新：《灾害与两汉社会研究》，上海：上海人民出版社，2004。

陈寅恪：《隋唐制度渊源略论稿》，台北：台湾商务印书馆，1966。

陈寅恪：《唐代政治史述论稿》，上海：上海古籍出版社，1997。

陈直：《汉晋人对〈史记〉的传播及其评价》，见《中国史学史论集（一）》，上海：上海人民出版社，1980。

陈仲安、王素：《汉唐职官制度研究》，北京：中华书局，1993。

程元敏：《季汉荆州经学》（上），载《汉学研究》，4 卷 1 期，1986，211～264 页。

程章灿：《世族与六朝文学研究》，哈尔滨：黑龙江教育出版社，1998。

崔适：《史记探源》，北京：中华书局，1986。

崔向东：《汉代豪族研究》，武汉：崇文书局，2003。

苏舆：《春秋繁露义证》，钟哲点校，北京：中华书局，1992。

范子烨：《中古文人生活研究》，济南：山东教育出版社，2001。

冯尔康：《中国社会结构的演变》，郑州：河南人民出版社，1994。

冯良方：《汉赋与经学》，北京：中国社会科学出版社，2004。

冯友兰：《原儒墨》，见《三松堂学术文集》，北京：北京大学出版社，1984。

冯友兰：《中国哲学史》，北京：中华书局，1961。

〔日〕福井重雅：《漢代官吏登用制度の研究》，东京：創文社，1988。

〔日〕福井重雅：《漢代儒教の史的研究：儒教の官學化をめぐる定説の再検讨》，东京：汲古書院，2005。

〔日〕福井重雅：《六經六藝と五經：漢代における五經の成立》，载《中国史学》，1994(4)，139～164 页。

〔日〕福井重雅：《秦漢時代における博士制度の展開──五経博士の設置をめぐる疑義再論》，载《东洋史研究》，54（1995），1～31 页。

〔日〕福井重雅：《董仲舒の对策の基礎的研究》，载《史学雑誌》，106 期，1997，157～204 页。

傅乐成：《西汉的几个政治集团》，见《台湾大学傅故校长斯年先生纪念论文集》，台北：台湾大学，1952，63～86 页。

葛剑雄：《西汉人口地理》，北京：人民出版社，1986。

〔日〕五井直弘：《漢代の豪族社会と国家》，东京：名著刊行会，2001。

顾颉刚：《秦汉的方士与儒生》，上海：上海古籍出版社，2005。

郭沫若：《驳说儒》，见《青铜时代》，上海：群益出版社，1947，434～462 页。

郭彧：《京氏易源流》，北京：华夏出版社，2007。

〔日〕平井正士：《漢代に于ける儒家官僚の公卿層への浸润》，见《歴史における民衆と文化：酒井忠夫先生古稀祝賀記念論集》，酒井忠夫先生古稀祝賀記念の会編，东京：国書刊行会，1982。

［日］平井正士：《董仲舒の贤良対策の年次に就くて》，载《史潮》，11卷2期，1941，79～116页。

侯外庐、赵纪彬、杜国庠：《中国思想通史》，北京：人民出版社，1957。

王利器：《盐铁论校注》，北京：中华书局，1992。

胡适：《说儒》，见《胡适作品集》卷15，台北：远流出版公司，1986，99～159页。

黄留珠：《秦汉仕进制度》，西安：西北大学出版社，1985。

［日］中村璋八编：《纬學研究論叢：安居香山博士追悼》，东京：平河出版社，1993。

蒋非非：《汉代功次制度研究》，载《中国史研究》，1997（1），62～72页。

金德建：《司马迁所见书考》，上海：上海人民出版社，1963。

金发根：《永嘉乱后北方的豪族》，台北："中国学术著作奖助委员会"，1964。

［日］关口顺：《儒學のかたち》，东京：東京大学出版会，2003。

［日］狩野直喜：《漢初の博士》，见《両汉学术考》，东京：筑摩書房，1964，29～42页。

［日］狩野直喜：《董仲舒对策の年について》，见《両汉学术考》，东京：筑摩書房，1964，43～57页。

劳干：《对于"巫蛊之祸的政治意义"的看法》，载《"中央研究院"历史语言研究所集刊》，第57本第3分，1986，539～551页。

劳干：《汉代的豪强及其政治上的关系》，见《庆祝李济先生论文集上》，台北：清华学报社，1965。

劳干：《汉代察举制度考》，载《中央研究院历史语言研究所集刊》，第17本，1948，79～129页。

劳干：《论汉代的内朝与外朝》，载《中央研究院历史语言研究所集刊》，第13本，1948，227～267页。

李开元：《汉帝国的建立与刘邦集团：军功受益阶层研究》，北京：生活·读书·新知三联书店，2000。

李孔怀：《汉代郎官述论》，见《秦汉史论丛》第 2 卷，西安：陕西人民出版社，1982。

李零：《学术"科索沃"：一场围绕巫鸿新作的讨论》，载《中国学术》，2000(2)，217～228 页。

李零：《战国秦汉方士流派考》，载《传统文化与现代化》，1995(2)。

廖伯源：《从汉代郎将职掌之发展论官制演变》，见《秦汉史论丛》，台北：五南图书出版公司，2003，47～124 页。

廖伯源：《汉代大夫制度考释》，见《秦汉史论丛》，台北：五南图书出版公司，2003。

廖伯源：《汉代爵位制度试释》，载《新亚学报》，10 卷 1 期，1973，93～184 页。

廖伯源：《汉代使者考论之二：使者与行政官员之关系及使者演变为行政官员的一些迹象》，载《汉学研究》，5 卷 2 期，401～434 页。

廖伯源：《简牍与制度：尹湾汉墓简牍官文书考证》，桂林：广西师范大学出版社，2005。

廖伯源：《秦汉朝廷之论议制度》，见《秦汉史论丛》，台北：五南图书出版公司，2003，157～200 页。

廖伯源：《试论西汉时期列侯与政治之关系》，载《新亚学报》，14 卷，1984，123～150 页。

林富士：《汉代的巫者》，台北：稻乡出版社，1988。

林富士：《释"魅"：以先秦至东汉时期的文献资料为主的考察》，见《鬼魅神魔：中国通俗文化侧写》，蒲慕州编，台北：麦田出版，2005，109～134 页。

林富士：《"巫叩元弦"考释——兼论音乐与中国的巫觋仪式之关系》，载《新史学》，7 卷 3 期，1996，195～218 页。

刘厚勤：《儒学与汉代社会》，济南：齐鲁书社，2002。

《说苑校证》，向宗鲁注解，北京：中华书局，1987。

孙立群、马亮宽、刘泽华：《士人与社会（秦汉魏晋南北朝卷）》，天津：天津人民出版社，1992。

陆玑：《毛诗草木鸟兽虫鱼疏校正》，丁晏注解，见《续修四库全书》七一，上海：上海古籍出版社，1996。

吕思勉：《吕思勉读史札记》，上海：上海古籍出版社，1982。

吕思勉：《中国制度史》，上海：上海教育出版社，1985。

《论语》，河北省文物研究所定州汉墓竹简整理小组编，北京：文物出版社，1997。

马新：《论两汉民间的巫与巫术》，载《文史哲》，2001(3)，119～128页。

毛汉光：《中国中古社会史论》，台北：联经出版事业公司，1988。

毛汉光：《中国中古政治史论》，台北：联经出版事业公司，1990。

蒙文通：《中国哲学思想探原》，台北：台湾古籍出版有限公司，1997。

孟祥才：《析戾太子之狱》，载《齐鲁学刊》，2001(5)，11～17页。

焦循：《孟子正义》，沈文倬点校，北京：中华书局，1987。

倪思：《班马异同》，台北：台湾商务印书馆，1978。

［日］西川利文：《漢代の儒学と国家："官学化"议论を中心に》，见《史学論集：佛教大学文学部史学科創設三十周年記念》，京都：佛教大学文学部史学科創設三十周年記念論集刊行会，1999。

［日］大庭脩：《论汉代的论功升进》，见《简牍研究译丛》第二辑，北京：中国社会科学出版社，1987。

［日］大庭脩：《秦汉法制史》，林剑鸣译，上海：上海人民出版社，1991。

彭浩：《郭店楚简"缁衣"的分章及相关问题》，见《简帛研究》第三辑，南宁：广西教育出版社，1998，44～49页。

蒲慕州：《巫蛊之祸的政治意义》，载《"中央研究院"历史语言研究所集刊》，第57本第3分，1986，511～537页。

钱穆：《驳胡适之〈说儒〉》，见《胡适作品集》第 15 卷，台北：远流出版公司，1986。

钱穆：《国史大纲》修订版，北京：商务印书馆，2002。

钱穆：《两汉博士家法考》，见《两汉经学今古文平议》，北京：商务印书馆，2001。

钱穆：《略论魏晋南北朝学术文化与当时门第之关系》，见《中国学术思想史论丛·卷三》，合肥：安徽教育出版社，2004，125～186 页。

钱穆：《秦汉史》，台北：三民书局，1969。

芮和蒸：《西汉御史制度》，台北：嘉新水泥公司文化基金会，1964。

阮元：《十三经注疏》，北京：中华书局，1979。

萨孟武：《中国社会政治史》，台北：三民书局，1975。

［日］斋木哲郎：《汉代知识的性格与知识分子》，刘岳兵译，载《新哲学》，2004(2)：227～238 页。

沈玉成、刘宁：《春秋左传学史稿》，南京：江苏古籍出版社，1992。

施定：《司马迁写"今上"（汉武帝）》，见《司马迁研究新论》，郑州：河南人民出版社，1982，137～162 页。

［日］安居香山编：《讖纬思想の综合的研究》，东京：国書刊行会，1984。

司马迁：《史记》，北京：中华书局，1959。

孙诒让：《墨子闲诂》，北京：中华书局，2001。

唐长孺：《士人荫族特权和氏族队伍的扩大》，见《魏晋南北朝史论拾遗》，北京：中华书局，1983。

牟宗三、徐复观、张君劢等：《为中国文化敬告世界人士宣言》，见封祖盛编：《当代新儒家》，北京：生活·读书·新知三联书店，1989。

田昌五、臧知非：《周秦社会结构研究》，西安：西北大学出版社，1996。

田余庆：《东晋门阀政治研究》，北京：北京大学出版社，1989。

田余庆：《秦汉魏晋史探微》，北京：中华书局，1993。

王葆玹:《今古文经学新论》,北京:中国社会科学出版社,2004。

王葆玹:《西汉经学源流》,台北:东大图书公司,1997。

王法周:《胡适〈中国哲学史大纲〉与中国现代学术》,见《现代学术史上的胡适》,耿云志、闻黎明编,北京:生活·读书·新知三联书店,1993。

王国维:《汉魏博士考》,见《观堂集林》卷一,北京:中华书局,1959。

王利器:《史记注译》,西安:三秦出版社,1988。

王叔岷:《史记斠证》,台北:"中央研究院"历史语言研究所,1983。

王先慎:《韩非子集解》,北京:中华书局,1998。

王晓毅:《汉魏之际"浮华交会"风潮的历史动因》,载《中国文化月刊》,1990(7),19~28。

王中江:《先秦"士"阶层的形成,自我意识及原创性》,载《新哲学》,2004(2),215~226页。

王子今:《两汉的"越巫"》,载《南都学坛》,2005(1):1~5页。

王子今:《西汉长安的"胡巫"》,载《民族研究》,1997(5),64~69页。

[日]渡边义浩:《後漢国家の支配と儒教》,东京:雄山閣出版,1995。

吴树平、吕宗力:《全注全译史记》,天津:天津古籍出版社,1995。

夏长朴:《论汉代学术会议与汉代学术发展的关系:以石渠阁会议的召开为例》,见《第三届汉代文学与思想学术研讨会论文集》,台北:文史哲出版社,2000。

萧公权:《中国政治思想史》,台北:"中华文化出版事业委员会",1954。

徐复观:《两汉思想史》,上海:华东师范大学出版社,2001。

徐复观:《盐铁论中的政治社会文化问题》,载《新亚学报》,11卷下,1975,337~418页。

徐复观：《原史：有宗教通向人文的史学的成立》，见《中国史学史论文选集》，杜维运、陈锦忠编，台北：华世出版社，1980。

徐复观：《中国经学史的基础》，见《徐复观论经学史两种》，上海：上海书店，2002。

徐复观：《中国经学史的基础》，台北：学生书局，1982。

徐复观：《中庸的地位问题：谨就正于钱宾四先生》，见《学术与政治之间》卷二，九龙：南山书屋，1976。

阎爱民：《汉晋家族研究》，上海：上海人民出版社，2005。

阎步克：《察举制度变迁史稿》，沈阳：辽宁大学出版社，1997。

阎步克：《士大夫政治演生史稿》，北京：北京大学出版社，1996。

严耕望：《两汉太守刺史表》，上海：商务印书馆，1948。

严耕望：《秦汉郎吏制度考》，载《"中央研究院"历史语言研究所集刊》，第 23 本上，1951，89～143 页。

严耕望：《中国地方行政制度史：秦汉地方行政制度》，台北："中央研究院"，1961。

王利器：《盐铁论校注》，北京：中华书局，1992。

杨光辉：《汉唐封爵制度》，北京：学苑出版社，1999。

杨联陞：《东汉的豪族》，载《清华学报》，11 卷 4 期，1936，1007～1063 页。

姚振宗：《后汉艺文志》，见《续修四库全书》卷九一四，上海：上海古籍出版社，1996。

［日］安居香山：《纬书の成立とその展开》，东京：国书刊行会，1981。

［日］安居香山、中村璋八：《纬書の基礎的研究》，东京：国书刊行会，1978。

尹建东：《试论汉代地方豪族的宗族组织——以关东豪族为中心》，载《西南民族学院学报·哲学社会科学版》，2001(6)，133～136 页。

易平：《刘向班固所见〈太史公书〉考》，载《大陆杂志》，91 卷 5 期，

1995，193～200 页。

易平：《褚少孙补〈史〉新考》，载《台大历史学报》，25 期，2000，
151～180 页。

《玉函山房辑佚书》，马国翰辑，长沙：娜嬛馆，1883。

余嘉锡：《太史公书亡篇考》，见《中国学术经典：余嘉锡，杨树达
卷》，刘梦溪、朱维铮等编，石家庄：河北教育出版社，1996，257～
361 页。

俞启定：《先秦两汉儒家教育》，济南：齐鲁书社，1987。

余萧客：《文选音义八卷》，见《四库全书存目丛书·集部》二八八，
济南：齐鲁书社，1997。

于迎春：《汉代文人与文学观念的演进》，见《秦汉士史》，北京：北
京大学出版社，2000。

余英时：《东汉政权之建立与士族大姓之关系》，载《新亚学报》，1
卷 2 期，1956，209～280 页。

余英时：《士与中国文化》，上海：上海人民出版社，1987。

余英时：《中国知识阶层史论(古代篇)》，台北：联经出版事业公司，
1980。

张传玺：《秦汉问题研究》，北京：北京大学出版社，1985。

张大可：《〈史记〉文献研究》，北京：民族出版社，1999。

张小锋：《卫太子冤狱昭雪与西汉武、昭、宣时期的政治》，载《南都
学坛》，2006(3)，12～17 页。

赵伯雄：《春秋学史》，济南：山东教育出版社，2004。

赵翼：《廿二史札记》，北京：中华书局，1963。

郑玄：《毛诗谱》，见《黄氏逸书考》卷二六一，台北：艺文印书
馆，1972。

周予同：《周予同经学史论著选集》，上海：上海人民出版社，1983。

周予同：《博士制度和秦汉政治》，见《周予同经学史论著选集》，上
海：上海人民出版社，1983。

周予同：《谶纬中的孔圣人和他的门徒》，见《周予同经学史论著选集》，上海：上海人民出版社，1983。

黎靖德编：《朱子语类》，北京：中华书局，1986。

朱子彦：《汉武帝"罢黜百家，独尊儒术"质疑》，载《上海大学学报》，2004(6)，92～94页。

祝总斌：《两汉魏晋南北朝宰相制度研究》，北京：中国社会科学出版社，1990。

后记　仗剑走天涯

　　我的第一本专著的中文译本马上要出版了，我觉得我还是应该写点什么。

　　《巫蛊之祸与儒生帝国的兴起》是由我的博士论文修改后出版成书的。我深深地感谢我的导师罗宾（Robin McNeal）、艾尔曼（Benjamin Elman）和陈兼先生。罗宾先生的宽容和支持让我在康奈尔大学的博士学习期间自由地发展，独立地思考。艾尔曼先生非常严肃严谨，他话不多，但是他的评论和研究方法对我影响深远。艾尔曼先生两次开车从普林斯顿到康奈尔，分别参加我的博士开题报告和博士论文答辩。陈兼老师一身正气，他和师母陈之宏老师一直对我的研究非常支持。作为后学，很难报答导师们无私的付出，每次买个小礼物都会被批评，让我不要乱花钱。我想，对导师来说，最好的报答就是把他们研究的精神和做人的原则传承下去。

　　博士论文顺利答辩，当我信心百倍地将修改好的书稿递交到出版社的时候，却受到一些挫折。很多出版社感兴趣，哈佛大学亚洲系列的编辑很快把我的书稿送出去，得到了外部评审的肯定。哈佛大学出版社要求根据一些意见修改重新提交。现在看来真是非常正常的操作，当时我却年轻气盛，直接拒绝了哈佛大学出版社的要求。博睿学术出版社（Brill）非常有兴趣地把我的书稿送出去评审，其中一个外部评审的意见充满了偏见和黑白颠倒的评议。我直接写信跟博睿的编辑说，这个评议人完全不尊重逻辑和事实，连起码的学术道德都没有。书稿后来在纽约州立大学出版社（SUNY Press）顺利出版，编辑南希·艾勒盖特（Nancy Ellegate）女士非常有能力，她在纽约州立大学出版社出版的中国历史文化研究系列是学术界的旌旗。南希女士于 2015 年突然去世，我没能真正跟她见过面，一表深深的谢意。那年亚洲研究年会专门给她举办了一个纪念会，很多中国研究的同行都去悼念。

匿名评审能够保证一定的公平，但是也肯定有弊端，因为匿名更让人会肆无忌惮罔顾事实地攻击与其立场不一样的新观点。这是难以避免的现象。新的观念、新的著作会质疑甚至摧毁一些发表了的错误观点，所以一定会有人去打压和排挤新的观点。但是如果研究基于充分的史料和严格的逻辑之上，那么最终会得到大部分学者的支持。一次在亚洲年会上，我碰到田浩（Hoyt Cleveland Tillman）先生。田浩先生的书我读过，但从未见面。他见了我的名字，问我，我的书出版了吗，他的朋友评审过我的书稿，印象深刻，专门打电话与他来讨论我的研究。书出版之后，书评很快就见于《美国历史评论》（The American Historical Review）、《英国皇家亚洲学会杂志》（The Journal of the Royal Asiatic Society）等历史学界、亚洲研究学界十几种重要期刊上。本书还获得美国中国历史学家学会优秀学术奖与美国宗教学协会 2015 年宗教历史最佳首本著作候选奖（finalist of 2015 Best First Book in the History of Religions, presented by the American Academy of Religion）。

不同的声音，不同的利益在竞争，总有反对批评你的声音存在，也有赞同你的立场、理念的人在帮助你、支持你，有法律和制度保证基本的秩序和正义，这大概就是民主社会和学术界的一个特点。习惯不同的声音，忽略恶意的批评，对建设性的批评认真思考，跟自己志同道合的人合作，让自己更强大，更具有竞争力，这是在一个民主社会生存的法则。博士毕业之前，我一直处在导师们的保护下，得到的鼓励比批评多。博士毕业之后，我开始需要一个人面对失败和批评。申请工作，申请各种研究经费，投稿给期刊时，收到拒信是日常的一部分。我在阿肯色大学做美国历史的同事，在 2013 年拿到美国学术团体联合会（American Council of Learned Societies）的研究经费，我去她办公室恭贺她。她说："亮，你知道我收到的各种拒信大概能把这个办公室的墙壁贴满。"我们的简历只会告诉你所有成功的故事，而在简历背后是各种失败。有所成就的人一定有一群人在背后支持她，但是同时真正有所成就的人都需要面对批评，经历失败。如何面对批评和应对失败成就了不同的人生。有些批评毫无根据，可直接忽略。可以发表文章的期刊不止一家，期刊的竞争让有价值的文章一定能够发表。有的批评，尖锐但是有建设性，吸收它，可让自己的文章和专著事实更充分，逻辑更严谨。

以书会人交友，通过书和文章逐渐认识和熟悉领域中的其他学者，立足于学术界。积极地参加和组织学术会议、公共讲座，建立自己的知识圈。三十而立，四十不惑，我已过不惑之年，生活也算通达。无论是学术界还是大的社会环境都充满了各种斗争，利益的斗争，观念的冲突。但是在研究领域中史料和逻辑会定义真正的价值；而在大的历史进程中，正义和爱能带领人类走向进步。如果不相信这些观念，我无所依托。

日常的生活中，我还是一位母亲，女儿悦祺出生的时候，书稿刚刚交到纽约州立大学出版社，到今天，中文翻译出版，十年已经过去了。女儿让我重新去观察世界和人生，更加宽容，让我不断审视和改变自己。修身才能齐家。琐碎和快乐都在日常中。本科的时候读《百年孤独》，我对其中一个情节感觉到茫然而无法理解：革命失败的奥雷连诺上校，循环往复地天天熔化黄金制作精美的金鱼，然后又将其熔化。现在每天除了工作，我还需要做饭，吃饭，洗碗，收拾。夜晚小妞熟睡了，看见收拾干净的厨房，我就会想到奥雷连诺上校的金鱼，因为明天一大早又会重新做饭，吃饭，洗碗，收拾。我的父母和女儿的奶奶，在女儿小的时候，基本为我承担所有的家务，我心里充满了感激，完全没有什么可以抱怨的。生活一定有琐碎的一面。而那些琐碎换来干净舒适的家和可口的饭菜。我的父母和我的亲人让我在温暖的环境长大，很自然，我也会让我的女儿健康地成长。

　　"菩提本无树，明镜亦非台，本来无一物，何处惹尘埃"，"身是菩提树，心如明镜台，时时勤拂拭，勿使惹尘埃"是佛教禅宗的两个四句偈。20 年前，我无忧无虑无牵无挂，觉得"何处惹尘埃"是何等超逸脱俗。20年后，我知道个体都是俗人，从认知到生活都需要"时时勤拂拭，勿使惹尘埃"。

蔡　亮

于印第安纳州格兰杰

图书在版编目（CIP）数据

巫蛊之祸与儒生帝国的兴起/蔡亮著；付强译.
—北京：北京师范大学出版社，2020.10（2022.1 重印）
（新史学 & 多元对话系列）
ISBN 978-7-303-26354-7

Ⅰ.①巫… Ⅱ.①蔡… ②付… Ⅲ.①中国历史－研
究－西汉时代 Ⅳ.①K234.107

中国版本图书馆 CIP 数据核字（2020）第 185147 号

营 销 中 心 电 话 010-58808006
北京师范大学出版社谭徐锋工作室微信公众号 新史学 1902

WUGUZHIHUO YU RUSHENG DIGUO DE XINGQI
出版发行：北京师范大学出版社 www.bnup.com
　　　　　北京市西城区新街口外大街 12-3 号
　　　　　邮政编码：100088
印　　刷：鸿博昊天科技有限公司
经　　销：全国新华书店
开　　本：730 mm×980 mm　1/16
印　　张：16.75
字　　数：241 千字
版　　次：2020 年 12 月第 1 版
印　　次：2022 年 1 月第 2 次印刷
定　　价：69.00 元

策划编辑：谭徐锋　　　　责任编辑：曹欣欣　于馥华
美术编辑：王齐云　　　　装帧设计：王齐云
责任校对：段立超　　　　责任印制：马　洁